计算机网络教学研究

吴晓晶 著

中国纺织出版社有限公司

内 容 提 要

本书分为七章,从计算机网络基础教学入手,详细介绍了计算机网络的相关知识;对网络教学的定义、标准及技术基础进行了深入的阐述和分析,重点论述了计算机网络教学特点的相关内容,对网络教学的基本教学模式进行了深入的分析和探讨,最后针对计算机教学存在的弊端进行分析,并给出合理有效的改进措施,以促进良好的学习和研究氛围的形成,激发学生的学习兴趣。

图书在版编目(CIP)数据

计算机网络教学研究/吴晓晶著. -- 北京:中国纺织出版社有限公司,2023.5

ISBN 978-7-5229-0618-8

Ⅰ.①计… Ⅱ.①吴… Ⅲ.①网络教学—教学研究 Ⅳ.①G434

中国国家版本馆 CIP 数据核字(2023)第 094070 号

责任编辑:张 宏　责任校对:高 涵　责任印制:储志伟

中国纺织出版社有限公司出版发行
地址:北京市朝阳区百子湾东里 A407 号楼　邮政编码:100124
销售电话:010—67004422　传真:010—87155801
http://www.c-textilep.com
中国纺织出版社天猫旗舰店
官方微博 http://weibo.com/2119887771
天津千鹤文化传播有限公司印刷　各地新华书店经销
2023 年 5 月第 1 版第 1 次印刷
开本:787×1092　1/16　印张:12.5
字数:258 千字　定价:98.00 元

凡购本书,如有缺页、倒页、脱页,由本社图书营销中心调换

前言 PREFACE

随着信息技术的迅速发展，计算机与人类的生活密不可分，人们对计算机的依赖程度也越来越高，可是计算机并不安全，它其实存在多种安全缺陷和漏洞，人们对网络安全的关注越来越迫切。科学技术，特别是计算机网络技术、多媒体技术的迅猛发展以及社会教育的巨大需求，牵引和推动了教育技术的快速发展。网络教学，是第四次教育革命发展的新阶段，是教育技术发展史上的最新成就，是日趋网络化、数字化、智能化的多媒体计算机技术在教育、教学领域的具体应用。它的广泛普及和深入发展，对提高教育、教学的质量、效率和效益，实现教育、教学的全球化、自主化和终身化，具有不可估量的意义。

计算机网络教学是新事物，它的产生与发展，无论是在观念上、内容上，还是在程序上、方法上，同传统教育观相比都有许多新突破、新发展，表现出许多新特点、新要求。本书分为七章，主要从计算机网络基础教学入手，详细介绍了计算机网络的相关知识；对网络教学的定义、标准及技术基础进行了深入的阐述和分析；重点论述了计算机网络教学特点的相关内容；对网络教学的基本教学模式进行了深入的分析和探讨；针对计算机教学存在的弊端进行分析，并且予以合理的改进措施，以促进良好的学习和研究氛围的形成，激发学生的学习兴趣。

本书从构思开始直到书稿完成，在各个环节上都付出了巨大的努力，特别是在各章初稿撰写完成后，作者又对书稿进行全面梳理和修改。但由于作者水平有限，书中的不足之处敬请各位读者给予批评指正，以便在日后修订中日益完善。

吴晓晶
2023 年 4 月

目 录 CONTENTS

第一章 计算机网络基础知识 ⋯⋯⋯⋯⋯⋯⋯⋯⋯⋯⋯⋯⋯⋯⋯⋯⋯⋯⋯ 1
  第一节 计算机网络概述 ⋯⋯⋯⋯⋯⋯⋯⋯⋯⋯⋯⋯⋯⋯⋯⋯⋯⋯ 1
  第二节 计算机网络体系结构 ⋯⋯⋯⋯⋯⋯⋯⋯⋯⋯⋯⋯⋯⋯⋯⋯ 3
  第三节 计算机网络互联 ⋯⋯⋯⋯⋯⋯⋯⋯⋯⋯⋯⋯⋯⋯⋯⋯⋯⋯ 5
  第四节 Internet 概述 ⋯⋯⋯⋯⋯⋯⋯⋯⋯⋯⋯⋯⋯⋯⋯⋯⋯⋯⋯ 21

第二章 网络教学概述 ⋯⋯⋯⋯⋯⋯⋯⋯⋯⋯⋯⋯⋯⋯⋯⋯⋯⋯⋯⋯⋯ 25
  第一节 网络教学的定义 ⋯⋯⋯⋯⋯⋯⋯⋯⋯⋯⋯⋯⋯⋯⋯⋯⋯⋯ 25
  第二节 网络教学的标准 ⋯⋯⋯⋯⋯⋯⋯⋯⋯⋯⋯⋯⋯⋯⋯⋯⋯⋯ 35
  第三节 网络教学的技术基础 ⋯⋯⋯⋯⋯⋯⋯⋯⋯⋯⋯⋯⋯⋯⋯⋯ 40

第三章 网络教学的环境 ⋯⋯⋯⋯⋯⋯⋯⋯⋯⋯⋯⋯⋯⋯⋯⋯⋯⋯⋯⋯ 59
  第一节 网络教学环境的概念 ⋯⋯⋯⋯⋯⋯⋯⋯⋯⋯⋯⋯⋯⋯⋯⋯ 59
  第二节 网络教学环境的要素 ⋯⋯⋯⋯⋯⋯⋯⋯⋯⋯⋯⋯⋯⋯⋯⋯ 62
  第三节 网络教学环境设计的内容 ⋯⋯⋯⋯⋯⋯⋯⋯⋯⋯⋯⋯⋯⋯ 71
  第四节 网络教学环境设计的方法 ⋯⋯⋯⋯⋯⋯⋯⋯⋯⋯⋯⋯⋯⋯ 74

第四章 计算机网络教学的特点 ⋯⋯⋯⋯⋯⋯⋯⋯⋯⋯⋯⋯⋯⋯⋯⋯⋯ 79
  第一节 网络教学过程的交互性 ⋯⋯⋯⋯⋯⋯⋯⋯⋯⋯⋯⋯⋯⋯⋯ 79
  第二节 网络教学资源的共享性 ⋯⋯⋯⋯⋯⋯⋯⋯⋯⋯⋯⋯⋯⋯⋯ 86
  第三节 多媒体信息的综合性 ⋯⋯⋯⋯⋯⋯⋯⋯⋯⋯⋯⋯⋯⋯⋯⋯ 90
  第四节 教学方式的先进性 ⋯⋯⋯⋯⋯⋯⋯⋯⋯⋯⋯⋯⋯⋯⋯⋯⋯ 92
  第五节 教学目标的多样性 ⋯⋯⋯⋯⋯⋯⋯⋯⋯⋯⋯⋯⋯⋯⋯⋯⋯ 102

第五章　网络教学的基本教学模式 ·········· 107
第一节　集体教学模式 ·········· 107
第二节　自主学习模式 ·········· 109

第六章　计算机网络教学的现状 ·········· 131
第一节　教学内容的适用性 ·········· 131
第二节　教学模式的合理性 ·········· 139
第三节　实验教学设计 ·········· 153

第七章　提高计算机网络教学效果的具体策略 ·········· 163
第一节　增加教学的趣味性 ·········· 163
第二节　激发学生创造性思维 ·········· 166
第三节　优化教学方法 ·········· 170
第四节　丰富教学内容 ·········· 175
第五节　实施分级教学 ·········· 181
第六节　搭建网络教学平台 ·········· 185

参考文献 ·········· 193

第一章 计算机网络基础知识

第一节 计算机网络概述

一、计算机网络的发展

从 20 世纪 70 年代发展至今，计算机网络已形成从小型的办公室局域网到全球性的大型广域网，它的演变可以概括为面向终端的计算机网络、计算机—计算机网络—标准、开放的计算机网络及 Internet 广泛应用与高速、智能网络技术的发展共 4 个阶段。

（一）标准、开放的计算机网络阶段

虽然已有大量各自研制的计算机网络正在运行和提供服务，但仍存在不少弊病，主要原因是这些各自研制的网络没有统一的网络体系结构，难以实现互联。这种自成体系的系统被称为"封闭"系统。为此，人们迫切希望建立一系列国际标准，渴望得到一个"开放"的系统，这也是推动计算机网络走向国际标准化的一个重要因素。

OSI 标准不仅确保了各厂商生产的计算机间的互联，而且促进了企业的竞争。厂商只有执行这些标准才能有利于产品的销售，用户也可以从不同制造厂商获得兼容的、开放的产品，从而大大加速计算机网络的发展。

（二）Internet 的广泛应用与高速、智能网络技术的发展

20 世纪 90 年代网络技术最富有挑战性的话题是 Internet 与高速通信网络技术、接入网、网络与信息安全技术。Internet 作为世界性的信息网络，对当今经济、文化、科学研究、教育与人类社会生活发挥着越来越重要的作用。宽带网络技术的发展为全球信息高速公路的建设提供了技术基础。

Internet 是覆盖全球的信息基础设施之一。对于广大 Internet 用户来说，它好像是一个庞大的广域计算机网络。用户可以利用 Internet 实现全球范围的电子邮件、WWW 信息查询与浏览、电子新闻、文件传输、语音与图像通信服务功能。

它对推动世界科学、文化、经济和社会的发展起着不可估量的作用。

在 Internet 飞速发展与广泛应用的同时，高速网络的发展也引起人们越来越多的注意。高速网络技术发展表现在宽带综合业务数字网（B-ISDN）、异步传输模式（ATM）、高速局域网、交换局域网与虚拟网络。

Internet 技术在企业内部网中的应用也促进了 Internet 技术的发展，企业 Intranet 之间电子商务活动的开展又进一步引发了 Extranet 技术的发展。Internet、Intranet 与 Extranet

和电子商务已经成为当前企业网研究与应用的热点。更高性能的 Internet 也正在发展之中。

信息高速公路的服务对象是整个社会，因此，它要求网络无所不在，未来的计算机网络将覆盖所有的企业、学校、科研部门、政府及家庭，其覆盖范围甚至要超过目前的电话通信网。为了支持各种信息的传输，网络必须具有足够的带宽、优质的服务质量与完善的安全机制，支持多媒体信息通信，以满足不同的应用需求。为了有效地保护金融、贸易等商业秘密，保护政府机要信息与个人隐私，网络必须具有足够的安全机制，以防信息被非法窃取、破坏与损失，网络系统必须具备高度的可靠性与完善的管理功能，以保证信息传输的安全与畅通。毋庸置疑，计算机网络技术的发展与应用必将对 21 世纪的世界经济、军事、科技、教育与文化的发展产生重大影响。

近年来，随着通信技术，尤其是光纤通信技术的发展，计算机网络技术得到了迅猛的发展。网络带宽的不断提高，更加刺激了网络应用的多样化和复杂化，多媒体应用在计算机网络中所占的份额越来越高，同时，用户不仅对网络的传输带宽提出越来越高的要求，对网络的可靠性、安全性和可用性等也提出了新的要求。为了向用户提供更高的网络服务质量，网络管理也逐渐进入智能化阶段，包括网络的配置管理、故障管理、计费管理、性能管理和安全管理等在内的网络管理任务都可以通过智能化程度很高的网络管理软件来实现，计算机网络已经进入了高速、智能的发展阶段。

二、计算机网络的基本概念

计算机网络技术是当今计算机科学与工程中正在迅速发展的新兴技术之一，是计算机应用中一个空前活跃的重要领域，同时，也是计算机技术、通信技术和自动化技术相互渗透形成的一门新兴学科。

（一）计算机网络的定义

计算机网络就是通过线路互联起来的自治的计算机集合，确切来讲，就是将分布在不同地理位置上的具有独立工作能力的计算机、终端及其附属设备用通信设备和通信线路连接起来，并配置网络软件，以实现计算机资源共享的系统。

概括起来，一个计算机网络必须具备以下 3 个基本要素。

①至少有两个具有独立操作系统的计算机，且它们之间有相互共享某种资源的需求。

②两个独立的计算机之间必须用某种通信手段将其连接。

③网络中的各个独立的计算机之间要能相互通信，必须制订相互可确认的规范标准或协议。

以上 3 条是组成一个网络的必要条件，三者缺一不可。

在计算机网络中，能够提供信息和服务能力的计算机是网络的资源，而索取信息和请求服务的计算机则是网络的用户。由于网络资源与网络用户之间的连接方式、服务类型及连接范围的不同，从而形成不同的网络结构及网络系统。

(二)计算机网络的组成

1. 计算机网络的物理组成

从物理构成上看,计算机网络包括硬件和软件两大部分。从硬件角度来看,计算机网络由以下设备构成。

①两台以上的计算机及终端设备,统称为主机。其中,部分主机充当服务器,部分主机充当客户端。

②前端处理机、通信处理机或通信控制处理机。负责发送、接收数据,最简单的通信控制处理机是网卡。

③路由器、交换机等连接设备。交换机将计算机连接成网络,路由器将网络互联,组成更大的网络。

④通信线路。将信号从一个地方传送到另一个地方,包括有线线路和无线线路。

计算机网络的软件部分包括协议和应用软件两部分。其中,协议是计算机网络的核心,由语法、语义和时序三部分构成。语法部分规定传输数据的格式,语义部分规定所要完成的功能,时序部分规定执行各种操作的条件、顺序关系等。一个完整的协议应完成线路管理、寻址、差错控制、流量控制、路由选择、同步控制、数据分段与装配、排序、数据转换、安全管理、计费管理等功能。应用软件主要包括实现资源共享的软件、便于用户使用的各种工具软件。

2. 计算机网络的逻辑组成

从逻辑功能上来看,将计算机网络划分为资源子网和通信子网。资源子网由主机系统、终端、终端控制器、联网外部设备、各种软件资源与信息资源组成。资源子网实现全网的面向应用的数据处理和网络资源共享。通信子网由通信控制处理机(CCP)、通信线路与其他通信设备组成,负责完成网络数据传输、转发等通信处理任务。资源子网相当于计算机系统,通信子网则是为了联网而附加上去的通信设备、通信线路等。

从工作方式上看,计算机网络由边缘部分和核心部分组成。其中,边缘部分是用户直接使用的主机,核心部分由大量的网络及路由器组成,为边缘部分提供连通性和交换服务。

第二节 计算机网络体系结构

计算机网络系统是一个十分复杂的系统。将一个复杂系统分解为若干容易处理的子系统,然后分而治之,逐个解决,这种结构化设计方法是工程设计中常用的手段。分层就是系统分解的最好方法之一。

为了能够使分布在不同地理且功能相对独立的计算机之间组成网络实现资源共享,计算机网络系统需要设计和解决许多复杂的问题,包括信号传输、差错控制、寻址、数据交换和提供用户接口等一系列问题。计算机网络体系结构是为了简化这些问题的研究、设计与实现而抽象出来的一种结构模型。这种结构模型也采用层次模型。在层次模型中，往往将系统所要实现的复杂功能分化为若干相对简单的细小功能，每一项分功能以相对独立的方式去实现。

一、计算机网络的分层模型

将上述分层的思想运用于计算机网络中，就产生了计算机网络的分层模型。该模型将计算机网络中的每台终端抽象为若干层，每层实现一种相对独立的功能。

层次结构的好处在于使每一层实现一种相对独立的功能。每一层不必知道下面一层是如何实现的，只要知道下层通过层间接口提供的服务是什么及本层向上层提供什么样的服务，就能独立地设计。系统经分层后，每一层次的功能相对简单且易于实现和维护。此外，若某一层需要做改动或被替代时，只要不去改变它和上、下层的接口服务关系，则其他层次都不会受其影响，因此，具有很强的灵活性，分层结构还有利于交流、理解和标准化。

计算机网络各层次结构模型及其协议的集合称为网络的体系结构。体系结构是一个抽象概念，它精确定义了网络及其部件应实现的功能，但这些功能究竟用何种硬件或软件方法来实现则是一个具体实施的问题。换言之，网络的体系结构相当于网络的类型，而具体的网络结构则相当于网络的一个实例。

计算机网络都采用层次化的体系结构，计算机网络涉及多个实体间的通信，其层次结构一般以垂直分层模型来表示，这种层次结构的要点可归纳如下。

第一，除了在物理介质上进行的是实通信之外，其余各对等实体间进行的都是虚通信。

第二，对等层的虚通信必须遵循该层的协议。层次结构的划分，一般要遵循以下原则。

①每层的功能应是明确的，并且是相互独立的。当某一层的具体实现方法更新时，只要保持上、下层的接口不变，便不会对邻层产生影响。

②层间接口必须清晰，跨越接口的信息量应尽可能少。

③层数应适中。若层数太少，则多种功能混杂在一层中，造成每一层的协议太复杂；若层数太多，则体系结构太复杂，使描述和实现各层功能变得困难。这样的层次划分有利于促进标准化，这主要是因为每一层的功能和所提供的服务都已做了准确的说明。

二、实体与对等实体

每一层中，用于实现该层功能的活动元素被称为实体，包括该层上实际存在的所有硬件与软件，如终端、电子邮件系统、应用程序、进程等。不同终端上位于同一层次、完成相同功能的实体被称为对等实体。

三、通信协议

在计算机网络系统中，为了保证通信双方能正确、自动地进行数据通信，针对通信过程的各种情况，制订了一整套约定，这就是网络系统的通信协议。通信协议是一套语义和语法规则，用来规定有关功能部件在通信过程中的操作。

两个通信对象在进行通信时，需要遵从相互接受的一组约定和规则，这些约定和规则使它们在通信内容、怎样通信及何时通信等方面相互配合。这些约定和规则的集合称为协议。简单地说，协议是通信双方必须遵循的控制信息交换的规则的集合。

一般来说，一个网络协议主要由语法、语义和同步三大要素组成。

语法是指数据与控制信息的结构或格式，确定通信时采用的数据格式、编码及信号电平等。

语义由通信过程的说明构成，规定了需要发出何种控制信息完成何种动作及做出何种应答，对发布请求、执行动作及返回应答予以解释，并确定用于协调和差错处理的控制信息。

同步是指事件实现顺序的详细说明，指出事件的顺序及速度匹配。由此可见，网络协议是计算机网络不可或缺的重要组成部分。

四、服务类型

在计算机网络协议的层次结构中，层与层之间具有服务与被服务的单向依赖关系，下层向上层提供服务，而上层调用下层的服务。因此，可称任意相邻两层的下层为服务提供者，上层为服务调用者。下层为上层提供的服务可分为两类：面向连接服务和无连接服务。

面向连接服务：面向连接服务以电话系统为模式，它是在数据交换之前，必须先建立连接。当数据交换结束后，则必须终止这个连接。在传送数据时是按序传送的，面向连接服务比较适合在一定时期内向同一目的地发送许多报文的情况。

无连接服务：无连接服务以邮政系统为模式。每个报文（信件）带有完整的目的地址，并且每个报文都独立于其他报文，由系统选定的路线传递。在正常情况下，当两个报文发往同一目的地时，先发的先到。但是，也有可能先发的报文在途中延误了，后发的报文反而先收到。

第三节　计算机网络互联

一、网络互联概述

（一）网络互联的定义与目的

1. 网络互联的定义

随着计算机应用技术和通信技术的飞速发展，计算机网络得到了更为广泛的应用，各种网络技术丰富多彩，令人目不暇接。

网络互联是指将分布在不同地理位置的网络、设备连接，以构成更大规模的互联网络系统，实现互联网络中的资源共享。互联的网络和设备可以是同种类型的网络、不同类型的网络以及运行不同网络协议的设备与系统。

在互联网络中，每个网络中的网络资源都应成为互联网中的资源。互联网络资源的共享服务与物理网络结构是分离的。对于网络用户来说，互联网络结构对用户来说是透明的。互联网络应屏蔽各子网在网络协议、服务类型与网络管理等方面的差异。

2. 网络互联的目的

网络互联的主要目的如下。

①扩大资源共享的范围。使更多的资源可以被更多的用户共享。

②降低成本。当同一地区的多台主机需要接入另一地区的某个网络时，采用主机先行联网（局域网或者广域网），再通过网络互联技术接入，可以大大降低联网成本。

③提高安全性。将具有相同权限的用户主机组成一个网络，在网络互联设备上严格控制其他用户对该网络的访问，从而实现网络的安全机制。

④提高可靠性。部分设备的故障可能导致整个网络瘫痪，而通过子网的划分可以有效地限制设备故障对网络的影响范围。

（二）网络互联的类型

目前，计算机网络可以分为广域网、城域网与局域网三种。因此，网络互联类型主要有以下几种：局域网—局域网互联、局域网—广域网互联、局域网—广域网—局域网互联、广域网—广域网互联。

1. 局域网—局域网互联（LAN-LAN）

在实际的网络应用中，局域网—局域网互联是最常见的一种。局域网—局域网互联进一步可以分为两种，即同种局域网互联和异种局域网互联。

（1）同种局域网互联

同种局域网互联是指符合相同协议的局域网之间的互联。例如，两个以太网之间的互联，或者是两个令牌环网之间的互联。

同种局域网之间的互联比较简单，使用网桥就可以将分散在不同地理位置的多个局域网互联起来。

（2）异种局域网互联

异种局域网互联是指不符合相同协议的局域网之间的互联。例如，一个以太网与一个令牌环网之间的互联，或者是以太网与 ATM 网络之间的互联。异种局域网之间的互联也可以用网桥来实现，但是网桥必须支持要互联的网络使用协议。以太网、令牌环网与令牌总线网都属于传统的共享介质局域网，ATM 网络与传统共享介质局域网在协议与实现技术上不同。因此，ATM 网络与传统局域网的互联必须解决局域网的仿真问题。

2. 局域网—广域网互联（LAN-WAN）

局域网—广域网的互联也是常见的方式之一。局域网—广域网互联可以通过路由器

（Router）或网关（Gateway）来实现。

3. 局域网—广域网—局域网互联（LAN-WAN-LAN）

两个分布在不同地理位置的局域网通过广域网实现互联，也是常见的互联类型之一。局域网—广域网—局域网互联结构可以通过路由器或网关来实现。

局域网—广域网—局域网互联结构正在改变传统接入模式，即主机通过广域网中的通信控制处理机（CCP）的传统接入模式。大量主机通过局域网接入广域网是今后接入广域网的重要方法。

4. 广域网—广域网互联（WAN-WAN）

广域网—广域网互联也是目前常见的方式之一，广域网与广域网之间的互联可以通过路由器或网关实现，这样连入各个广域网的主机资源则可以实现共享。

（三）网络互联的实现方法

网络的互联有3种方法构建互联网，它们分别与5层实用参考模型的低3层一一对应。例如，用来扩展局域网长度的中继器（转发器）工作在物理层，用它互联的两个局域网必须是一模一样的。因此，中继器提供物理层的连接并且只能连接一种特定体系的局域网。

由于网桥和第2层交换机独立于网络协议，且都与网络层无关，这使得它们可以互联有不同网络协议（如TCP/IP、IPX协议）的网络。网桥和第2层交换机根本不关心网络层的信息，它通过使用硬件地址而非网络地址在网络之间转发帧来实现网络的互联。此时，由网桥或第2层交换机连接的两个网络组成一个互联网，可将这种互联网络视为单个的逻辑网络。对于在网络层的网络互联，所需要的互联设备应能够支持不同的网络协议（比如，IP、IPX和AppleTalk），并完成协议转换。用于连接异构网络的基本硬件设备是路由器，使用路由器连接的互联网可以具有不同的物理层和数据链路层。

在一个异构联网环境中，网络层设备还需要具备网络协议转换（Network Protocol Translation）功能。在网络层提供网络互联的设备之一是路由器。实际上，路由器是一台专门完成网络互联任务的计算机。它可以将多个使用不同的传输介质、物理编址方案或者帧格式的网络互联起来，利用网络层的信息（比如，网络地址）将分组从一个网络路由到另一个网络。具体来说，它首先确定到一个目的节点的路径，然后将数据分组转发出去。支持多个网络层协议的路由器被称为多协议路由器。因此，如果一个IP网络的数据分组要转发到几个Apple Talk网络，两者之间的多协议路由器必须以适当形式重建该数据分组以便Apple Talk网络的节点能够识别该数据分组。由于路由器工作在网络层，如果没有特意配置，它们并不转发广播分组。路由器使用路由协议来确定一条从源节点到特定目的地节点的最佳路径。

二、网络互联协议与设备

（一）网络互联协议

TCP/IP协议族是Internet所采用的协议族，是Internet的实现基础。IP是TCP/IP协议族中网络层的协议，是 TCP/IP 协议族的核心协议。

1. IP 协议数据报格式

目前因特网上广泛使用的 IP 协议为 IPv4。IPv4 的 IP 地址是由 32 位的二进制数值组成的。IPv4 协议的设计目标是提供无连接的数据报尽力投递服务。

随着网络和个人计算机市场的急剧扩大以及个人移动计算设备的上网、网上娱乐服务的增加、多媒体数据流的加入，IPv4 内在的弊端逐渐显现出来。其 32 位的 IP 地址空间将无法满足互联网迅速增长的要求。不定长的数据报头域处理影响了路由器的性能提高。单调的服务类型处理和缺乏安全性要求的考虑以及负载的分段/组装功能影响了路由器处理的效率。

2. IP 地址

在 Internet 上连接的所有计算机，从大型计算机到微型计算机都是以独立身份出现，称它为主机。为了实现各主机之间的通信，每台主机都必须具有一个唯一的网络地址，就像每个住宅都有唯一的门牌一样，才不至于在传输资料时出现混乱。

Internet 的网络地址是指连入 Internet 网络的计算机的地址编号。所以，在 Internet 网络中，网络地址唯一地标识一台计算机。

Internet 是由成千上万台计算机互相连接而成的。而要确认网络上的每一台计算机，靠的就是能唯一标识该计算机的网络地址，这个地址称为 IP（Internet Protocol 的简写）地址，即用 Internet 协议语言表示的地址。

IP 地址现在由互联网名称与号码指派公司 ICANN（Internet Corporation for Assigned Names and Numbers）进行分配。

IP 地址可识别网络中的任何一个子网络和计算机，而要识别其他网络或其中的计算机，则要根据这些 IP 地址的分类来确定。一般将 IP 地址划分为若干个固定类，每一类地址都由两个固定长度的字段组成，其中一个字段是网络号，它标志主机（或路由器）所连接到的网络，而另一个字段则是主机号，它标志该主机（或路由器）。

3. 子网和子网掩码

（1）子网

任何一台主机申请任何一个任何类型的 IP 地址之后，可以按照所希望的方式进一步划分可用的主机地址空间，以便建立子网。为了更好地理解子网的概念，假设有一个 B 类地址的 IP 网络，该网络中有两个或多个物理网络，只有本地路由器能够知道多个物理网络的存在，并且进行路由选择，互联网中别的网络的主机和该 B 类地址的网络中的主机通信时，它把该 B 类网络当作一个统一的物理网络来看待。

（2）子网掩码

IP 协议标准规定：每个使用子网的网点都选择一个 32 位的位模式，若位模式中的某位为 1，则对应 IP 地址中的某位为网络地址（包括类别、网络地址和子网地址）中的一位；若位模式中某位置为 0，则对应 IP 地址中的某位为主机地址中的一位。子网掩码与 IP 地址结合使用，可以区分出一个网络地址的网络号和主机号。

（二）网络互联设备

网络互联设备是实现网络之间物理连接的中间设备，网络互联层次不同，所使用的网络互联设备也不同。

1. 中继器

基带信号沿线路传播时会产生衰减，所以，当需要传输较长的距离时，或者说需要将网络扩展到更大的范围时，就要采用中继器。中继器（Repeater）是 OSI 模型中的物理层的设备，是最简单的网络互联设备，它可以将局域网的一个网段和另一个网段连接起来，主要用于局域网—局域网互联，起到信号放大和延长信号传输距离的作用。

中继器的主要工作就是复制收到的比特流。当中继器的某个输入端输入"1"，输出端就立即复制、放大并输出"1"。收到的所有信号都被原样转发，并且延迟很小。中继器不能过滤网络流量，到达中继器一个端口的信号会发送到所有其他端口上。中继器不能识别数据的格式和内容，错误信号也会原样照发。中继器不能改变数据类型，即不能改变数据链路报头类型；不能连接不同的网络，如令牌环网和以太网。

2. 网桥

当两个相同或不同的局域网互联是要使用网桥。网桥是一种在数据链路层实现互联的存储转发设备，大多数网络结构上的差异体现在介质访问控制协议之中，因而，网桥广泛用于局域网的互联。因而，网桥的作用一般是互联多个局域网以组成更大的局域网。

（1）网桥的功能

①帧的接收与发送。从所连接的局域网端口中接收帧，从中获得目标站地址，分析目的站是否属于本网桥所连接的另一个局域网，以决定对该帧是转发还是丢弃。

②缓存管理。在网桥中通常设置两类缓冲区：一类是接收缓冲区，用于暂存从端口收到的、待处理的帧；另一类是发送缓冲区：用于暂存经协议转换等处理后待发的帧。存储空间要足够大，以适应峰值通信的需要。

另外，当两个网络的数据传输率不同，也需要有缓存区来暂存数据，以协调不同的数据传输率。

③协议转换。网桥的协议转换功能仅限于 MAC 子层和物理层，即将源局域网中所采用的帧格式和物理层规程转换为目的局域网所采用的帧格式和物理层规程。也就是说，将网络 A 的帧格式中帧头的目的地址转换成网络 B 中帧的格式。当两个网络中定义的帧长度不同时，网桥还需要把长帧进行分段。

④路径选择。当一个网桥连接多个网络时，网桥还需要有路径选择功能，即根据 MAC 地址判断走哪条路。在透明桥中有此功能，但在源路径桥中则无此功能。

⑤差错控制。首先进行差错检测，其次对经协议转换后的 MAC 帧生成新的 CRC 码，并填入新 MAC 帧的 CRC 字段。

（2）网桥的工作原理

网桥在局域网的互联中属于节点级的网络互联设备，它在数据链路层对帧进行存储转发。由于局域网的数据链路层分为 LLC 和 MAC 两个子层，所以网桥实际上是在 MAC 子层上实现不同网络的互联，这就要求互联的两个网络从应用层到逻辑链路控制子层，相对应的层次采用相同的协议，即为同构网络，而对数据链路层中的 MAC 子层和物理层这两层中的对应层次可遵循不同的协议。因此，网桥可以用于符合 IEEE 802 标准的局域网互联。

网桥对帧的过滤作用性很强。当一个网络由于负载很重而性能下降时，可以用网桥把它分成两个小局域网，并且每个小局域网内的通信量明显高于网间的通信量，使整个互联网的性能变好。同时，网桥还具有隔离作用，一个网络上的故障不会影响另一个网络，从而提高整个网络的可靠性。

3. 集线器

集线器（Hub）最初的功能是把所有节点集中在以它为中心的节点上，有力地支持了星型拓扑结构，简化了网络的管理。

（1）低档集线器

初期的集线器仅将分散的用于连接网络设备的线路集中在一起，以便管理和维护，故称为集线器或集中器。低档集中器是非智能型的，其性质类似于多端口中继器。除完成集线功能处，还具有信号再生能力。在集线器上有固定数目的端口，如 8 个或 12 个端口，每个设备可使用无屏蔽双绞线连接到一个端口上，而 Hub 本身又可连接到粗同轴电缆（10Base-5 标准）或细同轴电缆（10Base-2 标准）上。由于集线器价格低廉，所以被广泛用于连接局域网设备。

（2）中档集线器

中档集线器又称为低档智能集线器，具有一定的智能。它在低档集线器功能的基础上增加了一些新的功能。如配置了网桥软件，使它能连接多个同构局域网，如连接符合 IEEE 802 标准的以太网、令牌环网等。当然，此时集线器应具有多个插槽，以便在连接这些网络时根据网络类型的不同将相应的网卡插入槽中，连接给定的网络。又如配置一定管理功能，对本地网络和少量远地站点的管理。10Base-T 的 Hub 除具有集线器和再生信号的功能外，还能承担部分网络管理功能，能自动检测"碰撞"，在检测到"碰撞"后发阻塞信号，以强化"冲突"，还能自动指示和隔离有故障的站点并切断其通信。因此，中档 Hub 已不再是物理层的产品，已向数据链路层和智能化方向发展，微处理器配有操作系统，能实现网桥功能。

（3）高档集线器

高档集线器又称为高档智能集线器，高档 Hub 是为组建企业网而设计的，企业网络经常配置多种不同类型的网络。因此，高档 Hub 应具有以下功能。

①网络管理功能。例如，把符合简单网络管理规程 SNMP 的管理功能纳入 Hub，用

于对工作站、服务器和集线器等进行集中管理，诸如实时监测、分析、调整资源及错误告警、故障隔离等功能。

②支持多种协议、多种媒体，具有不同类型的端口，以便互联相同或不同类型的网络，如以太网、令牌环网、FDD1网和X.25网等，具有内置式网桥或路由功能。

③交换功能。"智能交换集线器"是Hub的最新发展，它是集线器与交换器功能的组合，既具有普通集线器集成不同类型功能模块的作用，又具有交换功能。交换器具有类似桥路器的功能，但转换和传输速率快得多。目前，多以交换集线器为基干来集成为同类型局域网及路由器、访问服务器等，构成以星型结构为主的企业网络结构体系。

集线器在结构上可分为两种。第一种是机箱式集线器，这类集线器除提供高"背板"外，还提供多个插槽，用以插入不同类型的功能模块（板）。模块类型包括不同类型的局域网端口、管理模块、网桥、路由、ATM及其转换功能的互联模块。第二种是堆叠式集线器，它可以把多个独立集线器堆叠互联为一个集线器。每个集线器有12/24个端口，每个端口可利用无屏蔽双绞线UTP连接一台工作站或服务器。可把多个集线器堆叠成一个集线器，例如，10个。这样，最多能连接120～240个工作站。堆叠式集线器的管理功能往往由其中一个Hub提供，管理整个堆叠。

4. 交换机

交换机工作在OSI的数据链路层的MAC子层。在以太网交换机上有许多高速端口，这些端口分别连接不同的局域网网段或单台设备。以太网交换机负责在这些端口之间转发帧。交换和交换机最早起源于电话通信系统，由电话交换技术发展而来。

交换机属于数据链路层设备，可以识别数据包中的MAC地址信息，根据MAC地址进行转发，并将这些MAC地址与对应的端口记录在自己内部的一个地址表中。

交换技术是在OSI七层网络模型中的第2层，即数据链路层进行操作的，因此，交换机对数据帧的转发是建立在MAC（Media Access Control）地址——物理地址基础之上的，对于IP网络协议来说，它是透明的，即交换机在转发数据包时，不知道也无须知道信源机和信宿机的IP地址，只需知其物理地址即MAC地址。

交换机在操作过程中会不断地收集资料建立它本身的一个地址表，这个表相当简单，它说明了某个MAC地址是在哪个端口上被发现的。

交换机有一条很宽的背部总线和内部交换矩阵。所有端口都挂在背部总线上。某一个端口收到帧，交换机会根据帧头包含的目的MAC地址，查找内存中的地址对照表，确定将该帧发往哪个端口，再通过内部交换矩阵直接将帧转发到目的端口，而不是所有端口。这样每个端口就可以独享交换机的一部分总线带宽，不仅提高了效率，节约了网络资源，而且可以保证数据传输的安全性。

而且由于这个过程比较简单，多使用硬件（Application Specific Integrated Circuit，ASIC）来实现，因此，速度相当快，一般只需几十微秒，交换机便可决定一个数据帧该往哪里送。万一交换机收到一个不认识的数据帧，即如果目的MAC地址不能在地址表中找到时，交换机会把该帧"扩散"出去，即转发到所有其他端口。

直通式交换只检查帧头，获取目的 MAC 地址，但是不存储帧，因此，延迟小，交换速度快。但也正是由于不存储帧，所以不具有错误检测能力，易丢失数据，而且要增加端口的话，交换矩阵则十分复杂。

存储转发模式。交换机将输入的帧缓存起来，首先校验该帧是否正确，如果不正确，则将该帧丢弃；如果该帧是长度小于 64 字节的侏儒帧，也将它丢弃。只有该帧校验正确，且是有效帧，才取出目的 MAC 地址，查交换表，找出其对应的端口并将该帧发送到这个端口。

存储转发式交换的优点是能进行错误检测，并且由于缓存整个帧，能支持不同速度端口之间的数据交换，其缺点是延迟较大。

在局域网中使用交换技术比起让所有用户共享整个总线来说，网络的效率更高，每个用户能够得到更多带宽。随着贷款的需求不断增长，交换机越来越多地用于局域网，互联局域网的网段。

准直通转发模式。准直通转发模式，只转发长度至少为 512bit（64 字节）的帧。既然所有残帧的长度都小于 512 比特的长度，那么，该种转发模式自然也就避免了残帧的转发。

为了实现该功能，准直通转发交换机使用了一种特殊的缓存。这种缓存是一种先进先出的 FIFO，比特从一端进入然后再以同样的顺序从另一端出来。如果帧以小于 512 比特的长度结束，那么 FIFO 中的内容（残帧）就会被丢弃。因此，它是一个非常好的解决方案，也是目前大多数交换机使用的直通转发方式。

智能交换模式。智能（Intelligent）交换模式，是指交换机能够根据所监控网络中错误包传输的数量，自动智能地改变转发模式。如果堆栈发觉每秒错误少于 20 个，将自动采用直通式转发模式；如果堆栈发觉每秒错误大于 20 个或更多，将自动采用存储转发模式，直到返回的错误数量为 0 时，再切换回直通式转发模式。

5. 路由器

所谓路由就是指通过相互连接的网络把信息从源地点移动到目标地点的活动。一般来说，在路由过程中信息至少会经过一个或多个中间节点。通常人们会把路由和交换进行对比，这主要是因为在普通用户看来两者所实现的功能是完全一样的。其实，路由和交换之间的主要区别就是交换发生在 OSI 参考模型的第二层（数据链路层），而路由发生在第三层，即网络层。这一区别决定了路由和交换在移动信息的过程中需要使用不同的控制信息，所以两者实现各自功能的方式是不同的。

路由器用于连接多个逻辑上分开的网络，所谓逻辑网络是代表一个单独的网络或者一个子网。当数据从一个子网传输到另一个子网时，可通过路由器来完成。因此，路由器具有判断网络地址和选择路径的功能，它能在多网络互联环境中建立灵活的连接，可用完全不同的数据分组和介质访问方法连接各种子网，路由器只接受源站或其他路由器的信息，属于网络层的一种互联设备。它不关心各子网使用的硬件设备，但要求运行与网络层协议相一致的软件。路由器分本地路由器和远程路由器，其中本地路由器是用来连接网络传输介质的（如光纤、同轴电缆、双绞线）；远程路由器是用来连接远程传输介质，并要求相应的设备（如电话线要配调制解调器，无线要通过无线接收机、发射机）。

（1）路由器的基本功能

路由器的基本功能如下。

①路由选择。当分组从互联的网络到达路由器时，路由器能根据分组的目的地址按某种路由策略选择最佳路由将分组转发出去，并能随网络拓扑的变化而变化，自动调整路由表。

②多协议路由选择与协议转换。支持多种协议的路由器能为不同类型的协议建立和维护不同的路由表，连接运行不同协议的网络。路由器可以连接多个不同网络。这些网络可以采用不同的拓扑结构和不同的协议体系。路由器要对所有连接的网络进行协议转换，才能实现网络之间数据的正确传输。由于路由器是网络层设备，所以可以对网络层及其以下各层进行协议转换。

③流量控制。路由器不仅具有缓冲区，而且能控制收发双方的数据流量，使两者更加匹配。

④分段和组装。当多个网络通过路由器互联时，各网络传输的数据分组的大小可能不相同，这就需要对分组进行分段和组装。即路由器能将接收的大分组分段并封装成小分组后转发，或将接收的小分组组装成大分组后转发。如果路由器没有分段组装功能，那么整个互联网就只能按照所允许的某个最短分组进行传输，大大降低了其他网络的效能。

⑤网络管理与安全。路由器是多个网络的交汇点，网络间的信息流都要经过路由器，在路由器上可以进行信息流的监控和管理，完成数据过滤。路由器对于最终找不到目的IP地址的数据包的处理方式是直接丢弃，而不是进行广播，从而避免在网络内产生广播风暴。

（2）路由器的主要特点

由于路由器作用在网络层，因此，它比网桥具有更强的异种网互联能力、更好的隔离能力、更强的流量控制能力、更好的安全性和可管理可维护性，其主要特点如下。

路由器可以互联不同的MAC协议、不同的传输介质、不同的拓扑结构和不同的传输速率的异种网，它有很强的异种网互联能力。

路由器也是用于广域网互联的存储转发设备，它有很强的广域网互联能力，被广泛地应用于LAN-WAN-LAN的网络互联环境。

路由器具有流量控制、拥塞控制功能，能够对不同速率的网络进行速度匹配，以保证数据包的正确传输。

路由器互联不同的逻辑子网，每一个子网都是一个独立的广播域。因此，路由器不在子网之间转发广播信息，具有很强的隔离广播信息的能力。

路由器工作在网络层，它与网络层协议有关。多协议路由器可以支持多种网络层协议（如 IP、IPX 和 DECNET 等），转发多种网络层协议的数据包。

路由器检查网络层地址，转发网络层数据分组或包。因此，路由器可以基于 IP 地址进行包过滤，具有包过滤的初期防火墙功能。路由器分析进入的每个包，并与网络管理员制定的一些过滤策略进行比较，凡符合允许转发条件的包被正常转发，否则丢弃。为了网络的安全，防止被黑客攻击，网络管理员经常利用这个功能，拒绝一些网络站点对某些子网或站点的访问。路由器还可以过滤应用层的信息，限制某些子网或站点访问某些信息服务，如不允许某个子网访问远程登录。

对大型网络进行分段化，将分段后的网段用路由器连接起来。这样可以达到提高网络性能，提高网络带宽的目的，而且便于网络的管理和维护。这也是共享式网络为解决带宽问题经常采用的方法。

路由器不仅可以在中、小型局域网中应用，而且适合在广域网和大型、复杂的互联网环境中应用。

（3）路由器的分类

路由器的产品众多，按照不同的划分标准有多种类型，常见的分类方法有以下几种。

①按性能档次分。按路由器的性能档次分为高、中、低档，通常将路由器吞吐量大于 40Gb/s 的路由器称为高档路由器，吞吐量在 25~40Gb/s 之间的路由器称为中档路由器，而将低于 25Gb/s 的看作低档路由器。

②按结构分。从结构上分，可将路由器分为模块化路由器和非模块化路由器两种。模块化结构可以灵活地配置路由器，以适应企业不断增加的业务需求；非模块化路由器就只能提供固定的端口。一般而言，中高端路由器为模块化结构，低端路由器为非模块化结构。

③按功能分。从功能上分，可将路由器分为"骨干级路由器""企业级路由器"和"接入级路由器"。

④按性能分。从性能上划分，路由器可分为线速路由器以及非线速路由器。线速路由器完全可以按传输介质带宽进行通畅传输，基本上没有间断和延时。通常线速路由器是高端路由器，具有非常高的端口带宽和数据转发能力，能以媒体速率转发数据包。中低端路由器是非线速路由器，但是一些新的宽带接入路由器也有线速转发能力。

⑤按所处网络位置分。从路由器所处的网络位置划分，路由器可分为边界路由器和中间节点路由器两类。边界路由器处于网络边缘，用于不同网络路由器的连接；而中间节点路由器则处于网络中间，通常用于连接不同网络，起到数据转发的桥梁作用。

由于各自所处的网络位置有所不同，其主要性能也就有相应的侧重。如中间节点路由器因为要面对各种各样的网络，识别这些网络中的各节点靠的就是中间节点路由器的 MAC 地址记忆功能。

基于上述原因，选择中间节点路由器时就需要在 MAC 地址记忆功能方面更加注重，也就是要求选择缓存更大、MAC 地址记忆能力较强的路由器。但是边界路由器由于它可能要同时接受来自许多不同网络路由器发来的数据。因此，这就要求这种边界路由器的背板带宽要足够宽，当然这也要与边界路由器所处的网络环境而定。

⑥按应用场合分。从应用场合划分，路由器可分为通用路由器与专用路由器。一般所说的路由器皆为通用路由器。专用路由器通常为实现某种特定功能对路由器接口、硬件等作专门优化。例如，接入服务器用作接入拨号用户，增强 PSTN 接口以及信令能力；VPN 路由器用于为远程 VPN 访问用户提供路由，它需要在隧道处理能力以及硬件加密等方面具备特定的能力；宽带接入路由器则强调接口带宽及种类。

（4）路由器的工作原理

路由器是用来连接多个网络或网段的网络设备，它能将不同网络或网段之间的数据信息进行"翻译"，这样，它们便能够相互"读懂"对方的数据，从而构成一个更大的网络。路由器之所以能在不同网络之间起到"翻译"的作用，是因为它不再是一个纯硬件设备，而是具有相当丰富路由协议的软件和硬件结构的设备，如 RIP、OSPF、EIGRP、IPv6 等。这些路由协议就是用来实现不同网段或网络之间的相互"理解"。

在一个局域网中，如果不需与外界网络进行通信，内部网络的各工作站都能识别其他各节点，完全可以通过交换机就可以实现目的发送，根本用不上路由器来记忆局域网的各节点 MAC 地址。

路由器识别不同网络的方法是通过识别不同网络的网络 ID 号进行的，因此，为了保证路由成功，每个网络都必须有一个唯一的网络编号。路由器要识别另一个网络，首先要识别的就是对方网络路由器 IP 地址的网络 ID，看是否与目的节点地址中的网络 ID 号一致。如果一致，就向这个网络的路由器发送，接收网络的路由器在接收到源网络发来的报文后，根据报文中所包括的目的节点 IP 地址中的主机 ID 号来识别是发给哪个节点的，然后直接发送。

6. 网关

网关（Gateway）又称为协议转换器。它作用在 OSI 参考模型的 4～7 层，即传输层到应用层。

（1）协议网关

协议网关通常在使用不同协议的网络区域间做协议转换工作，这也是一般公认的网关功能。例如，IPv4 数据由路由器封装在 IPv6 分组中，通过 IPv6 网络传递，到达目的路由器后解开封装，把还原的 IPv4 数据交给主机。这个功能是第三层协议的转换。又如，以太网与令牌环网的帧格式不同，要在两种不同网络之间传输数据，就需要对帧格式进行转换，这个功能就是第二层协议的转换。

协议转换器必须在数据链路层以上的所有协议层都运行，而且要对节点上使用这些协议层的进程透明。协议转换是一个软件密集型过程，必须考虑两个协议栈之间特定的相似性和不同之处。因此，协议网关的功能相当复杂。

（2）应用网关

应用网关在是不同数据格式间翻译数据的系统。例如，E-mail 可以以多种格式实现，提供 E-mail 的服务器可能需要与多种格式的邮件服务器交互。因此，要求支持多个网关接口。

（3）安全网关

安全网关就是防火墙。一般认为，在网络层以上的网络互联使用的设备是网关，主要是因为网关具有协议转换的功能。但事实上，协议转换功能在 OSI/RM 的每一层几乎都有涉及。所以，网关的实际工作层次其实并非十分明确，正如很难给网关精确定义一样。

三、路由选择协议

（一）路由算法

路由选择协议的核心就是路由算法，即需要何种算法来获得路由表中的各项目。一个理想的路由算法应具有以下一些特点。

算法必须是正确的和完整的。这里"正确"的含义是：沿着各路由表所指引的路由，分组一定能够最终到达的目的网络和目的主机。

算法在计算上应简单。进行路由选择的计算必然要增加分组的时延。因此，路由选择的计算不应使网络通信量增加太多的额外开销。若为了计算合适的路由必须使用网络其他路由器发来的大量状态信息时，开销就会过大。

算法应能适应通信量和网络拓扑的变化，即要有自适应性。当网络中的通信量发生变化时，算法能自适应地改变路由以均衡各链路的负载。当某个或某些节点、链路发生故障不能工作，或者修理好了再投入运行时，算法也能及时改变路由，有时称这种自适应性为"稳健性"（Robustness）。

算法应具有稳定性。在网络通信量和网络拓扑相对稳定的情况下，路由算法应收敛于一个可以接受的解，而不应使得出的路由不停地变化。

算法应是公平的。即算法应对所有用户（除对少数优先级高的用户）都是平等的。例如，若使某一对用户的端到端时延为最小，但却不考虑其他广大用户，这就明显不符合公平性的要求。

算法应是最佳的。这里的"最佳"是指以最低的代价实现路由算法。这里特别需要注意的是，在研究路由选择时，需要给每一条链路指明一定的代价（Cost）。这里的"代价"并不是指"钱"，而是由一个或几个因素综合决定的一种度量（Metric），如链路长度、数据率、链路容量、是否要保密、传播时延等，甚至还可以是一天中某一个小时内的通信量、节点的缓存被占用的程度、链路差错率等，可以根据用户的具体情况设置每一条链路的"代价"。

由此可见，不存在一种绝对的最佳路由算法。所谓"最佳"，只能是相对于某一种特定要求下得出的较为合理的选择而已。

一个实际的路由选择算法，应尽可能接近理想的算法。在不同的应用条件下，对以上提出的 6 个方面也可有不同的侧重。

1. 静态路由

静态路由又称为非自适应路由选择，是指在路由器中设置固定的路由表，除非管理员干预，否则静态路由就不会发生变化，由于静态路由不能对网络的改变做出反应，一般用于网络规模不大、拓扑结构固定的网络中。

2. 动态路由

动态路由又称自适应路由，动态路由是由路由器从其他路由器中周期性地获得路由信息而生成的，具有根据网络链路的状态变化自动修改更新路由的能力，具有较强的容错能力。这种能力是静态路由所不具备的。同时，动态路由比较多地应用于大型网络，因为使用静态路由管理大型网络的工作过于烦琐且容易出错。

动态路由也有多种实现方法。目前在 TCP/IP 协议中使用的动态路由主要分为两种类型：距离矢量路由选择协议（Distance-Vector Routing Protocol）和链路状态路由协议（Link State Routing Protocol）。

（二）内部网关协议

前面介绍的距离矢量路由选择协议和链路状态路由协议都工作在一个自治系统（Autonomous System，简称 AS，一个自治系统通常是指一个网络管理区域）。根据路由协议工作的范围可以将动态路由协议划分为内部网关协议（Interior Routing Protocol）和外部网关协议（Exterior Routing Protocol）。所以，距离矢量路由选择协议和链路状态路由协议都属于内部网关协议。

1. 路由信息协议

（1）工作原理

路由信息协议（Routing Information Protocol，RIP）是内部网关协议 IGP 中最先得到广泛应用的协议。RIP 是一种分布式的基于距离矢量的路由选择协议，是互联网的标准协议。

RIP 通过 UDP 报文交换路由信息，每隔 30s 向外发送一次更新报文。如果路由器经过 180s 没有收到更新报文，则将所有来自其他路由器的路由信息标记为不可达，若在其后的 130s 内仍未收到更新报文，就将这些路由从路由表中删除。

RIP 协议要求网络中的每个路由器都要维护从它自己到其他每一个目的网络的距离记录。在这里，"距离"的意义是：源主机到目的主机所经过的路由器的数目。因此，从一路由器到直接连接的网络的距离为 0，从一个路由器到非直接连接的网络的距离定义为所经过的路由器数加 1。

RIP 协议中的"距离"也称为"跳数"（Hop Count），因为每经过一个路由器，跳数就加 1。RIP 认为一个好的路由就是它通过的路由器的数目少，即"距离短"。即 RIP 衡量路由好坏的标准是信息转发的次数（所经过的路由器的数目）。但有时这未必是最好的，因为有可能存在这样一种情况：所经过的路由器数目多一些，但信息传输的效率更高，速度更快。这就像开车有的路段比较短，但堵车严重，若绕道，尽管走的路长一些，也会更快到达目的地。

　　RIP 允许一条路径最多只能包含 15 个路由器，"距离"的最大值为 16 时，即相当于不可达，可见 RIP 只适用于小型互联网。RIP 不能在两个网络之间同时使用多条路由。RIP 选择一个具有最少路由器的路由（最短路由），哪怕还存在另一条高速（低时延）但路由器较多的路由。

　　所以，路由表中最主要的信息就是：到达本自治系统某个网络的最短距离和下一跳路由器的地址。那么，RIP 采取一种什么机制使得每个路由器都知道到达本自治系统任意网络的最短距离和下一跳路由器的地址呢，即如何来构建自己的路由表呢？

　　RIP 协议有如下规定。

　　仅和相邻路由器交换信息，不相邻的路由器不交换信息。

　　交换的信息是当前本路由器所知道的全部信息，即自己的路由表。也就是说，一个路由器把它自己知道的路由信息转告给与它相邻的路由器。主要信息包括到某个网络的最短距离和下一跳路由器的地址。

　　按固定的时间间隔交换路由信息，例如，每隔 30s。然后，路由器根据收到的路由信息更新路由表，保证自己到目的网络的距离是最短的。当网络拓扑结构发生变化时，路由器能及时得知最新的信息。

　　RIP 作为 IGP 协议的一种，通过这些机制使路由器了解到整个网络的路由信息。

　　（2）应用环境与存在的问题

　　由于 RIP 的简单、可靠，便于配置，使其被广泛使用。但是 RIP 也有它自身的局限性，它只适用于小型的同构网络，因为它允许的最大站点数为 15，任何超过 15 个站点的目的地均被标记为不可达。而且 RIP 每隔 30s 一次的路由信息广播也容易造成广播风暴。此外，RIP 还存在以下一些问题。

　　①收敛问题。收敛是所有的路由器使它们的路由选择信息表同步的过程，或者某个路由选择信息的变换反映到所有路由器中所需要的时间。收敛过程越快，路由选择表的准确性就越高，它会提高网络的效率。如果互联网络的拓扑结果永远不会发生变化，则收敛不会成为一个问题。然而，网络上可能会出现多种改变：加入新的跳、加入路由器、路由器接口故障、整个路由器出现故障、带宽分配改变、网络链路的网络带宽改变、路由器 CPU 使用情况的增加或减少。所有这些条件都可以改变一个路由选择协议如何选择最佳路由，快速收敛也可避免路由循环。

　　距离向量路由器定期向相邻的路由器发送它们的整个路由选择表。距离相邻路由器在从相邻路由器接收到的信息的基础之上建立自己的路由选择信息表。然后，将信息传递到它的相邻路由器。

当在互联网络上无法使用某个路由时，距离向量路由器将通过路由变化或者网络链路寿命获知这种变化。和故障链路相邻的路由器将在整个网络上发送"路由改变传输"（或者"路由无效"）消息。寿命将在所有的路由选择信息中设置。当无法使用某个路由，并且并没有用新信息向网络发出这个信息时，距离向量路由选择算法在那个路由上设置一个寿命计时器。当路由达到寿命计时器的终点时，它将从路由选择表中删除。寿命计时器根据所使用的路由选择协议不同而不同。

距离向量路由选择是最古老的一种路由选择协议算法。正如前面说明的，算法的本质就是，每个路由器根据它从其他路由器接收到的信息而建立它自己的路由选择表。这意味着，当路由器在它们的表格中使用第 2 手信息时，至少会遇到一个问题，即无限问题的数量。

无限问题的数量就是一个路由选择循环，它是由于距离向量路由选择协议在某个路由器出现"故障"，或者因为别的原因而无法在网络上使用时，使用第 2 手信息造成的。

②路由选择环路。任何距离向量路由选择协议（如 RIP）都会面临同一个问题，即路由器不了解网络的全局情况。路由器必须依靠相邻路由器来获取网络的可达信息。由于路由选择更新信息在网络上传播慢，距离向量路由选择算法有一个慢收敛问题，这个问题将导致不一致性。RIP 使用以下机制减少因网络上的不一致带来的路由选择环路的可能性：计数到无穷大、水平分割、保持计数器、破坏逆转更新和触发更新。

2. 开放式最短路径优先协议

（1）工作原理

开放式最短路径优先（Open Shortest Path First，OSPF）是为了克服 RIP 的缺点被开发出来的。OSPF 的原理很简单，但实现起来却较为复杂。"开放"表明 OSPF 协议不是受某一家厂商控制，而是公开发表的。"最短路径优先"是因为使用了 Dijkstra 提出的最短路径算法 SPF。OSPF 的第二个版本 OSPF3 已成为互联网标准协议。

需要注意的是，OSPF 只是一个协议的名字，它并不表示其他的路由选择协议不是"最短路径优先"。实际上，所有的在自治系统内部使用的路由选择协议（包括 RIP 协议）都是要寻找一条最短的路径。

OSPF 最主要的特征就是使用分布式的链路状态协议，而不是像 RIP 那样的距离矢量协议。与 RIP 协议相比，OSPF 的 3 个要点和 RIP 的都不一样。

向本自治系统中所有路由器发送信息（RIP 协议是仅仅向自己相邻的几个路由器发送信息）。这里使用的方法是洪泛法，这就是路由器通过所有输出端口向所有相邻的路由器发送信息。而每个相邻路由器又再将此信息发往其所有的相邻路由器（但不再发送给刚刚发来信息的那个路由器）。这样，最终整个区域中所有的路由器都得到了这个信息的一个副本。

发送的信息是与本路由器相邻的所有路由器的链路状态，但这只是路由器所知道的部分信息（RIP 协议发送的信息是"到所有网络的距离和下一跳路由器"）。所谓"链路状态"就是说明本路由器都和哪些路由器相邻以及该链路的"度量"。OSPF 将这个"度量"用来表示费用、距离、时延、带宽等。这些都由网络管理人员来决定,因此,较为灵活,有时为了方便就称这个度量为"代价"。

只有当链路状态发生变化时,路由器才用洪泛法向所有路由器发送此信息(RIP 协议是不管网络拓扑有无发生变化,路由器之间都要定期交换路由表的信息)。

由于各路由器之间频繁地交换链路状态信息,因此,所有的路由器最终都能建立一个链路状态数据库,OSPF 的链路状态数据库能较快进行更新,使各个路由器能及时更新其路由表。

OSPF 规定,每两个相邻路由器每隔 10s 要交换一次问候分组,这样就能确切知道哪些邻站是可达的。对相邻路由器来说,"可达"是最基本的要求,因为只有可达邻站的链路状态信息才存入链路状态数据库(路由表就是根据链路状态数据库计算出来的)。

在正常情况下,网络中传送的绝大多数 OSPF 分组都是问候分组。若有 40s 没有收到某个相邻路由器发来的问候分组,则认为该相邻路由器是不可达的,应立即修改链路状态数据库,并重新计算路由表。

(2)网络拓扑结构

OSPF 有 4 种网络类型或模型(广播式、非广播式、点到点和点到多点),根据网络类型不同,OSPF 工作方式也不同,掌握 OSPF 在各种网络模型上如何工作很重要,特别是在设计一个稳定的强有力的网络时更是如此。

(三)外部网关协议

公布了新的外部网关协议——边界网关协议 BGP。BGP 是不同自治系统的路由器之间交换路由信息的协议。

在不同自治系统之间的路由选择之所以不使用前面讨论的内部网关协议,主要有以下几个原因。

互联网的规模太大,使得自治系统之间路由选择非常困难。连接在互联网主干网上的路由器,必须对任何有效的 IP 地址都能在路由表中找到匹配的目的网络。

目前,主干网络由器中的路由表的项目数早已超过了 5 万个网络前缀。这些网络的性能相差很大。如果用最短距离(最少跳数)找出来的路径,可能并不是应当选用的路径。例如,有的路径的使用代价很高或很不安全。如果使用链路状态协议,则每个路由器必须维持一个很大的链路状态数据库。对于这样大的主干网用 Dijkstra 算法计算最短路径时花费的时间也太长。

对于自治系统之间的路由选择,要寻找最佳路由是很不现实的。由于各自治系统是运行自己选定的内部路由选择协议,使用本自治系统指明的路径度量,因此,当一条路径通过几个不同的自治系统时,要想对这样的路径计算出有意义的代价是不可能的。例如,对某个自治系统来说,代价为 1000 可能表示一条比较长的路由。但对另一个自治系统代价为 1000 却可能表示不可接受的坏路由。因此,自治系统之间的路由选择只可能交换"可达性"信息("可到达"或"不可到达")。

系统之间的路由选择必须考虑有关策略。例如，自治系统 A 要发送数据报到自治系统 B，同本来最好是经过自治系统 C。但自治系统 C 不愿意让这些数据报通过本系统的网络。另外，自治系统 C 愿意让某些相邻的自治系统的数据报通过自己的网络，尤其是对那些付了服务费的某些自治系统更是如此。

自治系统之间的路由选择协议应当允许使用多种路由选择策略。这些策略包括政治、安全或经济方面的考虑。例如，我国国内的站点在互相传送数据报时不应经过国外兜圈子，尤其是不要经过某些对我国安全有威胁的国家。这些策略都是由网络管理人员对每个路由器进行设置的，但这些策略并不是自治系统之间的路由选择协议本身。

由于上述情况，边界网关协议 BGP 只能是力求寻找一条能够到达目的网络且比较好的路由（不能兜圈子），而并非要寻找一条最佳路由。BGP 采用了路径矢量路由选择协议，它与距离矢量协议和链路状态协议都有很大区别。

在配置 BGP 时，每一个 AS 的管理员要至少选择一个路由器作为该 AS 的"BGP 发言人"。一个 BGP 发言人通常就是 BGP 边界路由器。一个 BGP 发言人负责与其他自治系统中的 BGP 发言人交换路由信息。

一个 BGP 发言人与其他自治系统中的 BGP 发言人要交换路由信息，就要先建立 TCP 连接，然后在此连接上交换 BGP 报文以建立 BGP 会话（Session），利用 BGP 会话交换路由信息。使用 TCP 连接能提供可靠的服务，也简化了路由选择协议，即 BGP 报文用 TCP 封装后，采用 IP 报文传送。

各 BGP 发言人根据所采用的策略从收到的路由信息中找到各 AS 的较好路由。它们传递的信息表明"到某个网络可经过某个自治系统"。

从上面的讨论可知，BGP 协议有如下几个特点：

BGP 协议交换路由信息的节点数量级是自治系统数的量级，这要比这些自治系统中的网络数少很多。

在每个自治系统中 BGP 发言人（或边界路由器）的数目是很少的，这样就使自治系统之间的路由选择不致过分复杂。

BGP 支持 CIDR，因此，BGP 的路由表也应当包括目的网络前缀、下一跳路由器以及到达该目的网络所要经过的各个自治系统序列。

在 BGP 刚刚运行时，BGP 的邻站要更新整个的 BGP 路由表，但以后只需要在发生变化时更新有变化的部分，这样做对节省网络带宽和减少路由器的处理开销都有益处。

第四节　Internet概述

Internet 是世界上规模最大、覆盖面最广、拥有资源最丰富、影响力最大、自由度最大且最具影响力的计算机互联网络，它将分布在世界各地的计算机采用开放系统协议连接在一起，用来进行数据传输、信息交换和资源共享。

从技术角度看，Internet 本身不是某一种具体的物理网络技术，它是能够互相传递信息的众多网络中的一个统称，或者说它是一个网间网，只要人们进入这个网络，就是在使用 Internet。连入 Internet 的计算机网络种类繁多，形式各异，且分布在世界各地，因此，需要通过路由器（IP 网关）并借助各种通信线路或公共通信网络把它们连接起来。由于实现了与公用电话网的互联，个人用户入网十分方便，只要有电话和调制解调器即可，这也是 Internet 迅速普及的原因之一。Internet 由美国的 ARPANET 网络发展而来，因此，它沿用了 ARPANET 使用的 TCP/IP 协议，它是实现 Internet 连接性和互操作性的关键，由于 TCP/IP 协议非常有效且使用方便，许多操作系统都支持它，所以无论是服务器还是个人计算机都可安装使用。

一、域名

任何一个连在 Internet 上的主机或路由器，都有一个唯一的层次结构的名字，即域名。域名采用的层次结构基于"域"的命名方案，域名只是一个逻辑概念，并没有反映出计算机所在的物理地点。

各分量分别代表不同级别的域名。每一级的域名都由英文字母和数字组成（长度不过 63 个字符，并且不区分大小写），级别最低的域名写在最左边，而级别最高的顶级域名则写在最右边。一个完整的域名长度不超过 255 个字符。

现在顶级域名有 3 类。

（一）国家顶级域名

如 cn（中国）、US（美国）、uk（英国）等，有一些地区也有顶级域名，如 hk（香港）。

（二）国际顶级域名

采用 int，国际性的组织可在 int 下注册。

（三）通用顶级域名

如 com（公司企业）、net（网络服务）、edu（教育机构）等。

在国家顶级域名下注册的二级域名均由该国家自行确定。我国则将二级域名划分为类别域名和行政区域名两大类。其中类别域名 6 个，分别为 ac（科研机构）、com（商业企业）、edu（教育机构）、gov（政府部门）、net（网络服务商）和 org（非营利组织）。行政域名 34 个，用于我国的各省、自治区、直辖市，如 bj（北京）、sh（上海）等。

Internet 的域名空间是一种层次型的树状结构。一级是最高级的顶级域名节点，在顶级域节点下面是二级域节点，最下面的就是接入 Internet 的主机。域名分为两种：一种是网络域名，它只是用来表示是一个网络域；另一种则是主机域名，它用来表示一台具体的主机。如 ecust.edu.cn 是一个网络域名，表示华东理工大学这个子域，而 www.ecust.edu.cn 则是一个主机域名，表示在 ecust.edu.cn 域中主机名为 www 的一台主机。在 Internet 的域名空间中，非叶节点都是网络域名，而叶节点则是主机域名。

同一子域中的主机拥有相同的网络域名，但是不能有相同的主机名；在不同子域中的主机可以使用相同的主机名，但是其网络域名又不相同。因此，Internet 中不存在域名完全相同的两台主机。最后强调两点：一是，Internet 的名字空间是按照机构的组织来划分的，与物理的网络无关，同 IP 地址空间中的子网也没有关系；二是，允许一台主机拥有多个不同的域名，即允许多个不同的域名映射到同一个 IP 地址。

二、IP 地址

为了使 Internet 的主机在通信时能够相互识别，Internet 的每一台主机都分配有一个唯一 IP 地址，是由 IP 协议提供的一种 Internet 通用的地址格式，该地址目前的版本是 IPv4，由 32 位的二进制数表示，用于屏蔽各种物理网络的地址差异。IP 地址由 IP 地址管理机构进行统一管理和分配，保证 Internet 上运行的设备（如路由器、主机等）不会产生地址冲突。

在 Internet 上，IP 地址指定的不是一台计算机，而是计算机到一个网络的连接。因此，具有多个网络连接的 Internet 设备就应具有多个 IP 地址，如路由器。

IP 地址是第三层地址，所以有时又被称为网络地址，该地址是随着设备所处网络位置不同而变化的，即设备从一个网络被移到另一个网络时，其 IP 地址也会相应地发生改变。也就是说，IP 地址是一种结构化的地址，可以提供关于主机所处的网络位置信息。

（一）IP 地址的结构

一个互联网包括多个网络，而一个网络又包括多台主机，因此，Internet 是具有层次结构的。Internet 使用的 IP 地址也采用了层次结构，IP 地址以 32 位二进制位的形式存储于计算机中，32 位的 IP 地址结构由网络 ID 和主机 ID 两部分组成。其中，网络 ID（又称为网络标识、网络地址、网络号）用于标识 Internet 中的一个特定网络，标识该主机所在的网络，而主机 ID（又称为主机地址、主机号）则标识该网络中的一个特定连接。在一个网段内部，主机 ID 必须是唯一的。IP 地址的编址方式携带了位置信息，通过一个具体的 IP 地址，马上就能知道它位于哪个网络。正是因为网络标识所给出的网络位置信息才使得路由器能够在通信子网中为 IP 分组选择一条合适的路径，寻找网络地址对于 IP 数据报在 Internet 中进行路由选择极为重要。地址的选择过程就是通过 Internet 为 IP 数据报选择目标地址的过程。

由于 IP 地址包含了主机本身和主机所在的网络的地址信息。所以在将一个主机从一个网络移到另一个网络时，主机 IP 地址必须进行修改；否则，就不能与 Internet 上的其他主机正常通信。

（二）IP 地址的表示

在计算机内部，IP 地址使用 32 位二进制数表示。例如，11000000.10101000.00000001.01100100。为了表示方便，国际运行一种"点分十进制表示法"，即将 32 位的 IP 地址按字节分为 4 段，高字节在前，每个字节用十进制数表示，并且各字节之间用圆点隔开，表示成 w.x.y.z。这样 IP 地址表示成了一个用点号隔开的 4 组数字，每组数字的取值范围只能是 0～255，上面用二进制数表示的 IP 地址可以用点分十进制 192.168.1.100 表示。

第二章　网络教学概述

第一节　网络教学的定义

网络教学是当今教育发展新的增长点，是现代教育技术的主流发展方向，同时也是网络应用的一个重要方面。

一、网络教学的基本含义

对于网络教学，国外也有许多不同提法，国内通常称为网络教学、数字化学习或者现代远程教育等。综合国内外对网络教学的各种定义，我们可以从以下两个方面对网络教学进行描述。

广义上，网络教学是指在教学过程中运用了网络技术的教学活动；狭义上，网络教学是指将网络技术作为构成新型学习环境的有机因素，充分体现学习者的主体地位，以探究式学习作为主要学习方式的教学活动。无论广义还是狭义，网络教学通常都是建立在网络基础上的，所以我们可以将之简单地归并为建立于网络基础上的教学。网络教学突破了传统教学的时空限制，能够为学习者提供一个主动的、交互式的学习环境，实现学习者的个性化学习。网络教学的实际应用是多层次、多角度的，它既可以是一个完整的教学系统，涉及教与学的各个环节，也可以是一些具体的教学活动，如在线辅导、在线测试等。就网络教学这一概念而言，有时与网络教育并没有严格的区别，但教学与教育是有较大区别的。网络教学应该是一个微观层面上的概念，网络教育是一个宏观层面上的概念。在本教材中，我们将网络教学作为一种人才培养方法来讨论，而网络教育是一种人才培养模式，它涉及人才培养的目标、模式及方法。

二、网络教学的特点

网络教学的根本特点，是改变了教与学双方的关系与地位，突破了传统的以教师为中心的教学模式的限制，实现了学习者的主动式、探究式学习。一般说来，它具有以下 6 个特点。

（一）自主性

与传统教学中以教师或几本参考书为仅有的信息源相比，网络教学为学生提供了丰富多彩的学习信息资源。在网络环境下，学生可以自由选择信息源，这一点是自主学习的前提和关键。

在网络中,学生可以按照他们各自的实际情况来设计和安排学习,使之成为学习的主体。学生通过对信息的接收、表达和传播而获得一种成就感,从而进一步激发学生学习的兴趣和自主性。

(二)交互性

在传统教学中,教师与学生、学生与学生在教学过程中相互之间的交互性极为有限,教师与学生之间的信息传播更多是一种从教师向学生的单向传播,同学之间就学习问题进行的交流也是极少的。

网络教学的设计可以使教师与学生之间在教学中以一种交互的方式传播信息。教师可以根据学生反馈的情况进行教学;学生不仅可以和自己的任课教师进行相互交流,而且可以向提供网络服务的专家提出问题,请求指导,并且发表自己的看法;学生之间的交流也可以通过电子邮件和BBS等网络技术实现,学生不仅能够从自己的思考过程中获取知识,而且能够从别人的观点中获取知识,从而达到建构和转换自己知识的目的。

此外,学生还可以根据网络提供的反馈信息,在学习过程中不断调整学习内容和进度、自由进退、自主构架。

(三)个性化

传统教学在很大程度上束缚了学生的创造力,学生的个性得不到充分发挥,学生的学习需要不可能完全获得满足。

网络教学却可以进行异步的交流与学习,学生可以根据教师的安排和自己的实际情况安排学习,可以利用网络在任何时间进行讨论及获得在线帮助,从而实现真正的个别化教学。

此外,网络中有大量的个性化教育资源,如专题网站、教育专家个人网页等,这些网上资源为学生个性化学习提供了前所未有的选择空间。

(四)共享性

网络教学的实质是通过网络教育信息资源的传输和共享来实现教学。在现实的教学活动中,优质的教学资源如教师、图书资料以及实验设备等总是有限的,大多数学习者没有机会享受到优质教学资源所提供的方便与高质量。通过网络教学,学习者就有机会共享各种优质教学资源。

(五)开放性

传统教学只能在教室中进行,学习者必须在指定时间内到指定的教室中才有机会实现其学习的愿望。网络教学提供了一个开放的自由空间,不受时空限制。只要能够访问网络,任何人可以在任何时间、任何地点实现其学习的愿望。

(六)数字化与多媒体化

在网络教学环境下,教学内容以数字化的形式呈现在学习者的面前,且教学内容的载体不是传统的单一的文字形式,而是通过文字、语音、图形图像等多种形式的媒体来表示的。

三、网络教学的基本模式

网络教学与传统教学相比，无论是教学环境还是教学手段都有很大的不同，因此，教学模式也有相应的变化。网络教学的基本模式可以从不同的角度，按照不同的方法进行分类。从网络教学实施形式的角度出发，网络教学的基本模式可以分为如下5类。

（一）讲授式

网络教学模式传统的经典教学模式是讲授型教学模式，通过网络进行的传统教学模式可分为同步式讲授和异步式讲授两种。同步式讲授模式除了教师和学生不在同一地点以外，其余和传统教学模式完全相同；异步式讲授模式的实现比较简单，教师将准备好的教学要求、教学内容、课后作业等素材编制成HTML主页文件，存放在Web服务器上，学生通过浏览器浏览这些主页即可。

（二）个别式

网络教学模式个别式网络教学模式可以通过互联网的CAI软件及教师与单个学生之间的密切通信来实现。应用CAI软件有3种方式：第一，在公共FTP文件服务器中提供CAI软件资料库，学习者下载网上的CAI软件并运行该程序进行个别化学习；第二，在WWW浏览器中运行CAI软件。各种CAI软件被内嵌到网页中，学习者可以通过浏览器直接运行CAI软件，这样可以大大增强教学材料的交互性和实时性；第三，基于Internet实施个别化教学方式。个别辅导模式中教师对学生的个别化指导既可以通过电子邮件异步实现，也可以通过Internet在线交谈方式同步实施。

（三）讨论式

网络教学模式讨论式网络教学模式可以分为异步讨论和同步讨论两种。异步讨论模式一般是通过BBS建立并提供与该教学内容密切相关的学科主题或专题讨论组，在教师的监控下，学生根据自己的学习情况选择有关的讨论组，与其他学习者讨论交流；同步讨论则是通过网络在线聊天系统，就学生关心的问题或教师提出的问题进行实时性、聊天式的讨论。

（四）探索式

网络教学模式探索式学习包括：提出问题、分析问题、收集有关信息、对所获得的信息进行综合分析、抽象上升分析结果到理论、对结论进行反思这六个阶段。探索式网络教学模式，在网络技术的支持下，使学生在独立学习、探索和获取知识的同时，提高独立解决问题的能力和技巧。

一种名为Web Quest(网络主题探究学习)的探索学习模式在国外中小学教学中得到广泛的应用。Web Quest是一种利用Internet资源的授课计划或者课程单元，通过向学习者提出一些需要探索的任务和参考资源，引导学习者运用所学的知识解决一定难度的复杂问题，从而促进学习者以较高水平思考及解决问题。

Web Quest的核心是提出一个开放性问题，鼓励学生回顾原来掌握的知识，激发他们进一步探索的动机。Web Quest 的任务与步骤部分提供了一个"脚手架"，引导学生经历专家的思维过程，让学生能够继续钻研相对单一的任务。Web Quest 提供可便捷存取的、有质量的信息，如 Web 站点、电子刊物、虚拟旅行、电子公告板、电子邮件等在线资源，以及读物、电子光盘、杂志、实地考察、贵宾演讲等离线资源，以便学习者能较快收集信息并分配更多时间用于解释和分析信息。Web Quest 的焦点是让学生应用他们的知识，建设性地解决真实问题，如创编好莱坞式的歌舞表演、通过电子邮件提交实地考察或动手做活动的报告、制作自己的网页等。Web Quest 需要教师能有效评价学生活动。

（五）协作式

网络教学模式协作式网络教学模式有两种形式：一是以协作、互助学习小组身份登录网络，参与协作学习；二是以个体身份登录网络，参与协作式学习。前者一般由 4～5 人组成一个协作学习小组，在组内进行互赖性的学习；后者则是以个人身份通过竞争、协同、伙伴和角色扮演等方式，在网络中彼此进行协作交流。

四、网络教学系统的结构

基于网络的教学系统是一个由硬件、软件、教学内容、教学管理机构组成的一体化有机的系统。

（一）硬件结构

支撑网络教学系统的物质基础就是一个实际的计算机网络。一般要具有如下模块：接入模块、交换模块、服务器模块、网络管理与计费模块、课件制作与开发模块、双向交互式同步教学模块。

接入模块的主要功能是让学生和教师能够以多种方式访问网络资源，从而达到教学目的，其主要设备是路由器和访问服务器；路由器的主要作用是通过网络专线将整个网络接入 Internet，访问服务器的主要作用是使学生可以访问网上的教育资源，从而达到学习的目的；交换模块是整个网络连接与传输的核心，主要的设备有主干交换机、分支集线器和连接各模块的网络电缆，由它们组成整个骨干网络；服务器模块主要负责信息的收集、储存、发布，它们是对外提供教学与信息服务的主要实体；网络管理与计费模块主要对整个网络进行监控、诊断故障和记录网络使用者的资费信息；课件制作与开发模块主要是开发、维护网上的教学内容与教育资源，以实现教育信息的不断更新与丰富；双向交互式同步教学模块是一个基于高速数据网络双向可视会话系统，它可以将演播教室中教师的讲解情况实时传送到远程多媒体教室，教师在讲解中，还可以看到远程教室中学生的表情与神态，并能接收到学生的询问，类似于本地课堂教学。

（二）软件结构

一个完整的基于网络的教学系统需要专门的教学支撑平台，即网络教学平台。一般包括备课、学习、授课、辅导答疑等功能模块，在实际开发时可根据情况有针对性地进行取舍。

1. 备课功能模块

为了保证教学内容的开放性，网络教学系统必须具有在线备课功能模块，备课功能模块具有以下两个功能。

①基于课程内教学资源库的在线备课：能够在线修改网络课程的教学内容、相关资源（文、图、声、像）、教学目标、教学重点和学习方法。

②在线提交教材、教案：能够方便地提交教师在本地制作的电子教材、教案。

2. 学习功能模块

要想体现"以学为主"的教学思想，学习功能模块是必不可少的，学习功能模块通常具有如下功能。

①实现对教学内容的动态适应，对于不同起点的学生，提供难易程度不同（教学目标一致）的教学内容。

②提供教学内容的导航。

③提供协作式的问题解决。

④实现自适应学习策略选择。

3. 授课功能模块

这里所说的授课功能模块是指帮助教师实现基于 Internet 的同步授课活动，或实现无教师参与的异步授课活动的功能模块，其功能如下。

①提供电子教案、视频教材等教学资源，为教师课堂授课提供支持。

②利用专用的网络教学直播系统或视频会议系统（微软的 Net Meeting 也可以），为教师网上实时授课提供支持。

③提供流媒体教材，为学生调用该教材进行学习提供支持。

4. 辅导答疑功能模块

在网络课程的教学中，师生缺乏面对面的交流，因而，网络教学系统必须提供答疑功能，为学生及时解除学习中的困惑，同时为教师提供关于学生学习效果的反馈信息，其功能如下。

①实现基于 Web 的自动答疑。

②提供"疑问—解答"库检索、管理功能。

③提供滞后式答疑功能。即对计算机无法自动回答的问题，将问题反馈给相应教师，由教师回答后再返回给提问者，并更新答疑资料库。

5. 作业发布、批阅功能模块

网络课程的作业模块应当包含如下功能。

①提供基于 Web 的发布作业功能。

②提供基于 Web 的学生在线完成、提交作业功能。

③提供基于 Web 的教师在线批改、点评作业功能。

6. 讨论学习功能模块

讨论学习功能模块是学生之间互相讨论、交流的一个重要手段，是实现协作学习模式的重要途径，应包含如下功能。

①发起讨论主题。

②参与主题讨论。

③讨论内容管理。

7. 题库管理功能模块

题库是作业、考试、自测模块所使用的资源，包含如下功能。

①提供各种题型，满足作业、自测与考试需求。

②提供教师管理试题（检索、增加、修改和删除）的功能。

8. 考试、自测功能模块

考试与自测是学生自我评估和教学分析的主要数据来源，包含如下功能。

①提供教师在线组卷功能。包括制定组卷策略、随机组卷与人工组卷。

②提供学生随机组卷功能。

③提供设置考试策略的功能。

④提供在线考试功能。

⑤提供教师在线阅卷功能。

⑥提供针对学生学习效果、组卷、试题和教学成果的评价功能。

9. 虚拟实验环境

虚拟实验环境是为学生提供近似真实的实验环境的重要手段，同时也是危险性大、造价高的大型实验的有效替代手段，此功能模块包含如下功能。

①提供实验简介与要求。

②提供基于 Web 的三维立体环境。

③提供可视化的实验对象与操作机制。

④提供实验用户之间的协作机制。

10. 教学分析功能模块

教学分析是网络课程中必须具备的一个教学功能，它有助于学生了解自己的学习效果，改进学习方法，同时，有助于教师对教学方法和教学设计进行必要的调整，提高教学质量。此功能模块包括以下功能。

①自测效果分析。

②作业情况分析。

③答疑情况分析。

④考试情况分析。

⑤讨论情况分析。

11. 教学管理功能模块

教学管理是网络课程中保证教学有序、有效进行的必要手段，此功能模块包括如下功能。

①学生注册、认证管理。

②学生成绩管理。

③教学资源管理，包括资源分类、增加、删除、修改和检索等。

以上各模块都需要以特定的用户账号登录，用户一般分为超级用户（系统管理员）、教师用户、学生用户和访客（Guest）用户四种。不同的用户权限不同，能够浏览和管理的模块也不同。

（三）信息组织结构

网络教学实施过程中的信息组织结构与传统的信息组织机构基本保持一致，但有些物质化形态的结构演变成了网上的虚拟结构。

1. 招生与注册管理

网络化的办公室，类似于传统的教学中学校将学生招进来并进行相应的管理。在网络教学系统中，学校通过网络发布招生信息，学生通过网络提出入学申请，学校对其资格进行检查认证，最后学生通过网络报到注册。

2. 同步教室

学生的根本任务是学习，通过网络教学系统的学习虽然与传统的学习有很大差别，但基本的学习行为还是相同的，学生可以通过同步教室进行日常学习，同步直播教室就是同步教室的一种。

3. 在线讨论及休闲娱乐

在网络化的学习环境中，学生同样需要获取帮助、与其他同学相互交流，也需要一定的休闲娱乐。通常实现这一功能的是类似于 BBS 的在线讨论区或者虚拟咖啡馆之类。

4. 网上图书馆

网上图书馆的一个时尚称呼是数字化图书馆，其中存放着各类电子杂志和电子报纸以及其他相关学习资源。

（四）职能部门的组织结构

同其他教学系统一样，基于 Internet 网络的教学系统同样需要一个机构来维持它的运行，进行日常管理、教学和研究工作。

教学研究组研究基于网络的各种教学模式的特点，开发适合网络教学的文字教材，研究网络教学发展动向，研究国家教育政策的发展变化趋势。教学支持组负责主持学生学习，对学生反馈信息做出应答，如疑问解答、作业评阅等。业务发展组负责发展上网学习的学生，进行广告策划、网络广告业务营销以及进行相关辅导材料、软件、VCD 的营销。技术支持组负责将文字教材制作成网络电子教材，开发与维护教学业务系统，提供教学业务运作中的技术支持，收集学生的反馈信息，发布教师的应答信息，管理与维护服务器，维护与开发网络教学系统，财务组负责所有项目的财务审核与结算。

五、网络课程

网络课程是网络教学系统的基础，丰富的网络教育资源是决定网络教育质量的关键要素。随着网络教育的发展，各种网络资源日渐丰富，网络课程的数量也在迅速增长。值得一提的是在申请国家精品课程时，要求参选课程必须配有网络课程，这更加凸显了网络课程的重要性。

（一）网络教学资源

教学资源建设是教育信息化的基础，是需要长期建设与维护的系统工程。由于教育资源的复杂性和多样性，使得人们对它的理解各不相同，会出现大量不同层次、不同属性的教育资源，因而，不易于管理和利用。为了更有效地建设好各级各类教育资源库，促进各资源库系统之间的数据共享，提高教育资源检索的效率与准确度，保证资源建设的质量，制定教育资源建设规范是十分必要的。

1. 网络教育资源种类

网络教学资源包括网络课程、媒体素材库、试题库、案例库、课件库、常见问题等九类。媒体素材库在整个资源中是最基础的，课件库中的课件、案例库中的案例、常见问题解答、网络课程，甚至试题库都可能使用媒体素材库中的媒体数据。而网络课程又由多个知识点的课件或不同教学环节的课件、自测或考试题库等综合而成。

2. 网络教育资源建设

网络教育资源建设包括以下四个层次。

①素材类教育资源建设，主要有媒体素材、试题、试卷、文献资料、课件、案例、常见问题解答和资源目录索引这8种类型。

②网络课程建设。

③资源建设的评价。

④教育资源管理系统的开发。

在这四个层次中，网络课程和素材类教育资源建设是基础，是需要规范的重点和核心；第三个层次是对资源的评价与筛选，需要对评价的标准进行规范；第四个层次是工具层次的建设，教育资源管理系统的研制开发。网络课程和素材类资源的具体内容千变万化，对应的管理系统必须适应这种形式的变化，充分发挥它们的特色。

所有上述资源库都分别建有其索引信息，以便快速地查询、浏览和存取。基于远程教育资源库的教学工具、学习系统、授课系统、教育资源编辑和制作系统都要与媒体素材库、试题库、试卷库、课件库、案例库、常见问题解答库、资源目录索引库和网络课程发生关联，考试系统要与试题库系统发生关联，评价系统则涉及教育资源的各个部分。

现代远程教育资源管理系统包括资源库的管理（媒体素材库管理、试题库管理、试卷库管理、案例库管理、文献资料库管理、课件库管理、常见问题解答库管理、资源目录索引库管理和网络课程管理）及系统管理（安全管理、性能管理、计费管理、故障管理等）。

（二）网络课程概述

网络课程就是通过网络表现的某门学科的教学内容及实施的教学活动的总和，它有两个组成部分：按一定的教学目标、教学策略组织起来的教学内容和网络教学支撑环境，网络教学支撑环境特指支持网络教学的软件工具、教学资源以及在网络教学平台上实施的教学活动。网络课程首先是课程，其次，我们强调它必须具有网络的特点。所谓课程是指在学校的教师指导下出现的学习者学习活动的总体，其中包含教育目标、教学内容、教学活动乃至评价方法在内的广泛的概念。网络课程还要考虑到教育信息的传播方式发生了改变，并产生的教育理念、教育模式、教学方法等的极大改变。

（三）网络课程的结构

网络课程既是网络教育资源建设的重点，也是各种资源有机组合的体现者。一门完整的网络课程一般包括以下9个部分。

1. 教师信息介绍

教师的基本信息，如姓名、联系方式、教学简历、科研领域和成果以及照片等。

2. 课程简介

为学习者提供一些关于课程以及每个教学单元的提示信息。它包括：课程信息（包括课程名称、课程学时、所用教材、参考书籍和资料、教学目标和要求、学习重难点、考核方式等）、教学大纲、教学计划和进度、课程发展历史。

3. 电子讲稿和相关资料

电子讲稿可以是 HTML、DOC、PPT、EXE 等格式的课件或文档，是学生学习的基本材料和主要内容。在具体设计的时候，电子教材应按章节或按"讲"组织，如一章对应于一个电子文档，或一"讲"对应一个电子文档。电子讲稿不应是文本的简单电子化，而应是经过教学设计的、多媒体、交互的、超链接丰富的信息组织体。

教师设计的教学课件呈现的内容毕竟有限，丰富的相关资源和参考学习资料将有利于学生进行探索和发现，以满足学生的不同个性化需求。相关资料中可包括某一知识点的背景与深入探讨、他人的课件等。

4. 教学录像

教学录像是教师的一至两次的教学实况。一般为 RM 或 ASF 等流媒体的格式。播放时，一边是教学录像，一边是教师的电子讲稿。教学录像可以让将要选修该课程的学生了解任课教师的教学风格。

5. 作业与实验

每章或每讲结束后的作业，既可以是静态的作业列表形式，也可以是在线式的作业系统。后者一般包括作业上传、教师批阅等功能。实验应与每章或每讲内容对应，应有详细的实验任务目标等。有些实验还可以在线完成，即提供虚拟实验环境，这需要通过较为复杂的编程技术实现。

6. 试题与测试

试题可以是历年考试试题或相关的分类复习题、综合复习题等，一般以静态网页形式表现。测试通常有两种形式，一种是有试题库支持的自我测试。学生可随机抽题、在线自我测试，完毕后可获得评分和评价信息等，教师可以出题，设置题目难度和分值等；另一种是网上集中测试，教师通过教学平台"发试卷"后，在线学生才能看到试题，教师宣布考试开始后（可通过网页发布信息），倒计时开始，学生开始答题，时间结束后自动交卷。

7. 教学公告

教学公告可供教师发布课程最新信息，如课程安排、内容更新提示等。

8. 教学讨论区

教学讨论区是师生对学习问题的讨论场所。教师应及时回答学生提出的问题，一般应定期在线与学生进行交流。

9. 其他可选模块

其他可选模块如学习日历可以用来安排学习时间和进度，网页记事本可以用来记录学习心得等。

（四）网络课程的教学设计

网络课程本身就是一个教学系统，对该教学系统进行教学设计的优劣将直接决定网络课程教学功能的实现情况。网络课程设计中的教学系统设计主要包括以下几个方面：学习者特征分析、教学内容的选择与设计、教学目标的确定、教学策略的制定、评价的实施等。

对网络教学各要素的系统分析和设计是网络课程实现其教学功能的重要保障。我们应注意网络课程设计中的教学系统设计，它有以下特点：首先，它是一个"学教并重"的教学系统设计，既注重教师的教，更注重学生的学，把教师和学生两方面的主动性、积极性都调动起来，也就是说，既重视体现学生的认知主体作用，又不忽视教师的指导作用；其次，它是一个动态、开放的系统设计过程，对网络课程的设计不是一蹴而就，对它的优化和完善也不是一次就可以实现的。

六、网络教学的现状与未来

网络教学是随着 Internet 的快速发展而成长起来的，尽管其开展时间还不是很长，还有许多需要完善的地方，但其强大的生命力是不言而喻的。美国是世界上最早实现高等教育大众化的国家，目前有超过 60% 的企业通过网络教育进行员工的培训和继续教育，通过网络教学获得高等教育学位的学生大约占全国高等学校在校生人数的 8%。与发达国家相比，我国目前的网络教学还存在一定的差距。我国在各试点学校初步摸索出一套网上办学的模式，同时，开发出一批网上课程和教学资源，初步形成校内基于校园网的多媒体教学与校外远程教学同时进行并相互融合的开放办学格局。

网络教育无疑是未来教育发展的一个重要方向，特别是在我国，由于人口众多，教育资源相对短缺，网络教育具有巨大的发展空间。我国网络教育的发展战略是：充分利用各种网络基础设施，开展教育信息化关键技术研究，构建覆盖全国的各级各类教育服务平台；建设丰富的教育资源，开发典型的、东西互动的教育应用示范系统；构建开放式、网络化全民学习、终身学习的教育体系，实现教育跨越式发展，以满足全面小康社会的需要。

第二节　网络教学的标准

网络教学的基本特点是学习资源的共享性和系统的互操作性，这对于教育系统的实用性和经济性具有决定性意义。网络教学标准是保证共享及互操作的基本措施。因此，国际上有不少企业机构和学术团体致力于网络教育技术标准的研究与开发，并且已经产生了一大批标准化的成果。

一、美国的网络教育技术标准化研究

美国的网络教育技术标准化研究工作起步最早，并且有几个标准进入了实用阶段。下面介绍几个比较有影响的标准开发组织及其成果。

（一）AICC-AGR

美国航空工业计算机辅助训练委员会（AICC：Aviation Industry CBT Committee）提出了 CMI（计算机管理教学）互操作指导规范，使得不同开发商提供的局域网课件可以共享数据，将此规范升级成为适用于基于 Web 教学的 CMI 标准。AICC 已经推出了一系列统称为 AGR（AICC Guidelines and Recommendations）的技术规范，主要包括：CBT 教学平台指南（AGR-002）、DOS 版数字音频指南（AGR-003）、局域网版 CMI 互操作指南（AGR-006）、Web 版 CMI 互操作指南（AGR-0010）、学生用户导航控制指南（AGR-009）。

（二）ADL-SCORM

美国国防部启动了一个称为"高级分布式学习"（ADL：Advanced Distributed Learning）的研究项目，该研究的主要成果是提出了一个"可共享课程对象参照模型"（SCORM：Shareable Course Object Reference Model），其目的是解决如何使课程从一个平台移植到另一个平台，如何创建可供不同课程共享的可重用构件以及如何快速准确地寻找课程素材。SCORM 提出了用一种标准方法来定义和存取关于学习对象的信息，只要遵循这种标准，不同教学系统之间就像有了一种共同的语言，彼此可以沟通。

（三）IMS

美国大学校际交流委员会设立了一个称为 IMS（教学管理系统）的研究项目，后来发展成为非营利性的 IMS 全球学习联合公司，专门从事教学系统技术标准制定和推广工作，

现在已在英国、澳大利亚、新加坡设有分公司。IMS 全球学习联合公司提出的学习技术系统规范，已经成为一个较有影响力的行业标准。

二、欧洲的网络教育技术标准化研究

欧洲在开发与网络教育的相关标准方面也有较长的历史，早在20世纪80年代中后期，原欧共体就在一个名为 DALTA 的大型工程中提出研究网络化教育的联网技术标准和多语种教育平台标准的研究内容。目前还在积极开展相关标准研究的组织主要有：

欧洲远程教学创作与销售网联盟（Alliance of Remote Instructional Authoring and Distribution Network for Europe，ARIADNE）、促进欧洲社会教育与培训中使用多媒体工程（Promoting Multimedia Access to Education&Training in European Society，PROMETEUS）、欧洲标准委员会/信息社会标准化系统（European Committee of Standardization/Information Society Standardization System，ECS/ISSS）、GESTALT（Getting Educational Systems Talking Across Leading—Edge Technologies）和欧洲谅解备忘录（European Memorandum of Understanding，MoU）及 TOOMOL（Toolkit for the Management of Learning）。

三、有关国际组织的网络教育技术标准化研究

网络教育技术标准的迫切需求引起了有关国际组织的重视，目前影响较大的主要有 OCLC-DCMI、IEEE—LTCS、ISO—JTC1/SC36、W3C 和 ASTD。

（一）OCLC-DCMI

美国在线计算机图书馆中心（Online Computer Library Center，OCLC）与国家超级计算应用中心（National Center for Supercomputing Applications，NCSA）在俄亥俄州的都柏林召开了一次国际研讨会，探讨如何建立一套描述网络上电子文件特征、提高信息检索效率的方法，当时的参加单位成为都柏林核心成员，随即开始启动电子图书馆对象元数据标准的研究项目，称为都柏林核心元数据研究行动（IDublin Core Meta data Initiative，DCMI）。

（二）IEEE-LTCS

国际电气和电子工程师协会（IEEE）成立了一个学习技术标准委员会，简称 IEEE-LTCS（Learning Technology Standard Committee），组织力量开展有关标准的研究工作。已经有十几个工作小组和研究组正在开展各项标准的制定工作，最终将形成 IEEE 1484 标准体系。

（三）ISO-JTC1/SC36

国际标准化组织 ISO 成立了一个 JTC1/SC36 委员会，专门从事学习、教育、培训技术标准的征集、修订和批准工作。目前，提出了5类标准需求（词汇术语、系统构架、学习内容、管理系统、协作学习），已有美国、英国、德国、日本、乌克兰等国提交了标准议案。

（四）W3C

万维网联盟（World Wide Web Consortium，W3C）致力于开发在 Internet 上支持资源共享和系统互操作的多种标准。这些标准虽然不是专门针对网络教育应用的，但在制定网络教育技术标准时被广泛引用，作为其支撑性标准，最主要的有：扩展标记语言 XML 规范、资源描述框架 RDF 规范、同步多媒体整合语言 SMIL 规范、互联网内容选择平台 PICS 规范。

（五）ASTD

该标准由 ASTD（美国培训开发协会）提出分为三部分（可用性、技术、教学设计）共 32 条。可用性部分包括导航、定向、反馈提示、作品链接、标记链接、帮助信息、易读性、文本制作质量等；技术部分包括技术要求、媒体安装、媒体撤除、可靠性、响应性、媒体导出等；教学设计部分包括告知目的、要求应用、获得注意和保持兴趣、维持动机、引导相关知识、举例和演示、呈示内容、提供应用练习、促进近迁移学习、促进远迁移学习、提供综合练习机会、提供反馈、近迁移反馈、远迁移反馈、提供教学帮助、评估学习、使用媒体、避免认知超负等。

四、我国的网络教育技术标准化研究

教育部组织有关专家成立了一个现代远程教育标准化委员会（后更名为教育部教育信息化技术标准委员会），专门从事网络教育技术标准的制定和推广工作。

我国的现代远程教育标准开发工作以国际国内网络教育的大发展与大竞争为背景，以促进和保护本国现代远程教育的发展为出发点，以实现资源共享、支持系统互操作、保障远程教育服务质量为目标，通过跟踪国际标准研究工作和引进相关国际标准，根据我国教育实际情况修订与创建各项标准，最终形成有本国特色的现代远程教育标准体系。通过此项目还能形成一支信息化教育标准研究队伍，使我们今后有能力参与这个领域的国际合作与竞争。由现代远程教育标准化委员会制定的"我国现代远程教育标准研究框架"，综合吸收了国际上的诸多标准研究成果，特别是参照了 IEEE 1484 框架而提出的。

五、XML 在网络教育信息标准化中的应用

XML 在各个领域中得到了广泛运用，为解决网络教育领域的许多问题提供了解决方案。

（一）XML

XML 是"可扩展标识语言"（Extensible Markup Language）的缩写，是针对包含结构化、半结构化信息的文档而设计的一种标记语言。XML 是元语言中的一种，所谓"元语言"，就是能够帮助不同个人和组织定制自己的标记语言的语言，定制后的标记语言可以在特定应用领域中实现信息数据的交换。

XML 是 HTML 的延伸。与 HTML 不同的是，XML 语言能把数据与数据表示（如界

面）分开。这种特性能够让 XML 适合在网络上不同计算环境（无论是不同的操作系统环境，还是不同的设备显示方式）中采用一致的信息表示方式。

XML 的本质特点是表达知识的语义，主要有以下 3 个特点。

1. 可扩展性

XML 允许用户自行定义标记和属性，以便更好地从语言上修饰数据。在具体应用中，各个行业都可以根据自身的特点创建自己的行业词汇表。

2. 灵活性

XML 提供了一种结构化的数据表示方法，使用户界面分离于结构化数据。XML 有强大的数据描述能力，使复杂数据的表达变得方便。XML 还有自我扩展能力，可以把对数据的约束减到最少。

3. 自描述性

XML 有良好的语义，因为 XML 标签是对其所包含在 XML 数据的一个解释。应用程序在解析 XML 数据时，可以根据外层所套的 XML 标签知道数据的逻辑含义，进而可以过滤 XML 数据、查找满足特定条件的 XML 数据等后续数据处理工作。

此外，XML 具有应用的健壮性和平台无关性。XML 文档的有效性检查能有效地排除垃圾数据的干扰，增强系统的健壮性。XML 与具体的软硬件平台无关，这使得用 XML 表达的数据具有最大的通用性。

（二）XML 在网络教育中的应用背景

在网络教育的初级阶段，由于缺乏统一的标准与技术手段，在不同的网络教育系统之间可能会有不同的数据格式，各个系统之间的数据交换则无法实现。例如，在传统的网络系统中，一般均采用大型的关系数据系统存储教育资源。尽管数据都是以二进制形式表示的，但不同的数据库系统都有自己的专有格式，这给教育资源的表示带来了困难，同时，也给不同系统之间的互相访问带来了困难，进而使教育资源的共享难以实现。缺乏统一的网络教育资源标准，还给教育资源发现带来了困难。虽然网络技术，特别是 Internet 技术，给资源的搜索与共享提供了方便。但学生搜索到的结果往往是大量的不相关内容，还需要手工过滤查找需要的内容。因此，如何通过 Web 提供一种机制，让学生能够快速地、智能地找到所需要的资源，是网络教育中需要解决的一个重要问题。在网络教育信息标准的制定过程中，XML 以其清晰的结构、良好的语义以及平台无关性而备受推崇。

（三）XML 在网络教育信息标准化中的应用

要实现网络教育的资源共享，标准化是基本的前提与条件，XML 的特点为网络教育信息标准化提供了极大方便。

1. 资源描述的标准化

由于资源描述的标准化是一项全新的工作，这需要一段时间的摸索和改进，同时，也需要总结各个教学研究机构的实践和经验。所以在标准未制定出时，各个教学研究机构都已经拥有或者正在运用自己的力量开发适合自己的标准。重要的是，当最终资源描述的标准出现后，只需要少量的工作和代价就可以运用于各种不同种类的教育资源。

XML 提供了切合实际的、描述清楚的、易于读写的格式，提供了标准化的结构，利用它们可以定义需要的标记，或者使用其他组织定义的最适合需要的标记组。由于 XML 定义的只是一套标记，所以标准的改变不会涉及资源的具体结构，使用它来完成资源的描述可以做到灵活的转变和更改。

2. 资源信息提取、发布、查询的标准化

目前分布式的教育资源在各自的信息结构、存储组织、发布方式、检索方法、查询约束条件等各方面存在很大的差异。使用 XML 提供一套标准的资源描述方法的同时，也解决了信息提取、发布、查询的标准化问题。教育资源的客户端根据标准提出包含自己需要提取、查询的资源信息的 XML 标示，教育资源服务端可以根据这些标示生成包含相应信息的 XML 文档来响应客户端的请求，由于这个文档使用了 XML 结构化的具有具体意义的标示，所以客户端可以很容易从文档中识别和获取需要的信息。发布资源信息时教育资源服务端可以根据标准来生成包含了资源信息的 XML 文档，任何授权的客户都可以编制自己的应用程序获取其中的信息。这样就可以使既定的标准能很方便地应用到资源信息的提取、发布和查询中。

3. 资源应用的标准化

根据 XML 定义的标准可以不用考虑资源库的类型和数据结构的复杂情况，设计出通用的资源应用程序，因为应用程序将只针对使用 XML 标准生成的包含了资源数据的 XML 文档进行操作，而且 XML 提供了切合实际的并清楚描述了的、易于读写的格式，应用程序将这种格式用于它的数据，就能够将大量的处理细节让几个标准工具和库函数去解决。程序将很容易将附加的句法和语义加到 XML 提供的基本结构上。这样就大大提高了开发的应用程序的可重用性和适应能力。

4. 用 XML 实现信息文件格式、数据结构的标准化

由于 XML 可用来描述信息及对之进行组织，所以我们可以将它当作一种数据描述语言，用它来描述数据成分、记录和其他描述结构，甚至复杂的数据结构。我们可以用 XML 方便地创建共享的自定义数据结构，生成有关服务、产品、商业交易以及网络教育的结构化信息，这些信息是可以在网上进行交换的。简单来说，就是用 XML 能描述一个过程，原封不动地移动数据，重新对信息进行打包，让这些信息更适合特定的信息接收者。

我们只要按照一定的规范用 XML 描述各种网络教育信息，包括学习资源、学习对象等信息，就可以实现网络教育信息数据结构的标准化。

（1）XML 编码绑定技术

所谓绑定，就是用一种具体的形式来表示概念上的数据模型，如 XML 绑定等。只有这样，才能在实现时具体表示对象的元数据实例，才能对元数据的实例进行各种操作。

（2）采用 XML 作为数据交换格式，实现网络教育信息交换标准化

由于 XML 是一个开放的基于文本的格式，在网上传输起来非常便捷。而且，由于基于 XML 的数据是自我描述的，数据不需要有内部描述就能被交换，适合当网络客户必须在不同数据库之间传递信息时的应用。这个优势使网上不同平台、不同系统、不同设备之间的数据交换得以方便实现。

利用 XML 的这个特性，再利用定义好的、通用的编码绑定，就能采用 XML 作为数据交换格式，实现网络教育信息交换的标准化。

（3）XML 能方便地进行数据的本地化、个性化计算和处理

XML 格式的网络教育信息数据从服务器上发送出去时，数据的显示以及数据的再次处理可以交给客户端自己来个性化实现。这样不但减轻了服务器的负担，也使数据表示多样化和个性化，还简化了服务器与客户端之间的交互过程。

通过 XML 描述网络教育资源，还有助于解决网络教育资源的快速发现问题。例如，XML 技术规范中的 XQL 等查询技术，可以提供更有意义的搜索能力。如果将所有的网络教育服务都用 XML 进行描述，那么结合一些先进的自然语言处理技术和服务描述工具，在网络上搜索发现教育服务将更为容易。

XML 在网络教学中的应用是多方面的。例如，目前在课件制作标准化中广泛采用的中间件技术，也能够在 XML 的支持下得到很好的实现。

第三节　网络教学的技术基础

一、网络教学设计的技术基础

任何设计都是建立在一定的技术基础之上的，没有技术就没有设计，设计本身就是一定技术的体现。网络教学设计的技术基础是现代信息教学技术。现代信息教学技术，特别是多媒体计算机技术和计算机网络技术的迅猛发展及其在教学领域的广泛应用，首先造就了网络教学方式，进而把教学设计推进到网络教学设计的崭新阶段。

（一）多媒体计算机技术

多媒体计算机技术是当今最活跃、发展最快的现代信息科学技术之一。但是，计算机一开始并非多媒体式的。多媒体计算机是由单纯进行数字运算的计算机一步一步发展来的。

1. 迅猛发展的计算机技术

世界上第一台全自动通用电子计算机——埃尼亚克（ENIAC），是在美国军事尖端研究机构——阿伯丁弹道研究室诞生的。ENIAC 是一台专门用于弹道曲线等大量复杂数字运算的、庞大而笨重的计算机。然而，就是它开辟了计算机技术的新纪元。从它之后，不到半个世纪，就有四代计算机问世。特别是 20 世纪 70 年代产生的第四代电子计算机——大

规模集成电路计算机，已经拥有高密度、大容量的半导体存储器，装配了高性能、小型化的外围设备，研制出了多种多样的高级程序设计语言、操作系统、数据库管理系统。其用途也由开始时的数值计算扩展到了数据处理和控制管理等方面，在工业、农业、国防、科研、教育、医疗卫生等领域得到广泛应用。

2. 电子计算机的多媒体化

在第四代电子计算机的发展过程中，20世纪70年代初期诞生并迅速发展的微型计算机，70年代后期涌现出来的作为独立的微型计算机系统—人计算机，特别是90年代以来个人微型计算机的多媒体化，在电子计算机发展史上具有重大的革命性意义。这些多媒体化的微型计算机，采用性能先进的多媒体处理芯片，把多种信息媒体集成在一起，通过标准化的多媒体和超媒体系统以及完善的计算机协同工作环境，综合控制和处理多种媒体信息。它们体积小、速度快、容量大、功耗低、性能可靠、类型多样、功能齐全、价格低廉、使用方便、用途广泛，因而能够迅速进入家庭、办公室和各种学习、工作、生活及娱乐场所，波及全社会的各个领域，普遍受到人们的青睐，对社会的发展和进步产生了巨大影响。

多媒体（Multimedia）计算机中所包含的媒体，不是投影仪、投影片、幻灯机、幻灯片、电视机、录像带、录音机、录音带等实物性媒体，而是多种符号性信息媒体，主要有文本、图形、图像、动画、音频、视频等六种。多媒体计算机技术就是一种把这六种符号性信息媒体有机地结合在计算机之中，并由计算机综合控制和处理的信息科学技术。

3. 多媒体计算机的技术特点

（1）高集成性

多媒体计算机采用具有高集成度的微处理器芯片，在单位面积上容纳更多的电器元件，大大提高了集成电路的可靠性、稳定性和精确性。多媒体计算机的高集成性还表现在把多种媒体信息有机地结合在一起，使丰富的信息内容在较小的时空内得到完美的展现。

另外，多媒体计算机对多种媒体信息的集成与影视作品不同，影视作品虽然也能把多种符号性媒体集成到一起，但那种集成是模拟化的集成、线性的集成和单项传输式的集成。而多媒体计算机的集成却是数字化的集成、非线性的集成和可交互式的集成。

（2）全数字化

数字化是通过半导体技术、信息传输技术、多媒体计算机技术等实现信息数字化的一场信息技术革命。多媒体计算机的数字化技术，包括信息的数模转换技术、综合控制技术、数字压缩技术、语言识别技术、液晶显示技术、虚拟现实技术等，是用0和1两位数字编码实现信息的数字化，完成信息的采集、处理、存储、表达和传输。数字化后的信息，处理速度快，加工方式多，灵活性大，精确度高，没有复制失真和信号丢失现象，便于信息的存储、表达和网络传输。

（3）高速度

多媒体计算机采用的是高速的元器件，加上先进的设计和运算技巧，使它获得了很高的运算速度。第一台计算机 ENIAC，一秒钟能完成 5000 次加法运算，比人工计算快 20 万倍。现在的多媒体计算机，其运算速度每秒可达几亿次、数十亿次乃至上百亿次。而目前发达国家正在研制的新一代计算机——光子计算机、量子计算机，其运算速度又将提高数百倍。这一高速化的发展，能使计算机跨进诸如高速实时处理图像、提高计算机智能化程度等很多新的领域，发挥其更大作用。

（4）交互性

交互性，是指交互关系和作用。多媒体计算机的交互性主要表现为人与计算机的相互交流。如计算机通过友好的、多模式的人—机界面，能够读懂人们以手写字体输入的信息；能够识别具有不同语音、语调的人们用自然语言输入的信息；能够对人们所输入的信息进行分析、判断和处理，并给出必要的反馈信息——提示、建议、评价或答案。另外，多媒体计算机的交互性还表现为人与人之间通过计算机的相互交流和计算机与计算机的信息交互。这样，就使计算机具有了人性味道，真正成了人类亲密的朋友——方便又易于使用的现代工具。

（5）非线性

这里的"非线性"，是多媒体计算机的一种时空技术特性。时间本来是一维的，从过去、现在到未来，按顺序发展，不可逆转。但多媒体计算机中的信息，人们却可以打破时间顺序，前、中、后灵活选择、自由支配，更重要的是，所有这些都能即时完成。空间本来是三维的、统一的，但是人们在多媒体计算机中搜寻、观看和使用信息时，却可以打破空间统一的格局，从整体、从局部、从不同角度选择信息，可放大、可缩小、可以观看其中一个点，也可以观看它展开的全过程，所有这些也都是即时完成的。

（6）高智能

多媒体计算机具有人的某些智慧和能力，特别是思维能力，会综合，会分析，会判断，会决策，能听懂人们所说的话，能识别人们所写的字，能从事复杂的数学运算，能记忆海量的数字化信息，能虚拟现实中的人和事物。当今发达国家正在联合研制和开发一种具有人类大脑部分功能的神经网络个人计算机和用蛋白质及其他大分子组成的生物计算机，这些计算机具有非凡的运算能力、记忆能力、识别能力和学习能力，有些能力如运算能力和记忆能力，是天才的人脑也无法企及的。

（二）**计算机网络技术**

现代信息科学技术发展的核心是紧密联结在一起的多媒体计算机技术和计算机网络技术。相互独立的、单一的多媒体计算机，其作用再大也只是鸟之一翼，车之一轮，只有与其他计算机相互联结，形成计算机网络，才能使鸟具双翼、腾空万里，车具双轮，飞奔疾驰。所以，现在人们普遍认同计算机界的一个说法：计算机就是网络。

1. 计算机网络的分类

计算机网络可以从许多角度进行分类，为了体现不同网络技术特点和网络的服务功能，人们常按照网络作用的范围进行分类。

（1）局域网（Local Area Network）

简称 LAN，是处于同一幢建筑、同一个单位（企业、公司、院校等）或方圆几公里、十几公里远的某地域内，用来连接个人计算机和工作站，实现资源共享、信息处理、传输和交换的专用网络。局域网地理覆盖范围较小，传输时间有限，便于管理；传输技术简单，通常只用一条电缆连接所有机器，传输速率可达每秒数百兆位。目前，局域网与其他网络相比，已成为技术发展最快，应用最广泛、最受欢迎的一种计算机网络。

（2）城域网（Metropolitan Area Network）

简称 MAN，是介于局域网和广域网之间的一种大范围的大型网络。可以把它当作一种大型的 LAN 看待，通常使用与 LAN 相似的技术。城域网 MAN 可以覆盖几十公里范围内的一组厂矿、企业、部队、院校、机关等单位或一个城市，满足它们计算机联网的需求，实现大量用户、多种信息（数据、语言、图形、图像等）的综合传输。通信数据传输速率在 1Mbps 以上。同其他类型的网络相比，它极大地简化了设计。

（3）广域网（Wide Area Network）

简称 WAN，也称远程网，是一种跨越大的地域的网络。它所跨越的地理范围从几十公里到几千公里，可以覆盖一个或几个国家与地区，甚至横跨几个洲，可以把多个 LAN 或 MNA 连接起来，数据传输速率一般为几百到几万 bps。

2. 计算机网络的基本功能

（1）数据传输功能

所有需要传输的信息经过数字化处理变为数据信息后，不管距离多远，只要有计算机网络，都可以进行数据传输，实现计算机与计算机之间的信息流通，这是计算机网络的基本功能，其他功能都是以此功能为基础的。

（2）对分散信息的实时集中、控制与管理功能

在计算机网络中，无论是政府、各行政机关的办公自动化管理系统，还是大、中、小学的教学信息化管理系统；无论是工、交、商、贸的商务运营管理系统，还是银行、财政的金融、财务管理系统等，都担负着对分散信息的集中、控制与管理功能。

（3）资源共享功能

计算机资源包括计算机硬件、软件和数据等方面的资源。资源共享的意思是说，凡是上网的用户，不管你地处何方，也不管计算机资源的物理位置在哪里，都可以通过网络，像使用本地资源一样，共用同享。

（4）均衡负荷与分布式处理功能

当网络中某个计算机系统的工作负荷超重时，可以将工作任务分发到网络中其他计算机系统去处理；特别是在进行综合性大型计算和信息处理时，为了提高速度和效率，

可以采用适当算法,将任务分散到不同的计算机系统进行分布式处理。同时,也可以通过网络,集中各地区的软件人员与计算机,共同协作来完成。

(5)综合信息服务功能

在当今的信息化社会里,工、农、商、学、兵、科学、教育、文化等各行各业,每时每刻都在产生大量的信息,都需要处理、交流和应用大量信息。计算机网络就是文字、数字、图形、图像、语言等信息传输、收集、处理的基础信息设施。现在,计算机网络中的每一个网站的首页上,都设有许多供客户访问的综合信息窗口,如商业、财经、餐饮、政府、健康、历史、娱乐、科学、军事、教育、文化、艺术、体育、旅游等。通过这些窗口,客户即可搜寻到自己所需要的信息。

(6)人际交互功能

计算机网络的人际交互功能,已经超过了19世纪发明的电话。它不仅可以使用电子邮件(electronicmail)或者说Email,实现人际间的文本通信,而且可以将声音、图像一起传送,使远隔千里的交际双方如在眼前,既可以相互听见声音,也能够相互看见面目。人们还可以运用这种功能进行小组讨论或召开会议,以研究、分析和解决某个问题。在讨论或会议进行中,还能吸引越来越多的人参与进来。

(7)交互式娱乐功能

娱乐,是人们的一种天性,是生活的需要。计算机网络的视频点播(video on demand)正在迅速发展,人们很快就能从计算机网络中任意点播自己喜欢欣赏的电影和电视节目,而且这些电影和电视节目,都是可交互式的。另一种交互式娱乐方式是游戏。现在,网络上已经有了多人的实时模拟游戏,如在虚拟的地牢中玩捉迷藏,或者飞行模拟游戏;未来网络将用虚拟现实技术给人们提供具有实时三维动作及移动图像游戏,那时,游戏将成为网络中交互式娱乐的一匹黑马。

3.计算机网络的技术特点

20世纪90年代以来,国内外互联网的广泛应用促进了计算机网络技术的大发展,呈现出数字融合、速度加快、带宽增高、智能增强等技术特点。

(1)数字融合

现在的计算机网络技术,把通信技术、计算机技术和媒体传播技术融为一体,网上的文字、图形、图像、动画、音频、视频等所有信息和数据都实现了数字化,人们称这种现象为数字融合。计算机网络化要求数字融合。因为只有数字融合的信息才能计算机化,才能通过计算机网络进行数字化的转换、存取、处理、传输和控制。如今,数字融合深刻影响着社会生活的各个层面,改变着人们传统的生活、工作和学习方式,推动着社会主义物质文明和精神文明的发展。

(2)速度加快

加快计算机网络传输速度,实现在较短的时间内以最快的速度获得最多的有价值的信息,已成为人们的一种时尚追求。为适应这种需要,30多年来,随着计算机网络技术的发展，世界各国互联网的传输速度不断加快。我国作为后起的网络大国，近 20 年来，互联网的传输速度也有了长足发展，由最早的每秒 10Mb 到后来 100Mb 再发展到当前的每秒 1000Mb。现在，世界各国都在研究和实验高速传输和高速路由器等先进网络传输技术，下一代互联网的网络传输速度将比现在提高 1000～1000Mb。

（3）带宽提高

20 世纪 90 年代以后，计算机网络大量传输文本、图形、图像、动画、音频、视频等多媒体信息，这些信息经数字化后，需要占用很大空间。因此，提高带宽，实现网络宽带化，成为当务之急。近几年来，世界各国竞相研究和实验高带宽的新技术、新方案，网络带宽普遍提高。目前，我国的高带宽技术也已经跃入世界先进水平，从骨干网到城域网再到接入网都实现了宽带化，从而打通了网络的瓶颈环节，形成了端到端的宽带应用环境，有效地扩大了网络传输信息容量，提高了网络传输速度。

（4）智能增强

计算机和网络是紧密联系在一起的，计算机和网络专家在赋予计算机某些人的智慧的同时，也把某些智慧赋予了计算机网络，使它们成为人的某些器官的延伸和扩展，成为人工智能不断增强的有机整体。现在的计算机网络系统，由于把用户判断、处理起来最困难的某些技术与功能做了人工智能处理，所以，尽管它系统庞大，技术复杂，功能繁多，日理万机，但用户操作起来却比较简单、方便。随着人工智能技术的不断发展，计算机网络系统的智能化程度还会越来越高。除上述特点外，为了适应网络通信业务多样化的社会需求和进一步实现个人网络通信的需要。当前，计算机网络通信的综合化和个人化趋势也很明显。

（三）现代信息教学技术

进入 20 世纪 90 年代之后，迅猛发展的、以多媒体计算机技术和计算机网络技术为核心的信息科学技术，由于其强大的收集、传播、储存、处理信息和智能化交互功能，与教学活动最基本的功能在本质上是一致的、相通的，因此，一进入应用领域，便首当其冲地把教学作为最主要的用武之地，将自身融合于教学活动之中，成为教育史上迄今为止最先进的教学技术——现代信息教学技术。

从 20 世纪 90 年代初期到现在，我国现代信息教学技术在教学中的应用大致可分为以下三个阶段。

1. 探索尝试阶段

20 世纪 90 年代初期，广大教师仍然承受着传统教学思想的束缚，只习惯于运用粉笔、黑板、挂图等教学手段和口耳相传的教学方法进行教学，不熟悉甚至不会使用计算机，不懂得也不会制作多媒体课件，更不懂得网络化多媒体教学是怎么回事。但是，专门从事电化教学工作的教学技术专家，专门研究计算机辅助教学的计算机专家和少数教学思想活跃的学科教师，却在大胆地进行多媒体教学的某些尝试性研究和探索，并取得了一些可喜的成果。在这些先行者们的带领下，少数院校创建了校园网、教学资源库和多媒体教室，举办了网络应用、多媒体课件制作等方面的教师培训班，在某些学科的教学中创造性地进行了现代信息教学技术的应用实验，开创了我国网络教学的先河，走在了我国现代信息教学技术应用的前沿。

2. 普及阶段

20世纪90年代中期，一些早期进行现代信息教学技术应用实验的院校，已经在网络教学方面取得了可喜的成绩。

有了典型引路，全国有条件的院校便借鉴先进经验，争先恐后地进行"建网""建库""建人"的"三建"工作，大批购置多媒体计算机，加速校园网和多媒体教室的建设。教师逐步配发了多媒体计算机，热情高涨地学习多媒体课件制作技术，上网查阅资料，在计算机上备课，运用多媒体课件上课。短短的几年间，现代信息教学技术就在各高等院校和有条件的中小学得到大幅度的推广和普及，一个网络化教学热潮很快在全国兴起。

3. 提高阶段

从20世纪90年代末期开始，我国政府加大了对网络建设和网络教学的领导力度，采取了一系列重大举措，积极推进教育的信息化进程，使全国现代信息教育技术的应用日益广泛和深入，网络建设和网络教学进入了快速发展和大幅度提高阶段。例如，中国公用计算机互联网（CHINANET）实现了与中国科技网（CSTNET）、中国教育和科研计算机网（CERNET）、中国金桥信息网（CHINAGBN）这三个互联网的互联互通。在加速互联网建设的基础上，利用校园网进行多媒体教学也日益普遍和深入，特别是利用城域网、广域网进行远程教学的院校越来越多。现代信息教学技术的迅猛发展和在教学领域的广泛应用所创造的最大、最直接的成果是网络教学方式。网络教学方式的诞生和发展，使传统教学方式发生了巨大变革，对网络教学设计提出了一系列新的要求。

二、网络教学呼唤现代网络教学

教学技术的进步必然带来教学的变革，教学的变革又必然对教学设计提出相应的新的要求。教育发展史上发生的四次革命以及教学设计的更新换代，无不是由教学技术的发展及应用引起的。但是，本次由现代信息教学技术的应用及其所诞生的网络教学方式，给整个教学带来的变革之巨，对教学设计提出的要求之高，是历次教育革命都没有过的。

（一）要变革教学观念

1. 在教学目标认识上的变革

在对教学目标的认识上，要求变"知识目标观"为"能力目标观"，变"知识型人才观"为"创造型人才观"。网络教学不仅具有海量知识，而且分门别类，丰富多彩，既相互联系，又各具特色。因此，在学科教学目标上，必须注重知识的"多样性""异质性"的发展，同时，必须从以学习知识为主的"知识目标观"向以学习方法为主的"能力目标观"转变。着重于培养学生对知识的鉴赏力、判断力与批判力，使学生不仅学会学习，而且学会做事、做人、生存和发展。在人才培养目标上，必须从注重知识记忆、积累的"知识型人才观"

向注重知识创新和发展的"创造型人才观"转变。

2. 在教学内容认识上的变革

在对教学内容的认识上，要求变单纯教"知识"为教"方法"，变教"死知识"为教"活知识"。计算机互联网是一个全球性的信息资源库，知识信息数量之大、品种之多、形态之生动、生命之鲜活，使任何教师、课本等知识载体都相形见绌。因此，网络教学，必然要求教师将单纯地教知识，改变为教知识更教怎样利用计算机和网络去搜索、处理、传输、交流和储存知识的方法，将教课本上的"死知识"，改变为教学生怎样到网上和实践中去获得社会发展更需要的、更鲜活的、更生动的知识。

3. 在教学模式认识上的变革

在对教学模式的认识上，要求变"以教为主"为"以学为主"。"以教为主"是源自西方标准化工业生产的非人性化的教学模式。它把"教"（教什么、怎样教、教成什么样）视作产品生产的铸造模型，强调的是教的统一意志和标准化。而网络教学则要求"以学为主"的人性化教学模式与之匹配。它认为学习者是教学的主体，必须为学习者提供符合自己个性特点和学习风格的信息化学习环境和条件，支持并激励学习者进行自主性和创造性学习。显然，它强调的是学习者学习的个性、自主性和创造性。

4. 在教学材料认识上的变革

在对教学材料的认识上，要求变以"课本为中心"为多渠道、多样化的学习资源为中心。传统教学把课本视为全部学习材料，教学就是讲解课本内容，学习就是死记硬背课本。网络教学利用计算机互联网为学习者提供包括课本在内的来自多渠道、多样化、不断更新的学习资源。学习者可以依据教学目标的要求和个人的需要上网学习，学习成果可以记在自己的脑子里，也可以储存在计算机里。

5. 在媒体运用认识上的变革

在对媒体运用的认识上，要求变单纯作为辅助教师教学的手段为能够帮助学生学习的认知工具。在传统教学中，教学媒体被当作"教"的手段，而不是"学"的工具。网络教学则不然，作为教学媒体的多媒体计算机、计算机网络和多媒体课件等，教师可以用来教学，学生也可以用来学习。

6. 在教学方法认识上的变革

在对教学方法的认识上，要求变"维持性学习"为"创造性学习"。传统教学认为，学校应该教授那些符合客观事物特性的、被科学实验证实了的显性知识，而那些尚未被科学实验证实的、不能用明确语言来加以表述的缄默知识，都不是真正的知识，登不上教学的殿堂。因此，传统教学只能采取一种"维持性学习"的方法。事实上，现实中存在的缄默知识比显性知识要多得多，它们对学习者理解、批判、检验和获得显性知识，起着一种基础的、辅助的甚至导向的重要作用，是学习者进行创造性思维和知识创新的先决条件。所以，必须采用"创造性学习"方法，在学习显性知识的同时，加强对缄默知识的学习。在这方面，网络教学又为学习者提供了极大的方便——很多缄默知识都能够通过多媒体信息符号显现化，供学习者创造性地进行学习。

7. 在教师角色认识上的变革

在对教师角色的认识上，要求变单纯的知识"灌输者""传授者"为学生学习的"设计者""指导者""合作者"。在网络教学中，多媒体计算机、计算机网络和多媒体课件等教学媒体信息，是"教"与"学"之间必经的桥梁或中介。也就是说，教师的教学指导思想、教学内容、教学方法、教学程序等，都要通过网络教学设计来体现，通过教学媒体信息的作用、教师对学生的指导和与学生的合作才能完成。因此，教师不能再充当传统教学中那种单纯的知识"灌输者""传授者"，而必须成为学生学习的"设计者""指导者""合作者"。

8. 在学生角色认识上的变革

在对学生角色的认识上，要求变单纯的"被灌输者""接受者"为教学的"参与者""自主学习者"。在网络教学中，由于多媒体计算机、计算机网络和多媒体课件等教学媒体信息，不仅是教师教学的工具，而且是学生学习的认知工具。所以，学生也就不再是传统教学中的那种单纯的"被灌输者""接受者"，而应该成为教学的积极"参与者"和创造性的知识意义建构的"自主学习者"。

9. 在学习空间认识上的变革

在对学习空间的认识上，要求变封闭的以"学校为中心""课堂为中心"的观念为学校、社会、家庭、固定课堂、移动站点、直面教学、远距离传播等丰富多彩的开放性学习空间的观念。多媒体计算机及其相互联结成的计算机网络，可以通向天南海北，把地球缩小为一个数字化的村落。因此，真正意义上的网络教学，其学习空间绝不是封闭的，而是开放的，传统教学中以"学校为中心""课堂为中心"的封闭式学习空间观，必然会被开放式学习空间观所取代。

10. 在学习时间认识上的变革

在对学习时间的认识上，要求变"学历终结"的观念为"终身学习"的观念。知识经济社会，知识增殖快、积聚快、更新快。一个人刚刚取得某种学历，他所学的专业知识和相关知识很可能又发展了、更新了，需要他继续学习或重新学习。所以，我们必须改变"学历终结"的传统观念，树立"终身学习"的新观念。在这方面，网络教学也给我们提供了极大的方便。遍布各地的网络学校，丰富多彩的多媒体教材，各种各样的补习班、进修班和职业培训班，随时随地都可以满足人们继续学习的需要。

（二）要变革教学信息运动形态

非网络教学中，教学信息由课本、黑板、挂图、幻灯、投影、录音、电视等教学媒体承载和呈现，通过书面语言、口头语言、影视语言来传输。网络教学采用了以多媒体计算机和计算机网络技术为核心的现代信息教学技术，使教学信息的显示、处理、储存、传输和获得等发生了革命性的变革：

①教学信息的显示多媒体化。

②教学信息的处理数字化。
③教学信息的储存光盘化。
④教学信息的传输网络化。
⑤教学信息的获得过程智能化。

（三）要变革教学模式

传统教学方式要求建立以"教为中心"的总体教学模式，尽管也出现了一些诸如"启发式""发现式""研讨式"等科学的教学方法，但仍然被笼罩在"教为中心"的阴影中。网络教学是一种新型的教学方式，教师是教学的设计者、指导者，多媒体计算机网络是第一线的教学执行者，学生是教学的主体，在教师的指导下进行自主性学习。因此，网络教学的总体教学模式应该是"教为主导""学为主体"的"双主"模式。在这一总体模式下，还会有多种与之相适应的子教学模式，例如，多种媒体演示辅助课堂教学模式——通过多种媒体的演示来辅助教师课堂讲授的一类教学模式；多媒体个别化自主学习教学模式——学习者在安装有多媒体网络教学设备的教室、图书馆、阅览室或学生公寓进行自主学习的一类教学模式；多媒体计算机虚拟情境教学模式——学习者在计算机创设的虚拟教室、实验室或具体教学情境中身临其境地进行学习、训练的一类教学模式；计算机网络化远程教育教学模式——学习者基于计算机网络，通过各种网络资源获取工具和各种实施网上对话、协商、讨论、交流的通信工具，或直接通过网络课程进行各种远程学习的一类教学模式。

（四）要变革教学环境

网络教学要求建设适宜于网络化多媒体教学的信息化教学环境，使现代信息教学技术真正地为网络教学服务，传统教学最典型的教学技术环境是课堂。它是与封闭的班级授课制度、以教为中心的教学模式、标准化工业生产式的教学目标、口耳相传和粉笔加黑板式的媒体传播技术与方法等直接相关的。网络教学，采用班级、个人、小组等多种多样的授课形式，运用"双主"教学模式，贯彻以培养创造精神为核心的多样化的教学目标，应用多媒体计算机和计算机网络技术为核心的现代信息教学技术，等等。这就必然要求建立与此相适应的网络化多媒体教学系统，如四通八达的校园网、多媒体信息资源库、电子化图书馆、阅览室、实验室和各种网络化的多媒体教室等，进而建立基于这个系统的信息化教学环境，如网络化多媒体课堂教学环境、个别化交互式学习环境、小组协作式学习环境和虚拟教学情境构成的教学环境等。

（五）要变革教材形式

传统教学使用的主要是书本形态的文字教材。在网络教学条件下，需要在书本形态的文字教材基础上建设具有多媒化、结构化、智能化、动态化、形象化等特点的新型课程教材体系。

多媒化，是指新型课程教材体系除了用纸质印刷课本即文字教材外，还要用幻灯教材、投影教材、录音教材、电影教材、电视教材，特别是单机版、网络版的多媒体教材等多种媒体教材来呈现。

结构化，主要是说新型课程教材体系不仅由多种媒体教材组成，而且要按照教学需要分为主教材、辅助教材、参考教材等，用于构成一个有机的教材体系。另外，也包括具有非线性功能的多媒体教材内容模块的结构化。

智能化，主要是指新型教材必须具有专家智能支持系统，对教与学的检测、评估、反馈等智能组织管理系统以及支持合作学习、研究性学习的智能化交互系统等。

动态化，主要是说新型课程教材中不仅有动画、音频和视频等动态媒体信息，就是那些文字和图像等静态媒体信息，在展示和表达过程中也是处于运动中的。

形象化，主要是说新型课程教材与以往的教材相比，由于它的多媒化、结构化和动态化以及新的技术手段和艺术手段的运用，使它的形式由平面变为立体，线性变为非线性，静态变为动态，因而更直观、更形象，更具审美价值。

（六）要变革教学过程

网络教学，由于教学指导思想、教学目标、教师与学生的角色、教学媒体、教学形式、教学方法等，与传统教学相比，都发生了革命性的变化。因此，教学过程也会发生相应的变革。仅以课堂教学为例，其教学过程除了采用教师带领学生"激发学习动机—复习旧课—讲授新课—运用巩固—检查评价"的"五段教学法"外，将更多地采用教师指导学生"进入情景—自主学习—协商讨论—自建构意义"的新模式。

（七）要变革教师任教的基本条件

网络教学要求教师必须树立先进的教学思想和教学目标。先进的教学思想，主要是指素质教育、创新教育、双主体教育、情商为主教育、四大支柱教育和终身教育的思想。先进的教学目标，主要是指以培养学习能力为主的学科教学目标和注重知识创新和发展的人才培养目标。

网络教学还要求教师具有敏锐的现代信息意识、很强的信息智能和高尚的信息道德。特别是在信息智能方面，不仅要求教师具有运用信息学理论和现代信息技术知识，凭借信息技术手段，对信息资源进行有效的收集获取、分析选择、加工处理、传输呈现、应用交流、管理评价等方面的智力和技能，而且要求能够凭借这种智力和技能，在"教"的方面实现信息化。

（八）要变革学生学习能力的标准

在传统教学中，学生只要耳聪目明、智力正常，具有学会、记住和应用某专业课程基本知识的能力就可以了。网络教学，则要求他们还必须掌握先进的学习思想、理论和方法，具有运用现代信息媒体技术进行自主学习的能力，即信息能力，按照国际流行的说法，学生应具有的信息能力有六个方面：一是确定信息任务和需求的能力；二是决定信息策略的能力；三是检索获取信息的能力；四是选择利用信息的能力；五是创建与整合信息的能力；六是鉴定与评价信息的能力。通过培养和提高这六种能力，使信息技术成为学习的认知工具和情感的激励工具，具有这六大信息能力，才能在"学"的方面实现信息化。

（九）要变革"教"与"学"的理论

网络教学的开展，信息教学技术的运用，必然带来教学观念、思想的变革，进而带来教学实践的变革，而教学实践的变革必然产生新的"教"与"学"的理论，如信息化"教"与"学"的理论、信息教学技术理论等；原有"教"与"学"的理论，如建构主义学习理论、人本主义学习理论、学术传播理论、系统科学理论、思维科学理论、教育美学理论等，也将逐步得到完善、更新和发展。新产生的"教"与"学"的理论和更新与发展了的"教"与"学"的理论，将形成信息化"教"与"学"的理论体系，支撑并促进网络教学的健康发展。

（十）要变革教学体制

如同生产力的发展必然要求生产关系发生变革一样，以多媒体计算机技术和计算机网络技术为核心的信息科学技术，在教学中的运用及其带来的一系列变革，必然要求教学体制也发生相应的变革。在传统教学体制中，课堂教学偏重于学习理论，科学研究偏重于纯学术性，研究成果与生产严重脱节，毕业生踏入社会后，空有新思想而缺乏解决实际问题的能力，必须重新学习以适应社会现实。这种教学体制的弊端早已引起社会的广泛注意。到了信息时代，这种弊端更加凸显，如今非解决不可。这是因为，信息科学技术的广泛应用和迅猛发展，使多媒体计算机的运算速度、处理能力不断提升，计算机网络的覆盖面积、综合能力、传输速度不断扩大和提高，从而引发了社会上传统产业的改造，经济结构的重组，网络教学、电子商务、网上虚拟社团、社区等数字化产业和事业的兴起，推动了工业、农业、军事、科技、教育、商业、文化等社会领域信息化的发展。所有这些，都是信息科学技术带来的崭新的信息化社会实践，为院校毕业生创造了实践新思想、研发新产品和多种社会就业的新商机。正因如此，所以，院校教学必须建立有利于培养具有这种崭新的信息化社会实践能力的创造型人才体制。这种教学体制，有可能使院校成为新思想的创造基地、新信息能力的培养基地、新实践的实习基地、新产品的研发基地、新商业机会的创造基地。网络教学提出的这些要求，是其自身实现信息化、现代化的理想和目标，是对网络教学设计的寄托和呼唤。网络教学设计因实现这些要求或使命而使自己具有了新型、现代教学设计的性质和特点。

三、网络教学设计的性质和特点

（一）网络教学设计的性质

网络教学设计也是一种教学设计或设计，三者的基本性质是相通的，其区别在于，网络教学设计是教学设计发展的崭新阶段，是现代信息教学技术的核心内容，是网络教学活动的重要组成部分。

1. 网络教学设计是教学设计发展的崭新阶段

教学设计是一个动态的、发展的概念。从历史发展进程来看，随着原始教育、传统教育和现代教育方式的发展，相应地出现过原始的、传统的和现代的教学设计思想、方法和模式；从实践与理论的科学性来看，曾有过体现教师个人教学经验和教学艺术的经验型教学设计和以科学理论为指导、以先进技术为手段的科学型教学设计；从对教学设计影响最大的学习心理学发展轨迹看，与行为主义、认知主义、建构主义等学习心理学的发展相适应，出现过被称为第一代、第二代和第三代的教学设计；从对教学设计的发展具有决定意义的教育技术发展上看，教学设计承受着"口耳相传""粉笔黑板""幻灯投影""影视广播"等教育技术的深刻影响，从而呈现不同特点的一个又一个发展阶段。

当前，联入国际互联网的我国教育与科研互联网基本上已覆盖了我国高等院校和有条件的中小学，以多媒体计算机技术和计算机网络技术为核心的现代信息教学技术广泛应用于课堂教学、个别化教学和远程教学。现代信息教学技术的这种迅猛发展、广泛普及和网络教学的深入开展，对教学设计产生了三方面的影响：一是教师的劳动分配在教学设计上的比例大大增加，教学设计的地位比以往显得更加重要；二是教学设计的观念、模式、方法和手段发生了相应的、革命性的变革；三是这种变革正朝着有利于创建学习情景，促使学习者在教师指导下主动学习，以及实现学习者自我反馈、自我控制的方向发展。这个阶段的教学设计，就是网络教学所呼唤的"网络教学设计"。网络教学设计，从历史发展进程上看，属于现代教学设计；从实践与理论的科学性上看，属于科学型教学设计；从学习心理学角度看，又是建立在以建构主义、人本主义等学习心理学为理论基础的第三代教学设计。但是，由于多媒体计算机技术和计算机网络技术具有十分先进的性质和强大的功能，对教学已经产生了巨大的影响，加之建构主义、人本主义等学习心理学所具有的科学的现代学习理念，所以，网络教学设计的现代性和科学性与以往的现代教学设计和科学型教学设计相比，在许多方面都发生了根本性的变化，从而跃上了一个更高的层次，成为教学设计发展的崭新阶段。

2. 网络教学设计是现代信息教学技术的核心内容

网络教学设计是现代信息教学技术的一部分。从20世纪60年代到90年代，教育技术的开发和应用，由常规媒体教育技术和模拟音像教育技术，逐步向现代信息教学技术发展。现代信息教学技术主要包括数字音像技术、卫星广播电视技术、多媒体计算机技术、交互网络通信技术和虚拟现实技术等。网络教学设计，就是以多媒体计算机技术和计算机交互网络通信技术为核心的现代信息教学技术的一部分。网络教学设计是现代信息教学技术中最基本、最关键的部分。

网络教学设计包括网络教学系统设计、网络信息设计、教学策略选择和学习者特征分析等方面。网络教学系统设计是一个分析、设计、开发、实施和评价网络教学各步骤的有组织的过程；网络信息设计是对各种网络化多媒体信息形态进行有利于学习者注意、知觉和保持的设计；教学策略选择是对一课中的教学事件与活动的最佳选择和安排；学习者特征分析是对影响学习过程有效性的学习者经验背景各个方面的分析。网络教学设计所包含的这些方面，都是现代信息教学技术中具有导向性的先期性工作，没有这些工作或做不好这些工作，就谈不上或无法做好开发、利用、管理和评价等教育技术工作。

3. 网络教学设计是网络教学活动的重要组成部分

教学设计在一般教学中是重要的、不可或缺的教学活动的组成部分，网络教学中的网络教学设计更是如此。这是由网络教学的特定方式决定的。网络教学，特别是远距离网络教学最明显的特点是教师与学生相分离，"教"与"学"，必须通过计算机网络和多媒体计算机等教学媒体作为中介，这个中介媒体同人以外的其他教学媒体一样，都是死的，没有生命的，其桥梁作用和教学功能的发挥，全靠人的精心设计，而且，由于这些现代信息教学媒体比一般教学媒体更复杂、更先进，所以，对网络教学设计能力和水平的要求也就更高。同时，随着现代信息教学技术的迅猛发展，教学媒体会越来越先进，媒体替代教师劳动的成分会越来越大，越是这样，人们花费在网络教学设计上的时间和精力也必然会越来越多，从而使网络教学设计在网络教学活动中的地位和作用比在一般教学中更为重要。在网络教学中，计算机网络技术和多媒体计算机技术所具有的高速度、高集成、非线性、交互性等自动化和智能化教学功能，对优化教学过程、提高教学质量无疑是重要的。但是，一定要看到，站在这些功能背后的是人，是人所进行的网络教学设计。因此，在网络教学中，必须坚持"人机结合，以人为主"的原则。这是因为，首先，计算机网络和多媒体计算机的自动化和智能化功能是人设计的，是靠人来控制和管理的，人是它的设计者、控制者和管理者。其次，计算机网络和多媒体计算机只具有自然性、物理性和客观性，而不具有社会实践性和主观能动性。因此，很多教学功能，如体现符合时代要求的先进教学思想和教学目标，确定适应学生学习心理特征的教学策略，选择能够激发学生学习动机、调动其学习情绪的教学方法，等等。在社会实践、教学对象等基本条件和相关条件发生变化时，再靠原来为计算机网络和多媒体计算机设计的某些自动化和智能化功能就不行了，必须与时俱进，改造或更新设计。

时代在发展，社会在进步，计算机网络技术和多媒体计算机技术日新月异，网络教学的各个要素也经常发生变化，每次教学都会面临新的问题。因此，网络教学设计必须适应这种发展和变化，随机应变，常变常新。

可见，网络教学设计是解决网络教学问题、优化网络教学过程和资源、促进学生学习的根本途径，是网络教学须臾不可分离的组成部分，是伴随网络教学发展变化的一条客观规律。

（二）网络教学设计的特点

网络教学设计，是教学设计在教育信息化进程中呈现出来的最新形态，是适应现代信息教学技术的要求、优化网络教学资源和教学过程的教学设计，它除了具有一般教学设计的基本特征外，还具有以下这些鲜明特征。

1. 设计思想的现代性

思想是实践的产物，网络教学是以多媒体计算机技术和计算机网络技术为核心的现代信息教学技术应用于教学而产生的新型教学方式，体现了教育信息化、现代化的发展进程，反映了当前和未来知识经济社会对人才培养方法和目标的要求。这种网络教学实践一再表明，许多传统教学观念或思想不仅不适应，而且阻碍着网络教学的深入发展，因此，当前教学改革的使命首先是打破传统教学观念，树立现代教学思想。完成这一使命的关键是从网络教学设计开始，即突出网络教学设计思想的现代性。

网络教学设计思想的现代性如第三节所说的，表现在许多方面，但从当前看来主要有：与"知识目标观"和"知识型人才观"相对立的"能力目标观"和"创造型人才观"；与"以教为主""单纯教知识""教死知识"相对立的"以学为主""教活知识""更教方法"的教学观；与"以课本为中心"相对立的"多渠道、多元化、最鲜活"的学习资源观；与"多媒体课件一统天下""教学媒体只是教的手段"相对立的"多种媒体优化组合""教学媒体既是教的手段也是学的认知工具"的教学媒体观；与"维持性学习""学历终结"相对立的"创造性学习""终身学习"的学习观；与单纯的知识"灌输者""传授者"相对立的学生学习的"设计者""指导者""合作者"的教师角色观；与单纯的"被灌输者""接受者"相对立的教学"参与者""自主学习者"的学生角色观；与封闭的以"学校为中心""课堂为中心"相对立的"学校、社会、家庭、固定课堂、移动站点、直面教学、远距离传播"等丰富多彩的开放性学习空间观。

2. 设计理论的先进性

教学设计是建立在一定的理论基础上的。这些理论主要有：系统科学理论、教学理论、传播理论、学习理论和美学理论等。其中，学习理论时代性最强，发展最快，变化最大，对教学设计发展变化的影响也很大，以至于成为教学设计大类划分的重要标准。例如，以"教"为中心的教学设计主要是在行为主义学习理论和认知主义学习理论指导下进行的；而以"学"为中心的教学设计则主要是以建构主义学习理论和人本主义学习理论为指导的。网络教学设计属于以"学"为中心的教学设计，它的理论基础即建构主义和人本主义学习理论，特别是建构主义学习理论，是当今学习理论发展的最新成果，最富时代特征和先进性。建构主义学习理论认为，学习是建构内在心理表征的过程，学习并不是把知识从外界搬到记忆中，而是以已有的经验为基础，通过与外界相互作用来建构新的理解。在这一理论指导下，网络教学设计把学习者置于中心地位，使教学设计始终围绕学习者进行。如以学习者的认知结构为依据设计教学内容的知识结构；加强学习者认知活动过程—结构建构过程的设计；赋予教师的"教"以新的内涵——帮助、指导和促进学习者进行意义建构；重视学习者对事物意义建构的多元化特点，注意在个别化学习和远距离学习的教学设计中，设计各种合作性学习方法，以便使学习者能更多地接触不同观点，相互交流，取长补短，共同提高；强调真实学习情境和解决现实问题的设计，使学习者处于"与真实物理环境相似、复杂程度相近的有援学习环境"中。

人本主义学习理论的"以人为本""注重情感""重视心理""自主自信""协作民主"等先进的、科学的观点，对网络教学设计也起着重要的指导作用。在先进的建构主义和人本主义学习理论指导下，网络教学设计也跨入了"以人为中心的设计""面向用户的设计"

等现代设计的先进行列。

3. 设计人员的群体性

设计人员的群体性有两个意思：一是说网络教学设计比以往的教学设计需要的设计人员多；二是说众多的设计人员是一个紧密联系、分工协作的群体。从教学媒体发展的角度看，以往的教学设计大致可以分为两个阶段：第一个阶段，教学以"教"为中心，粉笔、黑板、口耳相传为基本的教学手段，教学设计人员就是教师本人。第二个阶段，教学仍以"教"为中心，幻灯、投影、广播、电视为基本教学手段，教学设计人员除了教师之外，还有教学幻灯片、投影片、录音带、录像带的制作人员和技术人员。现在，教学设计已经进入新的阶段，按以往的顺序可称为第三个阶段，即网络教学设计阶段，教学以"学"为中心，多媒体计算机和计算机网络为基本教学手段，教学设计人员有学科教师、录音和录像人员、多媒体课件制作人员、计算机专家、网络专家和信息化教学系统开发与管理人员等。很显然，这个阶段比起以往两个阶段来，教学设计人员的数量已经大幅度增加。不仅如此，这些设计人员之间的关系也比以往紧密，他们同处于一个网络教学设计系统之中，分工协作，共同为网络教学服务，哪个环节出问题，都会影响到整个网络教学的正常进行。随着现代信息教育技术的不断发展，网络教学将进一步"数字化""网络化"和"智能化"，教学人员将"名师化"，设计工作将"专业化"。在此过程中，这种网络教学设计人员的群体性特点，会越来越明显。这是网络教学设计发展的必然趋势。

4. 设计内容的丰富性

由于网络教学是教育史上迄今为止非人化要素最多、教育技术最先进的教学方式，因此，与以往的教学设计相比，网络教学设计无论是在教学环境、教学媒体的设计上，还是在教学过程、教学策略等方面的设计上，不仅难度大，需要的设计人员多，投入的精力大，而且需要设计的项目、程序、内容都会更多、更宽泛、更丰富。

网络教学，按照学习方式和组织形式，可以分为三种类型：第一种类型是个别化学习。按照自主的程度，它又可以分为完全自主的个别化学习和有指导的个别化学习两小类。第二种类型是群体式学习。按照群体的空间形式它又可以分为同一地点、空间的班级群体学习和非同一地点、空间的网上群体学习两小类。第三种类型是小组协作式学习。这种类型是几个或十几个学习者的协作式学习。按照学习者接触程度它又可以分为集中于同一空间的、接触性的协作学习和分散在不同空间的、非接触性的网上协作学习。

上述三大类、六小类网络教学，对教学环境，特别是信息技术环境以及教学媒体、教学过程、教学策略等方面的要求都不尽相同，有的甚至相差甚远，再加上不同学习科目所带来的教学目标、网络课程内容、教与学的方法等方面的差异，必然使网络教学设计内容比非网络教学丰富得多。

目前，一些名牌企业受一些重点高校网络教育学院的委托，开始为广大求学者提供学历教育和非学历教育服务；提供助学、导学、学业顾问、实验实习、就业推介等全方位学习支持服务；为校外远程教育提供招生、教学实施、教学管理、考试组织等方面的辅助服务和资源传输服务。这是网络教学发展趋势的一个重要方面。这种发展趋势，将使网络教学形式更加多样，网络教学设计内容更加丰富。

5. 设计方法的艺术性

从古至今，设计都被视为一种特殊的艺术，设计的创造过程就是遵循实用化求美法则的艺术创造过程。网络教学既是一种高水平的科学技术，又是一种高水平的艺术。而且，从网络教学的发展形势来看，这种"高科技"同"高艺术"的综合趋势越来越明显。正如法国作家福楼拜预言的那样："越往前进，艺术（美学）越科学化，同时科学也越来越艺术化。"

网络教学的"高科技性"和"高艺术性"的融合，在教与学之间形成了两条相互交织的对流线：知识对流线和情感对流线。知识对流线传输科学信息，并吸引了学习者的注意力；情感对流线负载积极的情感信息，虽然处于学习者注意点的外围，但是它可以强化和深化学习者对主线的关注，而且它所传达的美的知觉信息可能成为学习者长期记忆的基础。这两条线相互交织、相互制约、相互加强、高度协调，有节奏地、合乎规律地启动着学习者有意注意和无意注意的心理机制，使他们在两条线的汇流之中，既动之以情，又晓之以理，萌发强烈的创造欲望。网络教学要求网络教学设计把"高科技性"和"高艺术性"像一枚硬币的两面一样高度融合在一起，选择美的教学媒体，设计美的教学形式，显现美的教学内容，使网络教学成为"艺术化的科学"，让学习者从中直接地感受到知识的奥秘和真理的光辉，并获得美的享受。网络教学不仅要求网络教学设计加强艺术性，同时也为其艺术性的展现提供了先进的物质技术基础和广阔的天地。例如，网络节点的非线性链接技术应用于网络化多媒体教材知识结构的艺术化设计，就为学习者展开联想和想象、在各知识点之间自由翱翔提供了理想的空间；图、文、声、像直观形象的呈现方式，使各种设计艺术表现手法"大显身手"；高科技支持下的人机交互方式以及虚拟、模拟技术为揭示深藏于现象背后的事物本质以及现象与本质之间的关系，提供了艺术化设计的技术平台。

6. 设计手段的高科技性

以多媒体计算机技术和计算机网络技术为核心的现代信息教学技术，是当今时代的高新科学技术。它不仅是支撑网络教学的技术平台，而且是进行网络教学设计的高科技手段。网络教学是依托计算机网络——校园网、城域网和广域网所开展的本地和远程的教学与管理活动，具有开放性、非线性、交互性、共享性、协作性、自主性和智能性等特点。它要求能够快速地收集、存储、处理和传输海量的教学数据信息，供学习者自由地查阅和浏览；它要求把文本、图形、图像、动画、活动视频和声音高度地、自由地集成在一起，并能自由灵活地进行查询、点播和呈现；它的远程教学要求教师与学生之间、学生与学生之间能够自由地相互讨论和交流；它要求构建接近真实的、有利于解决实际问题、便于开展教学活动的教学情境等。所有这些要求，单凭人脑进行设计是难以实现的。人脑设计的不足，正好由现代信息教学技术，特别是多媒体计算机技术和计算机网络通信技术给予弥补。这种高科技手段，具有大比例压缩和解压缩、非线性查阅和浏览、快速的"模－数"转换、视频点播、视频会议、E-mail交互、模拟和虚拟现实等功能，成为人脑设计的有效辅助手段。人脑、计算机和网络的有机结合，使网络教学设计如虎添翼，大大提高设计的效率和效果。

7. 设计工作的艰巨性

网络教学设计是一种新型的教学设计，它的设计范围广、项目多、程序复杂、科技程度高，任务困难而艰巨。特别是设计内容，如对远距离学习者认知结构、学习态度、学习风格的分析和把握，对那些解决问题成分较多的智力技能学科内容的分析与学习，对学习策略的分析与选择，远距离教学评价方法与策略的设计等，都有一定程度的不可控性，尽管有高科技手段辅助设计，其艰巨程度仍然很大。另外，网络教学设计还是一个新事物，还没有形成大家公认的固定模式和成熟的理论与经验，这更增加了设计工作的艰巨性。面对这种艰巨性，我们要认清方向，努力奋进，大胆实践，求美求新。求美求新，是一种求发展的意识，是一种创造的意识。我们要在网络教学设计理论研究和实践中，探求设计的新技术、新手段，探求设计的新理论、新方法，探求设计的新模式、新标准，把网络教学设计不断推向新的水平、新的阶段。

第三章 网络教学的环境

第一节 网络教学环境的概念

20世纪中期，科学技术的迅猛发展和国际竞争的加剧，带来了教育科学研究的空前繁荣，不同教育学科之间出现了相互融合、分化、碰撞和消长的发展形势，这种形势进而导致一批新学科或新研究领域的出现。以学校环境为专门研究对象的独立的教学环境研究领域就是在这种背景下逐步确立起来的。这一研究领域以学校教学环境为专门研究对象，以教学论、传播理论、系统科学理论、教育社会学、教育评价学、社会心理学、教育技术学、学校建筑学、美学及生理学等多种学科的研究成果为理论基础，着重探讨教学环境对教学过程的干预和影响，研究各种环境因素对学生身心发展的综合作用及其作用机制以及学校教学环境的评价、设计、调控和优化问题。在现代化的条件下，随着社会生产力和科学技术的飞速发展，学校物质条件不断改善，社会信息量成倍增加，教学环境正变得日益复杂，它对学校教学活动和学生身心发展的影响作用也更加显著。特别是多媒体教学手段的应用，引发了教育体制、观念、内容和方式等多方面的深刻变革。因此，研究和探讨网络教学环境设计的理论与实践问题，具有十分重要的意义。

一、网络教学环境的基本含义

（一）教学环境

教学环境作为一种客观存在，与学校教育有着同样久远的历史，但它们的重要性却一直未引起人们足够的重视。直到20世纪30年代，随着科学技术的发展及其在教育领域的应用，使教育科学空前繁荣，教学环境得到较大改善，教学环境对教学活动的影响才逐步引起人们的重视，开始把它作为一个专门的研究对象加以研究。在具体研究中，由于研究目的、研究角度和研究范围不同，人们对"教学环境"的理解也不同。因此，关于"教学环境"的定义，在国内外学术界至今仍未形成较为一致的意见。有的单纯从物质环境因素出发，认为"教学环境是由学校建筑、课堂、图书馆、实验室、操场以及家庭中的学习区域所组成的学习场所"；有的单纯从心理环境因素出发，认为教学环境就是一种能够激发学生创造性思维的温暖而安全的班级气氛；也有的从更为广义的角度出发，把教学环境等同于教育环境，认为教学环境就是那些能够促进学生身心发展的条件、力量和各种外部刺激因素。教学环境就是学校教学活动所必需的主客观条件和力量的综合。教学环境有广义和狭义之分。从广义上说，社会制度、科学技术家庭条件、亲朋邻里等，都属于教学环境,因为这些因素在一定程度上制约着教学活动的成效。从狭义的角度,即从学校教学工作的角度来看,教学环境主要是指学校教学活动的场所、各种教学设施、校风班风和师生人际关系等。

从以上各种陈述中不难看出,由于研究者们所持的学科立场和研究角度不同,因而对教学环境的认识也不尽相同。所有这些认识都在不同程度上触及和揭示了教学环境的基本含义,但同时又存在一定的局限性。

我们认为,环境是相对某项中心事物而言的,是中心事物在其特定活动展开的过程中赖以持续的条件。由此推及教学环境,则是教学活动展开的过程中赖以持续的空间与条件。由于教学活动包括教和学两个方面,因此可以把教学环境理解为教师在教的过程中用于进行教学活动的空间与条件和学生在学习过程中进行学习活动的空间与条件的综合。教学环境是一个动态的概念,教学环境与教和学的活动进程是同存共生的。随着教学活动的展开,教学环境中的情况和条件也不断变化,所以,教学环境和动态的教学进程是紧紧联系在一起的,把二者割裂开来就会导致静态的教学环境观。只有把教学环境放到动态的教学进程中去考察,才能把握教学环境的本质,才能进行更为有效的教学设计。教学环境是一个发展的概念。随着多媒体技术、网络通信技术在教育领域的广泛应用,学校已突破围墙的限制,网络教学实现了"五个任何",即"任何人、在任何地点、任何时间、从任何章节开始、学习任何课程"。虚拟现实技术的应用,出现了虚拟校园、虚拟教室、虚拟实验室、虚拟图书馆等。网络、软件、信息已成为构成教学环境的要素。随着信息技术的发展,教学环境必将发生新的变化,教学环境是一个系统的概念。现代远程教育的实施,从地理空间来讲,不仅局限于校园、城域,而是延伸到全球;从教学信息的传输模式讲,既可基于计算机网络,也可基于卫星、有线电视网或视频会议系统。甚至可以说,一个学生的学习活动都可能与全球信息系统发生联系。

综上所述,我们认为教学环境就是支持教和学活动开展的空间与条件。根据这个定义,教学环境的要素就不仅仅是支撑教与学活动的物质环境,还应该包括信息环境和学习氛围、人际关系等社会心理环境。

(二)网络教学与网络教学环境

在网络化时代,教学环境正变得日益复杂,它对教与学活动的开展和学生身心发展的影响作用也更加显著。特别是网络化多媒体教学手段的应用,引起了教育体制、观念、内容和方式等多方面的深刻变革。由于网络教学环境对教学活动和学生身心发展的影响、作用、规律还处在认识阶段,理论研究相对滞后,在网络教学环境建设中,普遍重视硬件环境建设,忽视或不够重视软件环境建设,更缺乏网络教学环境的设计及应用理论的指导。从这个意义上说,从教育技术学角度出发对网络教学环境的理论与应用问题进行研究,具有十分重要的意义。

1. 网络教学

网络教学通常是指依托计算机网络开展的教学与管理的一切活动,它包括本地(校园网）网络教学和远程（广域网）网络教学两种教学应用方式，具有开放性、交互性、共享性、协作性、自主性等特点。

2. 网络教学环境

网络教学环境是指网络教学活动赖以开展和持续的空间与条件。网络教学环境也有广义和狭义之分。从广义上说，社会制度、教育管理制度、教育思想观念、科学技术、公共通信网络、家庭条件、网吧、网校等，都属于网络教学环境，因为这些因素在一定程度上制约着网络教学活动的成效。从狭义的角度，即从网络教学工作的角度来看，网络教学环境主要是指网络教学的设施、设备（如 Internet、Intranet、CERNET、卫星电视教育网、多媒体计算机、多媒体网络教室等）、信息资源、支撑平台（实现网上教与学活动的软件系统）、通信（实现学习者之间的协商讨论和教师对学习者的指导）、工具、教学氛围和师生人际关系等。

二、网络教学环境的应用模式

网络教学环境应用模式中的各个有机组成部分的主要职能是，计算机网络是网络教学环境的基础设施；网络基本服务包括电子邮件、文件传输、域名服务、身份认证、目录服务等；基于网络的数据仓库包括管理信息库、课程资源库、数字化图书资源等；应用支撑系统包括办公自动化系统、各类管理信息系统、网络教学系统、数字图书馆管理系统及虚拟教学环境等；信息服务系统可为师生提供各种服务，如信息交流、信息查询、决策支持、电子商务、学校社区服务等。

信息活动区表示网络环境的功能领域，包括组织管理、教学活动、学术研究、公共服务（指为学校教学科研提供的支撑服务，如网络服务、图书馆服务、博物馆服务等）和学校社区服务等。人们在网上开展的各种活动，都要受网络文化和网络心理的制约和影响。

三、网络教学环境分类

由于网络教学环境所涵盖的因素是复杂与多样的，要对网络教学环境做出严格的分类是极为不易的。从不同的角度出发，有不同的分类。比如，祝智庭教授从教育哲学的角度考察网络时代计算机教学应用的发展全貌，提出一个能兼容诸多网络化学习应用模式的分类框架，将网络化学习分为四类：OI（客观主义、个体主义），CI（建构主义、个体主义），OC（客观主义、集体主义），CC（建构主义、集体主义）。在网上教学环境系统中，教学信息资源系统应成为各类应用的支持部件，实际上形成了 OI、CI、OC、CC 四种类型的网上教学环境。

毕竟构成网络教学环境的最基本要素是计算机网络。几台计算机通过交换机或集线器相连，就能进行通信和信息交流，构成一个简单的网络环境。因此，我们从网络教学环境设计的角度，根据计算机网络的规模和教学应用情况，可将网络教学环境分为以下几类。

（一）课堂网络教学环境

课堂网络教学环境是指基于网络的各种类型的多媒体教室、专修室等教学环境。在课堂网络教学环境中，主要是开展计算机网络支持的课堂教学活动，学生和教师之间的交流不只是面对面的交流，更多是学生与教师通过网络的相互交流，可进行集体、个别化、小组等多种形式的网络教学活动。教师可随时了解学生的学习活动，教学资源虽不够丰富，但是能有效地组织起来供学生课堂学习，能有效地实现多媒体网络教学的优势，适合开展网络同步教学。

（二）校园网络教学环境

校园网络教学环境是指基于校园网的各种网络教学场所、设施、设备、网上教学信息资源、应用系统、软件工具、服务信息等硬件和软件环境的综合。在校园网络教学环境中，既可以开展课堂网络教学，也可以开展网上自主学习、合作学习等多种形式的教与学活动，教学资源较为丰富并可以实现共享，有利于提高教学效益和教学质量。

（三）互联网学习环境

互联网上的信息资源非常丰富，可为全球的学习者建立一个有效的学习环境，在作为资源学习的教学环境时可发挥重要作用。不过，互联网的信息资源是一个比较分散和混乱的体系，尽管人们想尽方法（例如，采用标准化的资源描述格式，建立搜索引擎等），还是无法真正将各种信息很好地组织起来。而教学是一种有组织、有规划的社会活动，教学中的目标非常明确，教学的内容分类也非常标准。所以，目前的互联网和WWW还不适合作为标准的教学信息系统支撑平台和环境。

（四）远程网络教学环境

远程网络教学环境是指以多媒体技术和网络通信技术为核心所构建的、用于实施现代远程教育的教学环境。在远程网络教学环境中，学习者可以处在地球上网络能够延伸到的任何一个角落进行学习，他所看到的教学信息资源与互联网上的信息资源不同，是经过精心设计、规划、制作的，内容分类非常标准，学习目标非常明确。

第二节 网络教学环境的要素

网络教学环境是一个由多种不同要素构成的复杂系统，与网络教学活动相关的一切事物——物质的、社会的、本地的、远程的、有形的和无形的，几乎可以说是构成网络教学环境的基本因素。这些不同的因素相互联系、相互作用，构成了网络教学环境特有的系统结构。

一、网络教学环境的系统结构

从网络教学环境设计的角度来看，整体的网络教学环境系统主要由四类环境构成，即硬件环境、软件环境、虚拟教学环境与网络人文环境。而这四类环境又作为相对独立的系统存在，并具有各自不同的要素结构。

二、网络教学环境系统要素分析

（一）硬件环境

网络教学硬件环境是网络教学环境的重要组成部分，是网络教学活动赖以进行的物质基础，它具体包括传输网络环境、时空环境和设备环境三种子环境。

1. 传输网络环境

无论是本地网络教学，还是远程网络教学，首先必须有传输网络的支持。网络教学使用的网络必须是宽带的多媒体网络。所谓的宽带多媒体网络，不仅意味着带宽要宽，而且要能支持多媒体的应用。这是因为：为了保证教学的质量和效果，学生在学习时不仅希望能看到普通的文字、图形信息，还希望能看到精心设计的动画，听到教师声音的同时还能看到教师的形象，也就是说，网络教学传送的信息类型不仅要有文字、图形，还要有动画、声音和图像。传送图像、声音和动画需要足够的带宽，因此，网络教学的传输网络系统也必须有相应的带宽。目前应用于网络教学的网络主要有计算机互联网（Internet、Intranet）、卫星宽带网（CEBsat）、有线电视网和视频会议系统。对于本地网络教学，基本上是采用校园网；对于远程网络教学，则采用三网互补的传输平台。

（1）计算机互联网环境

网络教学主要是依托计算机互联网来实施，全国有大批的互联网用户。国务院批准的9家互联网与各院校的校园网相连接，构成了我国网络教学的整体互联网网络环境。这9家互联网分别是ChinaNet（中国电信）、CNCNet（网通）、ChinaGBN（吉通）、CerNet（教育科研网）、Unicom（联通）、CSTNet（科研网）、MobilNet（中国移动）、GwNet（总参通信网）和CIETNet（外经贸网）。其中CerNet用户400多万，连接了全国293个城市的1000所大学，高速宽带网已建成，拥有一万余台服务器。

（2）卫星宽带网环境

虽然目前地面互联网在世界范围内得到了迅速的发展，但由于受地理环境的影响，很多自然条件恶劣的地区、经济落后的边远地区还没有完善的地面通信系统，当地的居民还不可能利用地面通信的手段来接受教育。卫星通信特别是VSAT（Very Small Aperture Termina，即甚小口径终端）具有覆盖面广、灵活性强、可靠性高、成本低、使用方便的独特优势，在开展远程教育方面有非常大的应用空间。卫星在远程教育应用中主要有两种应用方式：一是利用卫星的宽带广播功能开展以图像和声音为主的单向教学活动；二是利用卫星电路实现数据的交互，实现LAN上的互联，完成数据传递、文件交换或远程处理。采用卫星电视和IP广播相结合的方式开展远程教学，把大量优秀教学软件，通过传输平台及时送往全国各地，使经济落后地区的学生可以与经济发达地区的学生一样享有相同的教育资源，有利于实现教学环境建设跨越式发展。

中国教育卫星宽带网 CEBsat（China Education Broadband Satellite Net）开通，"天网"与"地网"合一的格局有力地推进了我国网络教学环境的建设。CEBsat 具备传输快捷、路径简单、无须通信费用、宽带传输不会出现堵塞等多种优势，边远地区的学校很容易构建与大城市学校相似的网络环境。传送的信息可以下载到校园网内，供学生学习随时使用。

（3）有线电视网环境

有线电视系统，也就是人们通常所说的 CATV（Community Antenna TV）系统，它综合运用了广播电视、通信、计算机等多个领域的技术成果，扩大了系统的服务功能，逐渐发展成为综合性的传输网络系统。由于有线电视网有以下几方面显著特点，利用它开展远程教育具有重要意义。

一是网络带宽很宽。经过几十年的发展，有线电视经历了最初的共用天线系统，闭路电视系统和今天的全新光纤和同轴电缆混合（EFFC）网络系统三个阶段，网络带宽得到了迅速提升，成为目前接入速率最高的网络。有线电视系统能直接把 750MHz 甚至 1GHz 的带宽送入用户家中，这个带宽足以传送几十路模拟电视信号，只要留出一个模拟电视的通道来传送数据信息，就足以满足包括远程教育在内的多种业务。

二是视频传输能力强。随着数字压缩技术和高效数字调制技术在有线电视网上的应用，有线电视网络的频道容量和多功能服务的能力得到了大大扩展。在一个普通模拟电视频道中可以传输 3 套以上的经过数字压缩的标准电视节目，所以有线电视网络具备了开展三四百套数字电视节目和开展诸如视频点播（VOD）类高级视频业务的能力。

三是服务范围广。由于有线电视网络在 EEC 传输体制的基础上支持数字通信和计算机通信等多种先进的传输体制，使有线电视网络可以在开展有线广播和有线电视节目的基础上，提供诸如视频点播、音乐点播、远程教育、远程医疗、家庭办公、电子商务、网上证券交易、高速互联网接入、会议电视、物业管理等多种类型的宽带多媒体业务的前景。

四是用户群庞大。有线电视用户数已居世界第一位；有线电视成为我国家庭入户率最高的信息工具。

当然，现有的有线电视系统还不能直接进行网络教学，必须对其进行改造，使之由一个单向的广播网络变为一个双向的交互式宽带网络。

（4）视频会议系统

视频会议又称视像会议、视讯会议、会议电视，是利用电视和通信网络召开会议的一种通信方式。视频会议系统具有传送图像、声音和数据的功能，因此，除了可用来召开会议外，还可以直接用于网络教学，为网络教学服务。利用视频会议系统开展网络教学可以达到异地授课和远程实时交互、讨论、答疑的目的。视频会议系统具有实时性好、交互性强的特点，是目前开展网络教学的有效手段之一。采用视频会议系统，可以进行一点对多点的双向视频传输，从而达到课堂教学的效果。教学系统由一个演播室及远端的一个或多个多媒体教室组成。教师在演播室授课，学生同时在一个或多个多媒体教室听课，师生间可以进行实时的交谈和问答，使异地的教师和学生之间好像身处一室。还可以通过视频会议终端实时听课、辅导、答疑等。在这种方式下，学生和教师通过多媒体计算机、麦克风、数字视频摄像机及相应的软件建立起一个虚拟教室。教室里的每个人都可以看到其他人的相貌和动作，与他们交谈，实现在不同地理位置上的人共同上课的目标。

2. 时空环境

时空因素是制约网络教学活动的又一个重要环境因素。不同的网络教学时空组织形式，对网络教学内容、手段、方法、网络课程开发、师生身心健康和教学活动的效果会产生不同的影响。网络教学时空环境与传统教学时空环境相比，具有"时间分离、空间分离"的特点。

"时间分离"指的是教学过程的非实时性与非线性。"非实时性"是指学生既可以观看在线直播，也可在任何其他时间上网浏览学习或下载已经做好的教学节目。"非线性"是指学生可以不断重复学习，或根据需要自由选择有关教学内容，进行跳跃式学习，因此产生了同步教学和异步教学两种模式。

"空间分离"是指教师和学校、学生和学校、学生和学生可以不在同一地域空间，不在同一省市，甚至不在同一国度。具体地说，网络教学空间环境具有以下特点。

（1）从地理空间来说

网络学校已突破围墙的限制，实现了"五个任何"。网络教学空间环境包括本地校园空间和异地学习空间，本地校园空间主要是指网络多媒体教室、网络阅览室、学习室和具备上网条件的学生公寓等空间环境；异地学习空间主要是指家庭学习室、网吧和网络教学点等空间环境。

（2）从网络空间来说

局域网（校园网）的传输带宽较宽，传输速率较高，便于各种网络教学活动的开展；而依托三大网络（互联网、卫星网和有线电视网）来实施网络教学，由于受带宽、传输速率、延时等条件限制，有些网络教学活动将受到不同程度的影响，因此，在进行整体教学设计时，必须考虑网络空间因素。

（3）从空间存在形式来说

有现实空间和虚拟空间两种形式。现实空间就是现实存在的空间，大家已司空见惯。虚拟空间是利用虚拟现实技术建造的空间环境，这种环境不仅是技术环境，更是一种艺术环境。如果你有计算机多媒体创作的经验就可以体会到，在很多应用场合，艺术的成分往往超过技术。所以，虚拟空间环境有其艺术上的魅力。目前已经有很多这方面的例子，如交互的虚拟音乐会、宇宙作战的游戏、动画等；在网络教学应用方面也有虚拟教室、虚拟实验室、虚拟校园和虚拟战场环境等。由于虚拟现实技术与艺术相结合，所以虚拟空间环境比现实空间环境更具魅力。

（4）从空间存在形态来说

有静态空间环境和动态空间环境。传统教学空间环境一般是静态的。而网络教学空间环境则可能是动态的，既有物理空间上的移动，如利用移动通信技术开展的军事训练或军事演练；也有网络空间上的变化，如使用有线电视网学习课程时，可以通过互联网查阅国际上的最新发展动态；还可以利用视频会议系统与同学进行讨论交流或师生间的提问答疑。这种传输网络间的切换对教学活动是有影响的，进行整体教学设计时，必须考虑这一因素。由于网络教学时空环境"时间分离、空间分离"的特性产生了"师生分离"和"教导分离"的教学模式，促使网络教学方式从传统的教师主导型转向了学生主导型，客观上推动了学生主动参与知识建构活动，使教学过程更趋科学合理。有效的学习有赖于学生主体的能动参与，教师和学校的作用是为学生创造一个知识"再发现"的学习环境，以激发学生进行自我教育。网络教学提供了师生分离的宽松环境，交互式的课程设计，多媒体图、文、声并茂的多重感官综合刺激，这些都为学生创造了特有的知识发现和建构环境，有着其他媒体或其他传统教学环境无法比拟的优越性。

3. 设备环境

网络教学设备环境是网络教学环境的另一个重要因素，它直接或间接地影响着网络教学活动的开展。网络教学设备种类繁多，有计算机、服务器、硬盘阵列、大屏幕投影机、扫描仪、摄像机、光盘刻录机等，按教学用途可分为以下三类。

（1）终端设备

网络本身只是负责将信息传送到远端，通过远端相应的设备才能将这些信息显示出来，这些设备就是终端设备。终端设备将系统中要传送的信息转换为适合于网络传输的格式，同时还要负责与通信网络进行信令交换。因为网络教学系统中传送的信息种类很多，不同种类的信息有不同的显示方法，所以终端设备必须具有处理多种信息类型的能力，即必须是多媒体终端。

（2）信息采集、加工、处理、制作、存储设备

通信网络和相关的终端设备构成了网络教学环境的基本硬件环境，为开展网络教学提供了硬件保障。但网络教学还需要将教学内容用多媒体技术表现出来，因此，进行网络教学信息资源的开发与管理，还必须具有信息采集、加工、处理、制作、存储设备等功能。

（3）辅助设备

网络教学系统的辅助设备很多，其中电子白板、视频展示台和自动跟踪摄像机和"Push To Talk"系统是与网络教学密切相关的几种辅助设备。这些辅助设备的使用会大大提高网络教学的拟真度，是网络教学设备环境中不可或缺的部分。

（二）软件环境

网络教学环境的基础是硬件环境，而其核心是软件环境，它包括信息资源库、网络教学平台、通信和工具四部分。这些内容及其他们之间的体系结构关系构成了网络教学

的整体软件环境，即信息资源环境。

1. 信息资源库

网络教学的信息资源库主要包括媒体素材库、题库、案例库和网络课程库等数字化的各类信息资源库。

2. 网络教学平台

一个完整的网络教学平台应由网络教学支持系统、网络课程开发系统、网络教务管理系统和网络教学资源管理系统四个子系统组成，它是建立在通用的 Internet 和 Intranet 基础上的，专门为基于双向多媒体通信网络的网络教学而提供全面服务的软件系统。

（1）网络教学支持系统

网络教学包括一些基本的教学环节，如教学内容的发布、作业、答疑、考试、讨论（同步/异步）、做笔记等，而现有 Internet 工具并不能很好地支持这些活动，需要进行复杂的交互性程序设计，这对于大部分教师来说，是难以完成的。网络教学支持系统则可以解决这些问题，使教师无须花费大量的精力去开发程序，就可以很方便地获得很好的交互性支持，从而有效地实施各教学环节的教学活动。对学生而言，要求他们在上网学习以前就必须熟悉或掌握所有软件技术，也是不切实际的。而网络教学支持系统则可以通过它展现的学习界面，使学生无须掌握复杂的软件技术就能轻松地上网学习。网络教学支持系统由一系列支持多种教学模式的教学工具构成，一般包括学习系统（非实时、实时）、多媒体授课系统（非实时、实时）、辅导答疑系统、作业评阅系统、教师备课系统和信息资源编辑制作系统、交流讨论工具、虚拟实验系统、网络题库系统、考试系统、评价系统及搜索引擎等。这些教学工具都是基于远程教育资源库的，用于完成远程教学中的各项教学活动和实现远程协作。

（2）网络课程开发系统

网络课程开发系统主要完成网络课程内容的表示，支持基本教学逻辑的设计，提供设施和工具，方便网络课程开发的任务。系统所开发的课程不仅能够在标准浏览器下阅读，还能够在多种操作系统平台上运行。

（3）网络教学资源管理系统

网络教学资源包括网络课件、网络课程、专题网站、案例库、题库、多媒体资源库等多种类型。对网络教学资源进行高效有序的管理，是网络教学顺利进行的前提。网络教学资源管理系统是网络教学平台中的重要模块，一般由教育信息资源数据库、资源管理系统、资源媒体介质管理系统、资源浏览和检索四个子模块构成。教育信息资源数据库包括多媒体教学信息库、外部教学资源数据库、教学视频数据库、多媒体教学光盘等主要的教育信息库。资源管理系统负责对资源进行分类、编目、入库、编辑和组织整理，并进行资源的采集和制作以及资源使用权限的设置。资源媒体介质管理系统负责管理外部资源，资源浏览和检索保证师生能够使用 Web 方式浏览和检索资源。

（4）网络教务管理系统

网络教务管理系统是网络教学平台的重要组成部分，它不但要管理基于 Web 的网络教学的各个环节，如从学生入学到毕业的各种教学活动，还要管理网络教学所涉及的各种对象和资源，如管理员、教师、专业、课程、课件等。同时，它还提供相应的手段，评估教学质量。

3. 通信

作为师生之间进行信息交换的工具和途径，通信在网络教学中扮演着重要角色。先进通信方式的运用，能很好地改善教学环境，加快信息传递，提高教学效率。常见的网络教学通信途径包括同步异步讨论区、课程电子邮箱、协同工作等。

（1）同步异步讨论区

最常用的通信方式有公告栏、聊天室，可以提供公告、聊天历史的记录功能，支持学生之间、师生之间同步或异步的信息交换和讨论。异步多线讨论或基于 E-mail 的讨论非常适合专题研讨或课堂作业的处理。随着远程视频和音频会议技术的发展与成熟，实时的视、音频交互也成为网络教学通信的重要组成部分。另外一个很有价值的讨论工具就是电子白板，它常与同步聊天系统、视频会议系统结合使用，能够可视地表示公式及问题求解的推演过程。

（2）课程电子邮箱

为师生按课程建立单独的邮箱账户，将不同课程的信件和私人信件区分开来，避免了对邮箱中不同课程、不同类别的邮件进行区分和管理的烦琐过程。学生交作业能够以电子邮件的形式递交到专门的课程邮箱，教师批改后再发还给学生，这样做将会大大减少教师的工作量，提高信息交换效率。

（3）协同工作

协同工作是计算机会议系统的功能，它使处于不同地方的人可以用同一种软件、对同一个文件共同进行编辑修改，每个用户都可以看到文件被实时编辑的过程。网上协同使不同地方的学生可以像传统教学班级中的同学一样，合作完成某个作业或项目。协同工作是网络教学通信的发展趋势。

4. 工具

工具是指具有专门用途的软件和技术，包括开发工具、交流工具和学习工具等。开发工具是指教师和学生在进行教与学的过程中所使用的课程开发和学习辅助的软件和技术。如网络教学系统提供的网络课程开发平台、C++ 和 JAVA 等编程语言、数据库技术以及平面、网页、动画制作软件等。

交流工具用于教师和学生之间、学生和学生之间信息交换，主要是上文所提到的通信手段。

学习工具是辅助和支持学生在网上进行学习和探索的软件与技术，主要包括：搜索工具：支持学生搜索本课程和本课程讨论的内容，甚至可以支持在所选的全部课程内进行搜索。书签：学生用书签可以标记自己感兴趣的内容，便于随时调出浏览。学习记录：支持学生在课程内容上加注，允许学生查看自己的作业完成情况，了解自己和班上其他同学的差距等。学习记录还允许教师察看学生学习的情况，以便及时发现问题，对教学过程进行调整。个人工作区：支持学生自己创建主页，用于张贴小组工作成果或个人的项目介绍，还提供对学生主页进行统一管理。

（三）虚拟教学环境

虚拟教学环境是相对于"真实的教学环境"而言的。它是指运用虚拟现实技术创建的具有自然模拟、逼真体验和方便自然的人机交互的教与学环境。这种教与学环境酷似客观环境又超越客观时空，能使学习者沉浸其中又能驾驭其上，是一个由多维信息所构成的、可操纵的、人机和谐的教与学的空间。虚拟教学环境通常由虚拟现实硬件环境、虚拟现实软件工具和虚拟世界三个要素构成。虚拟校园、虚拟教室、虚拟实验室和虚拟图书馆是典型的虚拟教学环境。

（四）网络人文环境

网络人文环境是网络教学环境的重要组成部分，尽管与物质环境相比，人文环境是一个看不见、摸不着的无形环境，但它对于师生的心理活动和社会行为，乃至整个网络教育、教学活动，都有着不可忽视的、巨大的潜在影响力。

1. 网络文化环境

网络文化是人类社会发展的产物，是人、信息、文化的三位结合体，其本质主要表现在一系列新的价值取向、新的社会精神的形成，比如社会交往体现为更深层次上的心灵沟通、文化共享、个性化精神与群体意识等。网络文化是指由国际互联网所创造的不同于以往文化形态的一种新文化，它是人们在社会活动中依赖于以信息、网络技术及网络资源为支点的网络活动而创造的物质财富和精神财富的总和，是描述信息时代与信息技术相关联的多种文化形式或文化产品的概念，是由 Internet 产生并赖于其发展的所有技术、思想、情感和价值观念的集合体。文化的含义是广泛的，既有物质层面，又有精神层面，还有介于物质与精神之间的制度文化。

（1）物质层面的网络文化

物质层面的网络文化指对象化了的人类劳动，能为人类的信息交流提供坚实物质基础的物质环境，是人类活动与网络活动交融的结果。计算机网络设备、网络资源系统和信息技术（计算机技术、通信技术）构成了物质层面网络文化的主要内容和发展基础。

（2）制度层面的网络文化

制度层面的网络文化是维系个体与一定文化共同体的人类网络关系的法则，它又可以分为作为社会规范的网络文化和作为行为方式的网络文化。作为社会规范的网络文化，形成和调控网络个体之间的网络关系，是一种程序化、制度化的文化。它基于个体的社会责任感和价值认同感，确定网络活动的道德准则和法规制度，从而构成网络活动的基本依据和总体要求，如网络伦理、网络法规等。作为行为方式的网络文化，是个体在网络中约定俗成的活动方式，伴随网络技术和资源的演化而不断更新。它是在信息传递、接收、吸纳和再生的网络活动中，个人的、民族的、地域的特色与普遍规律的结合，形成具有人性魅力的网络行为方式。

（3）精神层面的网络文化

精神层面的网络文化是个体和群体内化的网络意识、情感和素养的集中体现，是网络文化的核心所在，它又可以分为客观精神文化和主观精神文化。前者是后者的外化、客观化，如关于网络的基础知识、网络道德规范等；后者是网络文化共同体中，人们经过长期的网络活动积淀而形成的文化心理结构，如思维方式、价值取向、审美情趣、道德观念等。有的理论将网络文化分为四个层级，即在基于物质层的基础上，分出三个层次：认知层，这是网络文化的最深层结构，主要是指基于网络的时空观、价值观、世界观等思想态度及信仰；规范层，包括对各种协议的认可、对使用规则的遵守；表意层，包括语言、朋友关系、行为方式等对已存在价值的表意象征。

2. 网络心理环境

这里的网络心理环境，指的是在网络教学中形成并对其产生重要影响的、由人的心理维度构成的心理状态。在网络这个虚拟世界中，人们的行为和隐藏在其背后的心理状态是一个非常重要的、直接作用于网络教学设计的关键因素。

（1）人际环境

网络教学既是信息传输反馈的过程，也是复杂的人际交往过程。与传统教学中教师对学生"时空的侵占"，以及偏狭的单向灌输式的师生交往不同，网络教学环境下，教师与学生借助媒体进行交往，在时间和空间上都是分离的，人际交往中的地位都是平等的。因此，网络教学实现了学生自由、平等地和教师之间的交流以及学生之间的沟通，甚至可以实现广泛的社会交往，有利于促进学生智力的开发和个性的发展。但是，事物的影响总是一分为二的，因网络教学的时空分离而带来的学习者身份的可变性、隐藏性和角色的虚拟化，也导致了很多现实问题。例如，网络虚拟世界中的角色混乱、道德问题、黑客攻击以及网络沉溺带来的人格障碍等。可见，人际环境是网络教学设计必须十分关注的网络心理环境。

（2）情感环境

情感环境是指在网络教学过程中形成的一种情绪情感状态。教学过程是智力因素作用下的知识交流和非智力因素作用下的情感交流的过程。但是，由于网络教学中感官体验的局限性，非智力因素作用下的情感交流存在明显的缺陷。比如，网络教学提供的是课程的"标准化"讲授预制件，授课时，无论是教师还是学生，面对的都是一个概念化的、没有任何及时反应的虚拟角色，而不是一个个活生生的、充满个性的人，不可能感受到教师的人格魅力，因而难以与教师产生情感上的共鸣。情感的缺失导致学生在学习中产生枯燥感、孤独感，难以形成积极进取的竞争氛围以及和谐健康的人际交往关系，学生的竞争愿望、对事物的鉴别能力也会有所下降。即使技术上能做到视频双向交流，也会因教师注意力有限而不能根本解决问题。因此，在网络教学活动中，建立良好的情感环境对于顺利完成教学任务，达成教学目标具有十分重要的意义。

（3）组织环境

所谓组织，是人们为了共同的目标和需要而形成的社会群体。网络教学系统本身就是一个有组织的社会群体，其内部又存在各种正式或非正式的次级社会群体，如网络学习中的虚拟学习社区、学习共同体、兴趣小组和学生自己的友伴群体等。不同的群体必然有各自的群体规范、群体作用方式和群体心理氛围。这些因素构成了网络教学的组织环境，并且在网络教学中发挥着重要作用。网络教学的组织环境与现实生活中的组织环境存在本质上的差别，即组织关系制约的松散性。与传统的组织关系不同，网络教学创造了开放的学习环境，虚拟学习社区、学习共同体、兴趣小组等主要的组织关系，只是作为一种桥梁和纽带将网络中的个体紧密联系在一起，而不是作为组织约束存在。组织关系制约的松散要求网络学习者增强自我管理、自我约束的能力。但是，这种能力的增强和提高单靠网络学习者自身的努力是不行的，必须经过对组织环境进行有意识的精心设计才能实现。

第三节　网络教学环境设计的内容

一、网络教学环境设计

什么是网络教学环境设计呢？有人认为，网络教学环境设计是对计算机网络设备、设施、多媒体教室、网络教学辅助设备的一种规划、组织和安排；也有人认为，网络教学环境设计是校园网设计和网上信息资源规划、各种网络教学平台的开发及网络课程建设。这些论述在不同程度上触及和揭示了网络教学环境设计的基本含义，但同时又都不够全面、完整和准确。

笔者认为，网络教学环境设计是以现代教育思想和教育理论为指导，以现代信息技术为手段，运用系统论的观点和方法，分析网络教学活动中的问题和需求，对网络教学环境各个要素进行整体或局部的规划、组织、协调和安排，从而创设最优化网络教学环境的一种理论和方法。

网络教学环境设计具有以下特征：一是网络教学环境设计对象是基于网络的各种学与教的环境。比如，校园网环境、网络多媒体教室环境、网上信息资源环境等；二是网络教学环境设计的方法是以现代教育思想和教育理论为指导，以现代信息技术为手段，应用系统方法找出网络教学环境中各个要素之间及要素与整体之间的本质联系，加以综合考虑，协调好它们的关系，使各要素有机结合起来以实现教学系统的功能；三是网络教学环境设计的目的是构建最优化的网络教学环境，支持网络教学活动的开展；四是网络教学环境设计具有理论性与实践创造性。网络教学环境设计是在一定理论指导下的一种理性认识活动,因而具有理论性;网络教学实践是不断发展变化的,理论不可能预见所有的问题,因而网络教学环境设计又是一种创造性的实践活动,具有实践创造性。

二、网络教学环境设计模型与主要内容

我们曾提到网络教学环境主要由硬件环境、软件环境、虚拟教学环境及网络人文环境四个方面的要素构成。在进行网络教学环境设计时,首先要了解这种内在的关联。

(一)网络教学环境的整体规划设计

网络教学环境的基础是硬件环境,核心是软件环境。在网络教学环境设计中,二者同等重要,不可偏废。虚拟环境的设计具有广泛的前景。它可以使学习者处于一个具有身临其境的、具有完善交互作用能力的、能帮助和启发构思的信息环境中,学习者不仅靠听读文字或数字材料获取信息,更重要的是通过与所处环境的交互作用,利用自身对接触事物的感知和认知能力,以全方位的方式学习和获取各式各样的信息。虚拟现实技术(VR)可作为最佳的认知工具完成学习者的意义建构,能更好地促进学习者认知结构的形成和发展。在虚拟现实的情境中,时间和空间的跨度消失,为超越时空和地域的协作学习和交流会话创造了良好的条件。人文环境设计历来是教学环境设计的重要内容,但网络人文环境设计还没有受到高度的重视,致使人格在虚拟空间中张扬的同时,不受真实世界约束与监控的反(逆)社会人格也泛滥起来,网络沉溺带来了人格发展障碍;交往过程中的平等性得到强化的同时,必要的道德特征却遭到弱化。当前,网络教学的发展内在地要求科学性和人文性相整合。因此,我们必须重视并把网络人文环境设计纳入网络教学环境的整体规划设计中来。

(二)传输网络环境设计

传输网络是网络教学活动赖以进行的物质基础,传输网络环境设计应具有以下特性。

1. 集成性

在远程教学系统中,传输网络应能够传送多种媒体的信息,如视频图像、文本数据、音乐、语音、图形、动画等,并且具有对这些媒体进行处理、存取和传送的能力。

2. 宽带性

在远程教学系统中,传输网络应既能够传输速率相对较低的数据、静止图像,又能传输速率较高的活动图像和音频信息,要求传输速率高,变化范围大。

3. 交互性

在远程教学系统中,传输网络应既能以交互方式进行工作,而不是简单地单向、双向传输或广播。它必须能够实现点与点之间、点与多点之间多媒体信息的自由传输和交换;如果需要,信息的传输和交换还能做到实时进行,多媒体终端用户对通信的全过程有完整的交互控制能力。

4. 同步性

在远程教学系统中,各种信息是通过网络来传输的,传输时存在着时延和时延抖动,

不同的媒体又有不同的特点。因此，如何在经过网络传输后保持它们在时间或事件之间的同步关系，是多媒体通信中需要解决的问题。比如，在传送视频信息时，就需要保证图像和伴音的同步，否则就会出现口型与声音不同步的问题，从而影响视频传输的质量。

传输网络环境设计的主要内容包括总体规划、结构布局、系统划分、技术定位、设施安全、设备配置、网络服务等。

（三）客户端环境设计

客户端环境设计是网络教学环境设计与应用的主要环节，设计内容主要包括：网络多媒体计算机的硬、软件配置，各种多媒体信息的采集、加工、处理、制作，显示设备和多媒体教学辅助设备的硬、软件配置以及各种学与教的工具等，以保证网络教学活动的正常开展。

（四）模拟仿真环境设计

基于网络的模拟仿真环境是网络教学环境的重要组成部分，有许多院校和训练机构都设有模拟中心、仿真实验室等。对一些特殊专业、课程的教学训练（如战役和战术推演、模拟对抗演练、武器装备操纵训练、飞机驾驶、飞行紧急情况处置等）来说，模拟仿真环境是必不可少的。其环境设计的主要内容有：用户界面（包括信息采集与显示的输入输出装置）系统、情境设置系统、过程模拟系统、判断评价系统等。

（五）网络教学平台环境设计

网络教学平台能够将网上各种信息资源按照教学规律很好地组织起来，是开展网络教学活动所必需的网络教学环境。网络教学平台环境设计的主要内容有：网络教学支持系统（包括虚拟现实支持系统）、网络课程开发系统、网络教学资源管理系统和网络教务管理系统。

（六）时空环境设计

网络教学时空环境与传统教学时空环境相比较，具有"时间分离、空间分离"的特点。针对这一特点，时空环境设计的主要内容是同步学习系统设计、异步学习系统设计、创建个性化学习空间、网络多媒体教室设计和现代远程教育系统设计等。

（七）信息资源环境设计

开展网络教学不仅需要丰富的信息资源，而且要保证网上信息能够存得进、取得出、跑得快、用得好，保证用户检索信息方便、快速和高效，这就需要科学合理地对信息资源环境进行设计。信息资源环境设计的主要内容有：信息资源体系规划、布局结构设计、信息资源库设计、安全体系设计等。

（八）虚拟现实环境设计

虚拟现实环境设计包括硬件环境设计、虚拟现实软件设计以及在这硬、软件支持下的虚拟世界设计。虚拟世界设计的重要内容之一是情境设计，虚拟现实技术为情境设计提供了更为有效的工具。情境与情景同义，即情况、环境，是由外界、景物、事物和人物关系等因素构成的某种具体的境地。"情境"来源于认知、教育、艺术三大领域。因此，虚拟现实环境设计中的情景设计主要内容包括三个层面：认知情境设计、教育情境设计和艺术情境设计。

认知情境设计主要解决创设什么样的情境，如何激发学习者主动学习，为学习者探索学习提供什么样的帮助这三个问题，旨在帮助学习者有效地掌握某项知识及技能。

教育情境设计主要是创设以形象为主体、富有感情色彩的具体场景或氛围，激发和吸引学生主动学习，如虚拟校园环境、虚拟教室、虚拟实验室、虚拟战场环境等。

艺术情境设计主要是创设引人入胜的情境，体现科学美与艺术美的特质，达到形式与内容的统一、情感与理智的统一、直觉与逻辑的统一、个性与共性的统一，形成虚拟现实环境的整体美学风格。

第四节　网络教学环境设计的方法

各院校的教学、训练任务不同，学科专业不同，教学对象不同，对网络教学环境的要求也不同。由于设计人员本身的知识结构、素质能力和设计经验不同，网络教学环境设计的方法也会各具特点，就其共性而言，一般包括以下内容。

一、总体设计

总体设计一般包括指导思想、建设目标、系统功能、拓扑结构、信息资源配置、技术设计原则、建设步骤等。搞好总体设计，应重点抓好以下工作。

（一）明确设计指导思想

网络教学环境设计必须以现代教育思想和教育理论为指导，围绕教育功能目标的实现，探究网络教学规律，创设最优化的网络教学环境，发挥环境育人的作用。

1. 网络教学环境设计要"以人为本"

生命环境观认为：教育系统是一个由社会、学校、教师和学生组成的有机系统环境，教育的过程是心灵的碰撞与交融的过程，是体现创新意识与能力的过程，是彰显人的生命价值的过程。在当今这个处处"以人为本"的时代，教育也提出了"生命环境观"，重视对人的生命质量的提高。但"人本主义"不是一句空洞的口号，在它的指导下，可以衍生出许多具有深刻内涵及网络教育本质的理念，如"个别化""人性化""多媒体化""交互化"等，都是人本主义理念指导下在网络教育的重要范畴。

因此，网络教学环境中的人机交互、信息交流要"以人为本"，重视人性化设计。例如，网络教学支持系统的设计，应提供教学内容的动态适应机制，对于不同起点的学生，提供难易程度不同（教学目标一致）的教学内容；提供教学内容动态导航机制，根据学生学习进度和能力水平，动态调整教学内容的导航策略；提供音频交互功能和视频交互功能，使师生交流能使用人们所熟悉的人与人之间或人与环境之间的"自然"方法，等等。

2. 网络教学环境设计要以建构主义理论为指导

建构主义认为，知识不仅仅是通过教师传授得到的，更是学习者在一定的情境下，借助其他人（包括教师和学习伙伴）的帮助，利用必要的学习资料，通过意义建构的方式而获得。情境、协作、会话和意义建构是学习中的四大要素，而网络教学的学习体系中恰好体现了这四点，已成为建构主义学习环境下理想的认知工具。这就要求在网络教学中首先要确立以学为中心的思想，进而创设一个以建构主义理论为指导、生动而丰富的网络教学环境，使学习者能利用自己原有的经验去领悟学习到新的知识。

3. 网络教学环境设计要运用系统方法

网络教学环境是一个复杂的系统，无论是宏观教学环境设计，还是微观教学环境设计，都强调系统方法的运用。系统方法是网络教学环境设计的科学方法。

系统方法，就是运用系统论的思想、观点，研究和处理各种复杂系统问题的方法，即按照事物本身的系统性把对象放在系统的形式中加以考察的方法。它侧重于系统的整体性分析，从组成系统的各要素之间的关系和相互作用中去发现系统的规律性，从而指明解决复杂系统问题的一般步骤、程序和方法。其中，系统分析技术、解决问题的优化方案选择技术、解决问题的策略优化技术以及评价调控技术等子技术，构成了系统方法的体系和结构。只有运用系统方法，才能设计出最优化的网络教学环境。

（二）科学确定设计目标

进行总体设计时，要依照规划形成系统完整的目标体系。为此，要进行充分的调查研究。调查应当包括院校教育训练对网络教学环境的需求，现有教学环境对提高人才培养质量的影响和存在的问题等内容。同时，必须了解国家、军队对网络教学环境建设的要求和相关政策与标准，借鉴其他院校在网络教学环境建设方面的经验教训。另外，网络教学环境设计应达到什么样的水平、应具有哪些功能等，都要详细进行论证；对各构成要素的取舍、功能的划分、资源的搭配、关系的协调等，均应统筹考虑，以局部效果服从整体效果，形成各构成要素间优势互补、相得益彰的系统结构，以谋求综合效益的最大化。在充分调查研究的基础上，科学确定网络设施、站点设置、资源配置、开发应用和系统管理等方面的具体目标。

（三）抓好系统总体结构和功能设计

在建设目标确定后，要重点抓好系统的总体结构和功能设计。要对教学需求做进一步分析，把网络教学环境作为一个完整的系统来考察，用系统工程的方法确定各子系统，如网络系统、信息资源、应用系统、管理系统等相应的结构和应当具备的设计功能，从而形成完整的网络教学环境设计方案。

二、技术设计

技术设计是根据系统总体设计方案，确定实现系统目标和功能的技术实现方案。技术设计主要包括传输网络环境、客户端环境、数据中心环境、教学应用场所、软件平台、资源配置、应用系统设计和系统集成设计等内容。

（一）技术设计原则

现代信息技术的发展日新月异，新技术、新设备、新软件、新产品层出不穷。考虑到环境设计的影响作用具有滞后和长效的特点，也就是说，设计方案一旦付诸实践变成现实，它的成功与失误、优点与缺点都将长期存在和产生影响。所以，在进行技术设计时应坚持以下原则。

1. 前瞻性

前瞻性原则即网络教学环境设计要充分考虑未来技术发展的需要。这不仅包括数据库所选用的结构、数据所采用的格式、分类方法等开发内容的前瞻性，而且包括开发平台、操作系统、编程模式等具体开发技术的前瞻性。

2. 规范性

由于网络教学特别是基于Internet的远程教学具有地域广、技术复杂、参与主体多、教学内容多样等特点，大量网上学习资源难以实现共享，不同的教学系统难以互相沟通。制定网络教育技术标准，用标准化的办法保障网上教学资源共享和系统互操作，是解决这一问题的根本出路。因此，在设计网络教学的硬件和软件环境时，必须按照"现代远程教育资源建设技术规范"的要求进行。

3. 安全性

在网络教学环境设计中，技术安全性原则是每个设计者必须始终牢记并遵循的设计原则。它既包括防病毒、防黑客要素，也包括各级安全认证、电器运行环境、数据备份、防雷击等要素。只有运用先进技术，坚持安全性原则进行设计，才能确保网络安全。

4. 功能模块化原则

系统的各项功能采用模块化设计，便于系统集成、交流、移植和升级改造，降低系统维护成本，进而有效地提高网络教学效益。

（二）技术设计步骤

1. 进行技术需求分析

对网络教学环境的技术指标进行详细分析，包括网络传输和处理信息类型要求、入网站点及带宽需求、数据管理需求、安全性需求、可扩展性需求等，进而提出翔实的技术需求分析报告，建立完善的技术指标体系。

2. 搞好核心技术选型

有很多技术均可以在构建网络教学环境中使用，同样的教学功能也可以用不同的技术来实现。因此，具体采用何种技术不能单纯考虑技术的先进性，还必须考虑性能价格比。这就需要进行充分的网络技术动态调查，充分考虑所设计的网络教学环境对信息和技术的需求。对核心技术的选择，必要时可聘请院内外、军内外专家充分论证，最后选择合适的技术方案。

3. 搞好各分系统技术设计

对网络系统、资源系统、应用系统、支持系统等各级分系统进行技术设计，如网络系统的布线系统设计，应用系统的模块结构和应用程序设计等，都是重要的技术设计内容。要发挥专家和技术人员的聪明才智，依据总体方案中各分系统功能要求，制订好分系统技术设计方案。

4. 形成系统集成方案

系统集成方案是实施网络教学环境建设的依据。首先，必须厘清各分系统之间的逻辑关系；其次，分析各分系统之间的功能和技术关联；最后，选择合理的接口技术，实现整体系统的互联。系统集成是技术性很强的工作，要依靠技术人员进行，必要时可聘请专门的系统集成专家参与设计，提供技术服务。

第四章　计算机网络教学的特点

第一节　网络教学过程的交互性

一、网络教学交互

（一）交互定义

传统交互的概念是指互相、彼此可以进行替换。我们这里主要讨论的是教学中的交互，在教学中，交互作用主要体现在学习者与学习者之间的交流、教师与学习者之间的交流以及学习者与教学内容之间的交流。在学习的过程中学习者遇见不懂的知识可以与教师或是其他学习者在 BBS、论坛以及 QQ 群中进行及时的交流。

在教学中，杜威（Dewey）最早提出交互的概念，他认为，交互是在暗示某种情境中、个人与行为方式之间的交互作用。在现代教学中，交互方法使用较为广泛的是穆尔（Moore）的交互方法，穆尔将交互分为三种形式：学习者与学习内容之间的交互作用、学习者与教师之间的交互作用以及学习者与学习者之间的交互作用。教育学家贝茨提出两种交互：一种是从人本身来讲，另一种是从社会角度讲解。

（二）网络教学

网络教学是信息技术与传统课堂的有机结合，这种教学形式不仅是从手段上、形式上与传统教学明显区分开，还在教学观念、教学理念上重新给教学进行了定义，教学不仅在教室中进行，教师也不再是知识的唯一传授者，网络教学具有的开放性与跨时空性，使广大学习者在很短时间就接受了它。网络教学被定义为，教师利用计算机网络向学习者传递教学信息，或者是学习者通过网络获取学习知识。

网络信息更新速度快，网络教学上的知识具有时效性。由于网络上的信息是人人都能看见的，所以网络上的知识也具有共享性。在学习者使用网络进行学习的时候，难免会出现问题，这时候交互的重要性就被放在首位了。学习者在网络上进行学习，可以根据自身特点进行学习，个别化也是网络教学中的典型特点。

这种不受时空限制的教学方式，使越来越多的人享有了更多的学习机会，同时也让学习者学习更加便捷，学习者不用再为没有时间学习而担心、烦恼，网络教学的出现也使得终身学习、全民学习成为现实。

（三）网络教学交互

我国学者陈丽教授，针对穆尔的三种交互形式的学习过程会话模型进行了补充和发展，提出并建立了自己远程学习的教学交互模型。她认为，远程教学中存在三个层面的交互，这三个层面的交互作用分别是操作交互、信息交互、概念交互。其中操作交互是指学习者与媒体界面之间进行的交互；信息交互包括我们常见的穆尔的三种交互形式，学习者与学习资源的交互、学习者与教师的交互、学习者与学习者的交互；概念交互是学习者头脑中新旧概念之间的交互。

二、传统教学与网络教学中交互特点比较

（一）传统教学的交互特点

传统教学更加重视知识的传授，偏重基本原理、原则和方法的讲解，强调以教师为主体的教学模式。

传统教学有利于师生之间的情感交流，在交互过程中，教师与学习者是面对面的交流，教师可以根据学习者接受的情况随时对课堂把控，可以调动学习者的积极性。教师在上课过程中会潜移默化地传递教学理念。传统教学更加重视学习者对问题的分析解决能力，上课的过程中教师从学习者那里接受反馈信息，可以因人而异改变教学策略、教学方法，尽量满足每个学习者自身的学习特点。

传统教学重视的是师生面对面的交流，知识的传授通常是在传统的教室中发生。教学过程就是以教师讲解为主，学习者学习为辅。传统教学中，教学对象人数、年龄或知识程度有比较硬性的要求，国家要求招考的人数是固定不变的。因此，不会出现悬殊很大的情况和大幅度的变动。

（二）网络教学的交互特点

网络教学是基于 Web 的交互教学，主要是实现"教师—计算机—学习者"之间的知识传递。

网络教学的交互具有多样性，包括交互形式的多样性、交互对象的多样性。学习者在交互的过程中与教师是同步的；可以采用基于课程资源的个别化学习资源；也可以与同伴相互协作的学习。

网络教学的交互具有间接性。在网络教学中教师与学习者相对分离，学习者与教师之间的交流是非面对面的，他们之间的交互都是借助于网络媒体进行的间接性交互。

网络教学依靠网络进行教学，学习者与教师处在相对分离的状态，这种交互可能是不同时不同地的交互，因此，网络教学可以达到想学就学的效果。网络教学都是在网络虚拟环境中发生。这种教学强调的是学习者的学，不重视教师的教，教师的目的是引导学习者进行学习。学习者在网上学习的过程中，学习者可以以单独形式存在，也可以以集体的形式进行学习。

（三）传统教学交互特点与网络教学交互特点比较

传统教学的交互与网络教学交互存在不同，以下从教学方式、教学环境、教学模式以及教学对象进行比较。传统教学重视的是学习者接受能力的提升，解决问题的提升；

网络教学重视的学习者探究能力的加强；学习者在传统教学中与教师的关系是面对面的交流，在网络教学中的交互是非面对面，教师与学习者是异地异步的交流。

三、相关教学理论

（一）学习实践共同体

学习实践共同体这个名词来自拉丁文"collununitas"，翻译过来是伙伴的意思。对于共同体的解释最早可以追溯到柏拉图的"DiaViouPaedeia"理论，而作为正式概念出现在教学领域，则是德国学者滕尼斯（Tonnies）于1887年提出的。这就是学习实践共同体的一个基本发展过程。

学习实践共同体的英文形式是"Learning Community"，有些文献将其翻译为"学习社区"或是"学习共同体"。在传统教学中，学习实践共同体一般是由学习者和教师共同组成，他们都是以完成相同的学习任务为根本，为了促进学习者的全面成长而组合在一起，学习实践共同体强调是通过人际交往、交流、沟通以及分享自己的知识为目的，成就相互促进，共同进步，让学习者见证团结合作的力量。

学习实践共同体的本质特征：教育对象的主体性；社会关系系统的开放性；学习实践共同体中成员具有一定的组织性。在学习过程中，学习者都是为了更好地学习知识，在同一个愿景的前提下，共同加入一个共同体中。因此，学习实践共同体具有一定的组织性。

（二）社会互赖理论

社会互赖理论主要是研究合作中个体之间的相互依赖性。在完成一项任务的时候，群体中的个人都会为更好地完成任务付出自己的努力，一旦出现不懂的地方，每个人都会互相求助，在求助过程中，团队中的合作作用体现得淋漓尽致，群体在相互促进中共同努力，为了同一个任务相互鼓励，更好地完成任务。

社会互赖理论分为三种：积极互赖、消极互赖以及无互赖。这三种互赖分别是积极的促进互赖、抑制互赖作用以及在交互过程中根本就没有相互影响的作用存在。

（三）学习动机

学习动机是指在学习中可以直接推动学习者进行学习的动力，是在教学中促进学习者学习的一种手段、一种方式。

学习动机有时候也被称为"学习的动力"，促进学习者学习动机存在多种因素。这些因素多数都是学习者心理上，比如，学习者对于新知的追求；学习者自身的学习兴趣、爱好习惯等；学习者为了取得家长、老师的认可等外部诱因。因此，对于学习者而言，学习动机是学习的内部动力，学习者有了学习的动力才愿意学习。

对于我国国内的心理学家，他们将学习动机分为直接的学习动机和间接的学习动机。直接的学习动机是学习知识本身对学习者具有一定的吸引力，进而引起的学习内部动力。间接的学习动机是了解学习的真正含义间接改变对学习的态度。

学习动机的作用：学习动机可以激发学习者的学习兴趣，帮助学习者尽快进入学习的状态，自觉地进行各种学习活动；学习动机可以帮助学习者根据自身的学习特点，选择适合自己的学习目标，为自己量身定做学习目标；在学习者没有达到学习目标前，学习动机会促进学习者继续保持学习的努力程度，动机越强，努力程度就越高。

（四）建构主义

建构主义（constructivism）最早提出者可以追溯到瑞士的皮亚杰（J.Piaget）。他认为，学习主要分为两个部分："同化"和"顺应"。同化是将外部环境中的信息与自己的认知结构相结合，即是一个内化的过程。顺应指认知结构性质的改变。认知结构是从"平衡—不平衡—新平衡"的过程，在整个不断循环的过程中不断加深对知识的理解，提高并发展自己的能力。建构主义学习理论认为学习是学习者与环境交互作用的过程中主动地建构内部心理表征的过程，因此，建构主义强调以学习者为中心，认为"情境""协作""会话"以及"资源"是建构主义学习环境中的基本要素或基本属性。

（五）社会网络分析（SNA）

社会网络分析（social network analysis，SNA），在社会学中社会网络分析是一种描述人、组织、计算机等之间信息关联程度的分析模式，这种分析通常是以图形的方式呈现他们之间的关联性。在呈现的关系图中，节点被称为nodes，表示分析里面的人或是组织。连接线是每个人或是每个组织之间的关联。这样在这幅关系图中就能明显解释每个人之间的联系，在视觉上让人觉得更简单明了。目前，社交网络分析（SNA）已经逐渐成为一门极为重要的技术，在这个信息时代，越来越多的学科研究开始采用社会网络分析技术分析被研究者的交互作用。这里的分析包括：用户的行为分析、用户的情绪分析、用户参与度分析等。

四、网络教学师生交互策略研究与模式设计

针对以上问题，依据教学理论对其讨论、探究，寻找解决方案，以下从三个角度进行分析。分别是从学习实践共同体的角度、社会互赖理论以及学习者学习动机的角度进行分析，依据建构主义的理论提出应从"教师为主导—学习者为主体"转变为"教师为引导—学习者为主体"的教学模式。

（一）完善构建网络虚拟环境下学习实践共同体的策略

1. 开发商提高对交互的重视

从根本上对交互的观念进行转换，不仅在教师的思想上得到转变，在公司或是开发团队的本质上也要得到转变，为了让更多人使用它们生产的软件或是系统，交互作用必须得到极大的重视，只有从传统观念仅提供资源转变为更多的学习者提供课后交互辅导学习，这样的设计才是更加人性化、更加便捷性。

所以转变传统观念不仅是指网络环境下教师的观念进行转化，同时也包括制作者的观念，只有从实质上进行改革，交互作用才会更受重视。这样的教学才会达到更好的教

学效果，学习者的学习效率也可以提高。

2. 重视教师的主导地位

传统观点认为：网络教学只是课堂学习的辅助手段，这种观点需要及时扭转。现代社会越来越多的人选择网络教学进行学习，在学习的过程中遇见问题，需要及时解决，这时候必须注意网络学习中交互的重要性。在网络教学中，教师需要转变自己的身份，在现代网络教学中教师不再是课堂的"指挥者"，教师要做的是帮助并指导学习者更好地进行学习。

在网络环境下进行交互的同时，通常学习者希望自己存在的问题，能够第一时间得到专业的帮助、讲解，他们更希望得到老教师或者富有经验的教师的帮助，所以有些老教师或是经验丰富的教师不愿意参与到网络环境中的这种思想就要及时被扭转过来，因为只有他们才能解决学习者在网络虚拟环境中遇见的问题。因此，只有这样在网络环境下进行的交互才会变得更加便捷，这就要求教师要转变自己的传统观念，不断扩大自己的知识储备量，提高信息技术知识，增强自身的信息素养，让课后辅导变得更加的强大。交互过程中最为重要的是教师的参与，只有教师积极参与其中，这样网络教育中的交互才能从根本上得到重视。

3. 加强教师队伍建设

在现代网络虚拟环境下的教学，交互作用显得尤为重要，在交互过程中包括教师与学习者两部分组成，网络教学中的教师应该是一个教师团队，而不是一名教师单打独斗的场面，需要主讲教师、课后辅导教师以及专门提供帮助的咨询教师组成，教师团队在交互过程中应保证每天至少有两名教师处于在线状态，这样当学习者在网络学习的过程中遇见问题，教师才能及时给予帮助，有助于提高学习者的学习效率。在以上实验中也发现，当教师参与到学习者的讨论过程中，学习者本身的学习兴趣得到了极大的提高，同时由于社会促进的作用，导致更多的学习者愿意选择加入讨论过程中。如果教师数量不足，那么学习者一旦在有效的时间内存在的问题得不到解决，将导致学习者的学习兴趣下降。所以保证教师的数量在短时间内是可以提高学习者的学习效率。

网络虚拟环境下进行交互的过程中，虽然教师的数量增加了，但是同时教师的质量也是一个极大的问题，这里的质量不仅仅是作为一名合格教师应具备的专业知识，更为重要的是信息技术能力。

很多老教师具有相当丰富的经验，但是他们对信息技术存在畏惧感。他们希望可以利用信息技术进行教学，同时他们也担心个人原因导致他们在信息技术方面存在不足，所以就会导致网络上虽有名师，可是名师的交互参与性极弱。因此，老教师应提高自己的信息素养能力，扩大自己的知识面，及时的融入新的教学环境中，帮助更多需要帮助的学习者。

这里说的教师的质量，还包括教师要根据学习实践共同体中学习者的情况，提供更加适合的帮助，这样就能确保交互功能更好地实现。网络教学环境下的教师应该及时关注学习者的情况，经常对学习者在讨论群中的状态进行观察，保障更高质量的交互。教师应能控制学习者的自主学习，当发现学习者在讨论组中讨论的内容发生明显的偏转的时候，能够及时给予帮助，及时制止，以免学习者出现迷茫的学习状态。

因此，网络虚拟环境下师生之间的交互一定要注意教师的数量与教师的质量，如果只具有足够的教师数量，而不具备教师应该有的质量，当学习者在讨论群中发问时，没有教师能给予解答，学习者的学习效率也不能达到好的效果，所以网络环境下应该注重教师数量的配备，其次最为重要的是教师质量的保证，只有当教师质量得到保证的时候，交互作用才能真正发挥它应有的作用。

（二）基于社会互赖理论的解决对策

在网络环境的交互过程中，应该多考虑让教师参与到交互之中。当教师参与其中时，对学习者产生一定积极的作用。比如，可以让学习者放心，需要帮助时会随时在线给予帮助。

学习者在交互的过程中更愿意与教师进行交流，这样他们可以直接得到问题的答案，并且知道如何解决自己的问题，同时也可以帮助他们节约更多的时间去思考其他的问题。

在教师参与的讨论中，学习者会选择更加积极主动的交流方式进行讨论，愿意将自己的想法说出来；同时在讨论过程中教师可以随时关注学习者的想法，更正错误的地方，使学习者少走弯路。

因此，教师的参与会提高学习者的学习效率，研究发现教师在线状态学习者参与程度很高，愿意将自己的想法说出来，这样有助于学习者的交流，提高学习效率。当教师提出问题，学习者参积极参与，每个人都共享自己的想法，相互帮助，相互鼓励。由此可见，社会互赖理论在网络虚拟环境交互中起到重要作用。

交互是教师与学习者在网络交流的一种形式，当交流通道畅通时，学习者的学习效率会得到明显的提高。如何确保交流是畅通的呢？这就要借助社会互赖理论。

社会互赖理论中学习者在共享的状态下相互扶持、相互进步，共同学习，在整个网络教学中，交互部分应该配备一些有专门经验的教师做后期的辅导，这样学习者参与性会更高。在这种教师参与的交互中，讨论群中的内容会变得更加的专业化，让更多的学习者可以在最短的时间里学到更多的知识。当学习者讨论的内容偏离主题时，教学团队中的教师可以及时地制止，帮助学习者更好地学习知识。所以，应配备专门的教学团队。

（三）网络环境下提高学习者学习动机的策略

网络虚拟环境下师生之间的交流通常是在不同的地点、不同的时间进行的，所以教师与学习者是非面对面的交流，学习者面对的是冷冰冰的显示器，在网络交互中，教师的作用不仅仅是指导学习者进行网络学习，帮助解决学习者在学习过程中遇见的难题，更为重要的是在交互的过程中教师能使用更为积极的词语进行交流。

教师的状态会影响学习者的学习状态，学习本身就是一件枯燥的事情，在学习的过程中如果遇见问题，学习者的心情也会处于焦躁状态，所以，及时帮助学习者进行心理疏导在交互过程中显得极为重要。

对于这种状况，应在以下两个方面进行解决：

对于网络环境交互过程中的教师来说，教师必须在短时间内发现学习者的心情变化，在交互的过程中教师不能只注意自己知识的讲解，当学习者没有任何反应的时候，要及时对学习者进行提问；发现学习者出现问题，要适当放慢讲解的速度，保证学习者能理解。针对学习者人数较多时，教师必须能够把握整体讨论的内容，不能让学习者自由讨论，应更好地控制讨论过程。

对于设计者来说，在制作交互这一模块时，需要注意交互的便捷性，让学习者在短时间内掌握如何使用交互模块。这样学习者愿意参与其中，简单明了快速地使用交互模块，学习者的情绪也可以得到保证。

为了保证学习者在网络虚拟环境下学习效率得到极大提高，必须要注意学习者情感态度上的变化。在整个研究中，研究者观察到，当教师肯定参与者答案的时候，参与者往往会很积极的学习新的知识，这样提高了学习者的学习效率。根据"马斯洛的需要层次激励理论"，自我实现的需要是最高层次的需要。因此，只有从学习者内心去关心他们，学习者才会在网络这个冰冷的环境感觉到人性的温暖，这才是人性化的教学。

（四）基于建构主义"引导—主体"的教学模式

在建构主义中，教师在教学中起主导作用，学习者是主体地位。重视学习者学习的情景以及学习者学习时的状态，何克抗教授提出"教师为主导—学习者为主体"的教学模式，但这种模式在网络教学中应用的不是很贴切，在网络环境中教师的作用应该转变为教学的引导者，教师与学习者是非面对面的交流，教师无法主导教学过程，因此本书为了更好地强调学习者在网络教学环境中的主体地位，更好地结合网络教学，提出教师为主导应转变为教师为引导。这样教师在网络虚拟环境中的交互目的更加直白，引导学习者完成独立思考的过程，培养学习者自主学习的能力。针对这种教学模式，从以下几个方面进行论述。

1. 教师引导作用的实现

教师在网络环境中要根据学习者的状态适当的调整讲解速度。当今很多网络课程中的交互都采用论坛、QQ群以及YY语音等方式，这里的交流方式分为两种。

（1）教师与学习者是一对一的交流

对于这种情况，教师应尽量适应学习者的学习特点，尽快找到适合该学习者的教学方法。在整个讲解过程中，教师应多注意学习者的语气，提问之后回答问题的反应速度。若是方法学习者不能很好地适应，应尽快改变教学方法。此种引导真正做到个性化的教学，引导学习者自己寻找问题的解决对策，这才是网络教学的最终目的。

（2）教师与学习者是一对多的交流

对于此种情况，教师应尽量保证让每名学习者按照他们自己的学习方法进行学习，尽量让每个人都能按照统一的思想进行学习，发现即将偏离主题引导学习者走回正轨，提高每个学习者的学习效率。

2. 学习者的主体地位

对于很多交流方式，学习者只是信息被动的接受者，而不是信息的主动发出者，教师应根据学习者的学习特点设计教学模式、教学方法。让学习者按照自己固有的学习方式进行学习，多倾听学习者的声音，在网络环境中交互对于学习者来说每一次都是全新的体验，他们可以通过一次又一次的交流，找到解决问题的方法，因此，学习者出现问题，教师要及时给予帮助。从小事做起，让学习者感觉到自己受到重视。

3. "教师引导—学习者主体"模式

在网络环境下，教师的身份从传统教学中的教授者转变为教学的引导者，教师在网络交互中应重视的是对学习者的引导，由于网络教学是一种非面对面的交流，教师看不到学习者的反应。因此，教师不能按照学习者的反馈程度进行讲课，多数情况下教师是按照自己的讲课进度进行讲解，所以就会存在一些学习者听不懂教师的讲解，导致学习者的学习效率偏低。

网络环境下，教师讲课的过程中应该注重的是引导，授人以鱼不如授之以渔，教给学习者的是学习的方法，逐步引导学习者能够自己独立完成问题的思考。

以学习者为主体，在网络环境中学习者是学习的中心，这样的学习才是有效的学习。如果网络教学能引导学习者进行学习，教师根据学习者的学习特征帮助学习者设计教学计划、教学方法等，这样的网络教学才是真正做到"教师为引导，学习者为主体"。

综上所述，教师引导学习者进行学习的过程在交互中占有很大的比例。只有了解学习者的需求，才能真正提高交互效率，提高学习者的学习效率。

第二节 网络教学资源的共享性

一、信息化时代网络教学资源共享的重要性

建设覆盖城乡各级各类学校的教育信息化体系，促进信息化教育资源的普及与共享，推进信息技术与教育教学深度融合，对于提高教育质量、促进教育公平、构建学习型社会及人力资源强国有重大意义。因此，高校应充分认识网络教学资源整合与共享作为推进教育信息化其中一环的重要性与必要性。

（一）有利于减少资源重复、低质量建设

目前，各类高校积极利用网络教学资源，谋求高校网络教学的发展与实践，搭建自己的网络平台和信息资源库，并设置用户权限与管理权限等。各类高校之间通过网络平台实现网络教学资源的整合与共享，可打破高校间的信息屏障，集中资源优势和特色实现互通有无，也避免了高校对同一类型教学资源的重复建设情况，节省人力、物力、财力。教师及学生对资源的内容及质量要求也越来越高，仅依靠校内资源网是无法满足的，高

校需整合和完善区域内甚至国内外优质教学资源作为发展后盾，实现资源的可持续更新，避免低质量资源重复使用的现象。由此可见，网络教学资源的整合与共享可实现资源的高利用率，避免资源重复、低质量建设。

（二）有利于营造线下线上的良性教学环境

由于网络教学的飞速传播，学生对网络教学兴趣日渐浓厚。教师群体为满足学生成长需要，也开始转变传统教学方式，运用网络教学模式，教师与学生之间的交流形式不再局限于传统课堂，通过网络教学进行教与学的新型沟通；也不再满足于以往的课堂教学资源，对各类教学资源的整合与共享变得较为迫切，参与教学资源的整合与创新是新时代对教师队伍的又一次重大考验。教师群体利用自身知识及能力，对网络教学资源及课堂教学资源进行整合与创新，转变为学生主体易于接受的知识与技巧，不仅有助于学生的成长，而且有助于教师自身专业素养的提升，更能对教学资源的共享及教学进度进行全面把握，实现优质课件及教学资源在网络的快速传播，形成良好的网络教学环境。线上、线下教学资源的相互补充与利用，不仅可实现学生的全面成长，而且为师生营造了良好的共享互助教学环境。

（三）促进高校间网络教学资源协同均衡发展

网络教学资源的整合与共享，推动了各类教学素材库的共享和教学模式的多样化发展，实现优质教学资源的整合和再利用，可为不同区域、不同类别的高校提供成功的教学经验和丰富的教学资源，并通过这些教学资源提高教学水平与教育质量。不同区域有着不同的教学特色与文化风格，通过资源的共享与整合还可实现文化的交融互进，使区域间的教育实现互惠互利。同时，各类高校教学水平及质量有差别，网络教学资源建设高低不一，进行网络教学资源的整合与共享还可帮助高校之间缩短教学质量差距，加速对优质教学资源的收集与学习，从而缩小与高水平教学高校的办学差距，实现区域、校级之间网络教学资源的均衡发展，进而形成协调发展、共同进步的全新局面。

可见，充分整合与共享网络教学资源还可缩小地域间教育水平差距，促进高校间网络教学资源的协同共进。

（四）加速实现教学知识体系完整性

网络教学资源大量存在于网络中，需参与者进入其中利用自身能力和技巧自主搜索所需内容与知识，以实现对知识的掌握。高校作为网络资源的参与者，也需要发掘并提取优质资源，而进行网络资源的整合与共享不仅可帮助高校快速从海量网络资源中获取自身所需的教学资源，而且可使大量无序、复杂、隐蔽的网络教学资源得到再造和重塑，实现彼此间的转换和集成，进而促使整个网络教学资源成为不易分割的整体，使各类资源无缝衔接，进而重构高校教学资源体系。通过网络教学资源整合与共享，帮助高校建立系统的教学资源体系，进而可实现高校教学知识的转化和系统化建构，实现对教学知识的整体调用和瞬间抽取，使教学知识从分裂割离状态迈入整合一体化状态，提高教学知识体系的完整性。

（五）提升网络教学质量的现实所需

随着教育信息化的发展，教师逐渐开始应用网络设备及智能化设备进行网络教学。相较于传统教学模式，网络教学对教师的专业素养和信息技术能力提出更高要求，同时学生不满足于传统教学所带来的知识普及和技能提升，希望通过网络教学形式来提高学习能力，这些要求可通过网络教学资源的整合和共享来实现。网络教学资源的整合和共享，不仅可帮助教师提升对资源的检索度，还可加速对网络优质教学资源的利用，提取更适用于自身的教学素材和资源，形成自己的网络教学资源库，运用优质资源提升自身的教学水平，更新教学模式，从而帮助学生更好、更快地掌握所学知识。此外，学生通过被整合和共享的网络教学资源，可快速实现知识查找，节省不必要的搜索时间，获取更多时间学习新的知识。经过网络资源的整合和共享，教师及学生均可实现更高效率的教与学，对提高网络教学质量起到重要作用，满足了教师和学生的现实需求。

（六）加强校企合作，吸引社会优质资源

网络教学资源的发展和使用是专业知识与信息技术的融合产物，离不开社会及企业的技术支持和资金支援。整合和共享网络教学资源，可吸引企业投入技术、人力、物力等支持，使高校发挥专业优势、企业发挥物质及技术优势，加强校企合作，建立长效合作机制，形成优质资源的良性循环和持续不断开发，保持网络教学资源的永久动力，并实现校企合作共赢和互惠互利。同时，优质网络教学资源不仅可帮助学生提升知识境界和眼界宽度，更可促使学生成长为社会所需、企业所求的高素质复合型人才，帮助企业实现对人才的开发和培养，实现企业发展的长远规划。

此外，网络教学资源的整合与共享还可吸引社会优质资源的融入和参与，整合社会各界优质力量共同筹建优质教学资源库，形成共建互享的网络氛围，减少复杂、纷乱资源对社会及高校的干扰，营造良好的网络环境，为企业、高校、社会各界提供优质的网络合作平台。

二、信息化时代网络教学资源共享共建的策略

为顺应资源整合发展趋势，提高学生学习及教师教学的效率，国家、地方政府、高校、相关企业必须通过一体化、数字化、信息化顶层设计及指导，构建资源共享的信息系统，形成整体化的支撑应用环境，促进多级平台的有机整合和协同合作，共建共享科学、高效、优质网络教学资源综合应用平台。

（一）尊重资源共享者利益，加强知识产权保护

网络教育资源的共享与整合，应首先关注资源创作者的知识产权，采取必要手段为高校之间、个人之间共享资源提供解决路径。一方面，高校之间资源共享应引入外力资金支持，减少学校共享资源的成本，打消优势学校的成本顾虑，同时加强对校域间共享资源的行政干预和监督，组织优势学校共享教学资源，洽谈具体合作条件，开展多轮对话与博弈，帮助高校间达成具有双方约束力的合作协议，并愿意共同遵守双方利益，促

成共享资源目标的实现,确保各类学校在共享中获得应有收益。另一方面,教师作为版权所有者时,为保护版权所有者的创作激情和成果,实现更多的网络资源共享,也需加强对其知识产权的保护。高校或相关机构应建立网络资源协议储存数据库,根据版权所有者的要求创建共享协议并进行资源储存,需求者与版权所有者相互约束,既保护了教师的知识产权,也实现了资源共享。

(二)提升教师信息化水平,打造专业化队伍

网络教学资源的整合与共享离不开教师主体的力量,因此,高校必须加强教师信息化水平的建设,并提高其对信息化资源重要性的认识,打造既具有学科扎实功底又熟练掌握信息技术的教师资源开发队伍。首先,高校要充分调动一线教师参与共享资源建设的积极性,为优秀教师颁发任命聘书,肯定其学科优势和责任优势,积极带头主持学科栏目的网络化共享建设。其次,高校应定期组织信息化建设培训,提升教师的信息化水平,帮助教师明确网络规范,了解最新的网络共享制度,并掌握网络教学资源的后台管理和多元化操作,促进教师信息化水平的不断提高。最后,高校还应加强对骨干教师的激励和考核管理,促进多学科教师的联合交流与互动,共同为网络教学资源的整合与共享提方针、提想法,打造一支专业化、多学科的网络共享团队。

(三)拓展学科内容特色化建设,强调资源分层整合重要性

网络教学资源的整合与共享除了需树立整合意识和全局思想以外,还需注意各系统之间的差异性,尊重学科的专业性,建立不同的学科专业化模块,并建构模块之间的联系。整个数据库的共享与组合建立在各业务模板的整合基础上,首先要尊重各自模块的独立性,才能实现数据集成与应用,实现跨系统的信息内容关联、管理流程关联、信息服务关联,形成既独立、又集成的应用环境,支撑起学生主体的数据查找、数据学习、数据分析等功能建设。同时,提高学生主体对不同学科模块的熟悉程度及选择利用能力,在最短时间完成对学科的自主选择和有针对性内容提取。

此外,资源共享还需强调资源系统间的结构性,把握每个系统的主体地位及责任,通过分层整合实现系统的优化管理,实现软件、硬件、管理、数据服务、数据安全等多系统的一体化构建,既保持联系,又相互独立,最终服务于学生群体及其他参与主体。

(四)建立健全激励与考核机制,促进资源共享兼容

网络教学资源的整合与共享建设需大量时间、人力、物力投入,难以在短时间内取得实效,期间会面临方方面面的困难与问题,是一个持续动态扩展的过程。因此,需建立评价考核机制和任务监管机制,负责考核、审议、监管、督促和管理资源共享中遇见的各类任务,以确保网络教学资源不断高速、有效运转。一方面,教育相关部门应建立相对公平的激励制度,保证高校在资源整合与共享中的积极性,对资源开发和共享做出贡献或提供原创优秀资源价值的高校及教师个人给予物质或放宽使用权限的奖励,既能保证高校及个人积极参与资源共享过程,又能提升共享资源的质量。另一方面,还应该建立相应的考核评估制度,打消高校不愿参与共享的思想顾虑,消除资源壁垒对高校间

共享的阻碍，对于资源使用者进行评估和分析，为二次开发和共享提供依据，同时也对不足部分进行修正和完善，促进资源共享兼容。

（五）明确资源整合共享内涵，挖掘吸收数据源价值

当今社会是一个注重综合发展且以复合型人才为主要培养目标的社会。因此，高校有必要明确网络教学资源整合共享的实质内涵，即以社会主义核心价值观为指引，以培养德、智、体、美、劳全面发展为目标，力争从海量、隐蔽的网络教学资源中将有价值、有意义的网络教学资源进行筛选、使用、分类，以适应学生需求，着重强调对学生的实用性、高效性，既提高学生整体的素质及能力，又进一步提升网络教学资源质与量的双增长。高校理解和认知网络教学资源整合和共享的实质内涵，才能更真切地付诸行动和实践，促使其投入人力、物力、财力并寻求合作共享其他高校的优势资源，共同建立有利于资源共享的制度保障体系，促进资源开发力度和共享效益。同时，各高校要加强对数据来源的挖掘和保护，积极鼓励原创教学资源的开发和创新，提供资金、制度、政策等支持，提高高校、个人、企业等群体对优质教学资源的创造热情，共同致力于网络教学资源建设和开放共享。

（六）统筹资源共享机制标准，构建互联网络共享平台

网络教学资源数量不断增多，各种类型的教学资源充斥于网络中，部分资源的内容相互重叠且质量参差不齐，学生选择优质资源耗费时间长，影响了其使用积极性。同时，各高校建立的网络教学资源平台也因各自理念、体系结构、地方特色、开发方法等差异，信息沟通与共享上存在壁垒。

鉴于这些问题，建议相关部门建立国家层面的可统筹资源规划的教学资源共享机制标准，引导高校在资源共享和整合中注重操作规范性、兼容性、开放性等要求，并遵循统一标准化规范，构建互联互通的网络共享平台，便于把各高校不同网络教学资源整合到共享平台中，使共享平台可在不同终端设备、不同操作系统中实现兼容，进行大范围运作，提高网络教学资源在人才培养方面的作用，进一步推进"互联网＋教育"背景下的高校信息化建设。

第三节　多媒体信息的综合性

综合实践活动课程是课程改革中的一类新型课程，它注重实践性、突出开放性，强调学生自主学习和亲身实践经历。但课堂氛围相对而言显得比较抽象、单调、乏味甚至是枯燥。随着计算机信息及网络技术的不断进步和日臻完善，多媒体教学受到诸多教师和学生的青睐。多媒体信息技术为综合实践活动教学提供了良好学习契机，既增强了直观性、情境性，又使学生的课堂主体地位得以真正确立，使自主学习、探索学习、协作学习得以真正实现，极大地激发了学生的学习动机，培养了探究意识、创新精神和实践能力。

一、利用独特优势,创设逼真情境,激发学习热情

在教学中创设情境,激发学生兴趣,他们参与学习的欲望才会强烈。学生的学习情绪被调动,才能无拘无束地投入学习中。学生积极参与实践活动中,他们的潜力才能得到最大发挥,进而使学生的创新思维、创新能力得到发展。

二、运用多媒体的辅助作用,提升学生的研究能力

多媒体作为一种新兴的教育形式,在学生进行综合实践活动研究过程中有着明显的优势,它弥补了传统研究活动的不足与缺失,提高了研究的效率和成效。学生可以参与各项实验、练习和操作。用多媒体的辅助作用不仅解决了研究中遇到的难题,提升了学生的研究能力,而且多媒体以鲜艳的色彩、优美的图案,直观形象地再现了客观事物,充分刺激学生的感官,调动学生的积极性,吸引长期的注意力,以轻松愉快的心情参与教学活动中来。

三、与传统教学有机结合,巩固研究成果

传统教学中最具代表性的就是讲授法,它是一种最直接、最有效的教学方法,可以让学生减少探索时间,避免走弯路。它有助于形成知识的系统性,有助于基本技能的培养。但是,在传统课堂教学模式下,教师很少在指导学生自学、要求学生自己独立地论证某个观点上下工夫。久而久之,学生对教师的讲课产生依赖性,学习基本上是被动地接受,渐渐形成一种"填鸭式"的教学方法。而多媒体教学也有自己的不足:助长了教师及学生的惰性,减少了课堂上师生之间的有效沟通。

在综合实践活动过程中,如果将多媒体教学与传统教学有机结合,既可以充分利用传统教学的调控作用,填补多媒体教学过程中遇到的弊端,也可以改善传统教学的单一与满堂灌,改进教的枯燥无味,学的被动无趣,从而丰富学生的实践活动,培养创造性思维,极大地激发学生的学习动机,培养探究意识、创新精神和实践能力,强化巩固综合实践活动课程的成果。

四、打破评价包办制,使评价活动全员参与、贯穿始终

综合实践活动不仅重视课堂教学的评价,也重视活动过程的评价。评价渗透于综合实践活动的每个环节,它是提高综合实践活动的有效性、确保学习质量的一种主要策略和机制。

总之,多媒体信息技术在新课程改革背景下,对各学科起着潜移默化的作用,尤其对综合实践活动这门新兴的课程,它的引领、配合、辅助作用日益明显。因此,需要一线教师更新教育观念、创新工作模式、丰富教学手段,使综合实践活动课程的发展更加科学化、系统化、时代化。以多媒体信息技术为依托,综合实践活动课程发展将更加给力。

第四节 教学方式的先进性

一、基于 PBL 的计算机网络课程教学方式探讨

计算机网络是一门理论和实践相结合的课程，PBL（Project-Based Learning）教学模式是以问题或项目为导向的教学方式，将学习内容融合于问题或相关任务中，重点是把学习内容融入相关应用场景之中。通过学生自主学习、自主探讨和相互讨论来解决问题，从而学习更多网络知识，掌握解决问题的技能和自主学习的能力。

计算机网络课程是计算机相关专业的核心课程，主要是理论知识的学习和实践能力的培养。其作为专业核心课程在专业课程设置中起到了十分重要的作用，对该课程的掌握程度直接影响学生的就业或发展方向。该课程需要掌握计算机网络的基本通信原理、概念、网络操作系统的应用以及网络设备的配置，对教学方式也具有较高的要求，传统的教学方式现已无法达到应对共享时代的需求。因此，在教学过程中应融入新的网络技术、新的教学模式和教学方式来满足该课程的教学需求，本书基于 PBL 教学模式的计算机网络课程教学方式进行探讨。

（一）融入 PBL 教学模式

1. PBL 教学法

PBL 教学在电子科技大学成都学院得到了广泛应用，如计算机学院各专业都开设有 PBL 项目实践课程。PBL 教学法是以问题或项目为导向以学生为中心的教学方式，在教师的指导下"以学生为中心，以问题为基础"。学生通过相互讨论围绕问题独立学习，分析和解决问题，培养学生自主学习能力的教学模式。

PBL 教学法中项目或问题是知识学习的依据，教学过程中提出问题后，学生围绕问题学习相关内容，以问题为导向重点是学生自主学习，与传统教学方式完全不同。PBL 教学法要让学生通过一定的应用场景借助相关专业技术人员的帮助，得到解决问题的方案，学习相关理论知识形成知识库相互共享学习资料，相互交流从而得到较好的学习效果。

2. PBL 学习目标

在互联网平台支持下的 PBL 学习环境中学习问题和信息获取是两个非常重要的因素。为解决问题需要建立开放式的学习环境，从而使学生获得更多、更全面的知识。在 PBL 教学方式中，注重问题的相关知识获取和解决问题的能力。获取与问题紧密相关的知识从而解决相关问题，这样既可以高效学习又可以得到解决问题的最优方法，从而形成知识库让学生可以全面、系统地学习相关知识，达到理想的学习效果和目标。

3. PBL 教学方式的要素

（1）教学用例

基于教学目标以项目或问题为学习核心，精心设计优质的教学用例。这也是教师组织教学工作的核心，要以多样化的方式呈现，如案例、真实项目作品、过程模拟等。教师对教学内容的设计以满足岗位需求为主，教学用例目标要明确，内容要在认知结构框架之内和覆盖课程知识体系。设计问题可考虑从生活、学习和工作的案例出发，学生比较熟悉且感兴趣的案例最佳。

任务的实施过程要具有连贯性，引导学生在完成任务的过程中认真分析问题和解决问题。学生在学习教学用例解决问题的过程中，挖掘重要信息，进行思考和逻辑推理，学习并形成自己对网络知识的认知和理解的相关知识库，并且能够掌握解决问题的相关技能。

（2）交流分享学习

PBL 教学过程中教师是引导者，交流分享和相互学习比较关键，引导学生对设计的项目方案和计划进行不断的优化和迭代，指导学生负责相关问题的学习进行师生间或组内成员间的交流分享。分组交流分享要以学生为中心，分组人数一般限制在 3~5 人，在组内对项目方案和计划的相关知识展开学习和交流。学生主要获取相关知识资源形成知识库，教师主要是帮助、促进每个小组的学习，协调各组间的技能交互分享等。各组成员必须有明确具体的分工，团队学习过程中每个成员负责自己的工作任务。学习过程中各成员要相互合作和激励，不断提升自己的研究能力和实践动手能力并发挥团队协作能力。

（3）任务实践与考核

教师提供学生参与学习的项目方案及任务，学生通过学习理论知识以及项目实践的实施，主动学习解决项目中的问题和完成任务。在任务实施过程中教师最好是要做到有考核、评分量化、详细评分标准等，让学生在完成任务的过程中主动学习、善于探索的学习，达到能解决实际问题的目标。当学生遇到问题鼓励他们通过相互探讨、查阅资料、教师指导等方式获取信息或掌握相关技能。重视学生实际操作技能的考核，开展分阶段式的考核机制，建立学生电子档案库做到考核有记录。记录每位学生的学习情况和项目任务完成情况，并公平公正地反馈学生的实际水平。

（二）PBL 教学模式探讨

1. 角色转变

通过近几年的教学活动总结得出，计算机网络课程的教学需将教师和学生的角色进行转变。学生的被动学习要转变为主动学习，分析和解决问题都是以学生为主。教师要起到正确引导、激励学生的作用。在角色转变过程中，教师要让学生自主、发散、自由的学习探索，不能过多地干涉学生的自主学习过程。

学生要以问题本身为出发点，分析和解决问题。师生之间或学生之间都可以展开对问题进行讨论，分享解决问题的方法和过程。师生的角色转变有利于共同成长，达到相互提高，不断提高自己的分析、判断和自学能力。

2. PBL 教学实施过程

（1）转变教学观念

在计算机网络教学活动过程中，大多数高校理论和实验都采用集中的方式授课，这与 PBL 教学方式在教学组织形式和理念上存在较大差别。在实施 PBL 教学过程中，教师自身应不断学习，课堂角色要转变从前台转向后台。由讲解转向引导，指导学生认知学习方法和技巧策划教学用例及教学内容，完成教学资料为学生提供学习资源，教师必须注重在教学过程中的角色和过程把控，确保教学质量。

（2）教学用例设计

PBL 教学方式通过问题或项目任务，学生要学会自主探索解决问题。教学设计要以问题为驱动设计教学任务，确保整个项目任务前后要相互连贯，使学生要有切入点，具有连续性和渐进性。教学用例对学习目标要有引导性，问题或项目任务的设计要紧扣教学内容，对理论知识点的掌握和专业技能的掌握等要进行综合考虑来设计。

（3）引导问题识别

引导学生合理识别问题、探讨问题，并鼓励他们深层次的分析思考问题。正确引导学生，让学生自主融入学习应用场景中，积累相关专业知识，培养学生专业技术能力，并且让学生具备在基础知识之上探索、挖掘掌握相关知识内容，采用探讨和叙述相结合来描述对问题的理解。组内成员之间应相互交流和分享对问题的认识和理解。学生对学习内容和知识进行梳理，掌握相关理论知识和专业技能解决实际问题。

（4）协作和分享学习

基于应用场景的识别与运用，形成具体要解决的实际问题，提出相关解决方案并详细分析进一步挖掘问题。将理论知识应用到解决具体问题之中，利用相关理论知识和专业技能解决实际问题。开拓学生自主学习的专业领域，主动分析发挥组内成员讨论和分享他们对问题的看法以及解决方案，进行专业系统的学习和探索。以小组为单位开展内部学习和交流，最终总结和归纳对问题的解决方案进行分析和总结，基于 PBL 的教学模式对问题进行思考、探索相关领域的理论知识和专业技能。

（5）建立考核评价体系

PBL 教学模式评价主要目的是加强学生与教师间的知识交流，促进学生综合能力的不断提高，使学生不断进取和自我更新，从而全面地学习计算机网络知识。对考核的相关反馈信息，教师应及时对教学过程进行整改和反思，从而优化教学过程，学生也应及时对学习方法和过程进行反思和总结，促使 PBL 教学模式中的师生共同进步。PBL 教学考核体系应呈现出多元化和多样化的特征，教学考核主要是激发学生学习知识，对知识进行探索达到解决实际问题的目的。通过 PBL 教学模式的教学效果及过程考核，培养学生的团队合作能力及学生对 PBL 教学的适应性，教师在教学过程中要全程把控。注重教学实施过程中学生的参与度和课堂表现，不仅是教学结果，还有学生自我评价、自我总结、过程考核和师生间相互评价。

（6）课程与认证相结合

计算机网络课程在掌握理论知识和技能的同时，鼓励学生参与计算机网络相关职业技能证书的考试，从而促进学生更好地就业。引入岗位技能和网络职业需要掌握的内容，将计算机网络相关证书考试内容融入课程教学标准中。将计算机网络教学内容与职业资格认证考核，如网络工程师、计算机等级考试等内容相结合。

3. 教学方案分析

（1）提出问题

教师在准备项目或提出问题时，应综合考虑项目或问题所涉及的内容要连贯。例如，从网络体系结构中的物理层到应用层的运用，从网络硬件设备到软件的运用，从网络组建到网络运行与维护来展开讨论、学习、分析和解决问题。对计算机网络知识和技能尽量做到全覆盖，对项目内容划分成多个子模块，从而让学生全面地掌握计算机网络理论知识和专业实践能力。教学用例列举，电子科技大学成都学院要组建一个校园网，满足全校师生学习、工作的需求。校园网通过 Web 服务访问学校教务系统，通过 FTP 服务下载各种教学资料，通过电子邮件服务发送、接收邮件和整个校园的安全监控等。

（2）制订方案

方案制订可从功能需求分析、设备选择、综合布线、网络地址分配及规划、网络通信设备配置、网络测试与运行以及网络管理与维护等顺序出发进行设计。引导学生从校园网所面临的问题、校园网设计原则、总体设计方案、网络性能、预算成本和设备选择等制订满足解决校园网实际应用的方案和计划。

（3）迭代设计方案

教师在学生制订的方案中应有反馈评价，让学生的设计方案不断迭代和优化。

（4）探究与实践

方案确定后引导学生从最基本的双绞线制作与测试、网络组建与布线、通信设备的选择与配置开始。通过 Web 服务器和 FTP 服务器的配置解决校园网的需求问题，从而达到学生自主学习理论知识和技能的目标。

（5）交流分享

利用各小组的设计方案和实现的成果，开展相互学习交流、讨论，分享学习成果。

（6）考核和反馈评价

制订详细、科学的考核体系，如建立对理论的知识学习的知识库考核和实验技能的考核，并且每堂课都要有相应的考核标准与评价。

4. PBL 教学效果分析

为验证 PBL 教学方式的效果，在某大学计算机科学与技术专业选择了一个班级进行 PBL 教学方式进行实践。课前对学生的了解与测试，PBL 教学班级和传统教学班级的学生初始能力、认知水平、计算机网络知识基本相同。对一学期PBL教学的班级与传统模式教学的班级期末考核进行分析，结果显示，PBL教学的班级学生对理论知识掌握得更扎实、更全面，PBL教学班级的学生动手能力、自主学习能力、分析问题能力，特别是自我探索能力更强。实践证明PBL教学有助于激发学生的学习兴趣，使学生养成良好的自主学习、善于探索知识与技能的习惯。

计算机网络课程与PBL教学方式的深度融合，是不断提升教学质量的有效途径。PBL课程教学是一个漫长的系统化的工程。在实践教学过程中，首先要完善教学相关基础设施，其次要依托高素质教师队伍构建PBL教学平台，形成统一、流程化的教学管理模式，从PBL教学模式出发更好地服务学生并提高教学质量。

二、基于行动导向法的计算机网络课程教学方式的研究

计算机网络是一门集知识和技能一体、着重于实践的课程，要求学生既要学好理论知识，又要具有实际动手操作能力。当今社会需要创新型人才，传统教学法已经不能满足日常教学要求，计算机网络的教学方式改革已经势在必行。行动向导教学法注重创新和实践能力的培养，以满足计算机网络的教学要求。

（一）行动导向教学法基本思想

行动导向教学法提出于20世纪80年代，是一种新的教育思想。行动导向教学法与传统教学不同，不再以教师讲授为主，而是强调以学生为学习过程的中心，教师为学习过程的组织者和协调人。教师引导学生，培养学生对问题的分析和解决能力，因此深受广大师生欢迎。行动导向教学法的目的在于促进学习者个人、团队能力的发展，核心在于把行动过程和学习过程相统一，要求学生将脑、心、手共同参与到学习中，通过行为的引导，采用多种形式的教学活动，以激发学生的学习兴趣。

（二）行动导向教学法在计算机网络中的应用

计算机网络是一门实践性和操作性很强的计算机专业课程，采用合适的教学方式可以更好地提高学生的实践能力。

针对我院的具体教学情况，在计算机网络教学应该做出以下方面的改革。

1. 实现统一教学模式

采用教室与实验室相统一的教学模式。计算机网络注重实践，虽然我校在实验教学已有相当大的突破，但仍然存在不少问题。例如，实验教学时间无法满足理论教学的需求；学生在实验教学缺乏自主操作能力等。针对以上问题，学院应重新规划日常教学，尽可能最大化地利用实验室资源。教师在实验教学上，应按照学生的兴趣进行分组实验，实现一带一、一帮多的学习模式，提高学生的学习兴趣。在解决问题的过程中，教师应给予学生自由发挥的空间，允许学生出错，在出现本质性错误时，给予鼓励和相应的指导。

2. 创建课外实验教学

应建立计算机网络课外兴趣小组，有规划地对实验室进行开放。由于计算机类课程

要求的是学生的操作能力,而操作能力只有在不断地练习中才会长进,课堂实验已经不能满足要求,即适当进行课外实验是非常必要的。选取专业优秀的学生和老师共同组建兴趣小组,对不同程度的学生分别进行针对性辅导。

3. 改革教学评价模式

针对计算机网络课程应该采取灵活的课程考核方式,培养实践操作能力是该课程的重要目的之一,所以应加大实践操作的成绩比重,重视对实验、实践过程的评价。平时成绩(10%)、实验成绩(50%)和考试成绩(40%)共同组成考核成绩,平时成绩包括课堂提问、课堂作业;实验成绩包括课堂实验、课外兴趣小组;考试成绩包括理论考试和上机考试。

常言道"授人以鱼,不如授人以渔"。使用传统教学法教授计算机网络课程时,只是单纯的灌输理论上分析问题的方法,没有让学生自主地在实践中找到解决问题的方法,而行动导向教育注重以学生为核心,能够更全面地培养学生自主学习能力,全面提高学生的实践与操作技能。教学实践证明采用行动导向教学法不仅可以有效地解决计算机网络课程教学中存在的问题,而且能更好地适应社会对人才的需求。

三、SPOCs模式下计算机网络课程教学方式改革策略

计算机网络课程是在计算机发展和通信技术紧密结合背景下不断发展而形成的一门学科,系统、全面地介绍了网络体系结构、OSI 参考模型、局域网技术、数据通信基础、数据交换技术、网络互连及 TCP/IP 协议等,其理论知识很复杂,涉及了大量概念、定义,而且对学生的要求较高,需要学生系统地掌握计算机网络的基本概念、基本理论和基本方法;计算机网络的体系结构、层次结构、服务与协议、网络拓扑结构;数据通信基础、编码技术、多路复用技术、数据交换技术等知识,由于计算机网络课程包含知识点较多且抽象化,要求学生掌握该课程的基本原理和熟练的网络操作和维护能力等,这就导致学生在学习过程中感觉内容抽象、空洞,难以理解,因此往往学习兴趣不高,而随着互联网时代的发展变革,新的教学模式不断出现,例如,SPOCs(Small Private Online Courses)教学模式,最初由加州大学伯克利分校的阿曼德·福克斯(Amand Fox)博士发起并使用,是一种将慕课资源运用于小规模特定人群,将网络学习与翻转课堂相结合的混合式教学模式。

SPOCs 教学模式具有 3 个特征:

①教学规模相对较小,建设成本相对较低。

②课程学习者数量有所限定,只有符合相应要求的申请者在通过筛选后可参加课程培训,使学习者能获得培训教师更全面的辅导。

③课堂网络教学并非唯一的教学渠道,还可结合实体课堂开展沟通、交互,以适应学习者的各种教学需求。因为受众通常是特定班级中的学习者,因此采用 SPOCs 教学时使用的是封闭化的教学管理方式,一般只能选择此门课程的学习者才能够进入学校相应

的教育系统中学习,这同时也是为了对高校及其学生的教育进行评估与管理。而作为在高校内制定和采用的特色化教学,SPOCs 强调学习者间的差异性和其自身的个性,并强调在课堂教育中根据学习者本人的实践能力状况、所学习的专业领域等开展针对性的教育。其交互功能可以方便学生和教师的沟通,对遇到的问题及时反馈,方便教师从实际情况出发,做好教学计划的修改、优化以及对班级的管理等。

(一)SPOCs 模式与传统教学模式比较

SPOCs 是在 MOOC 的基础上进行改革与发展后的全新模式,严格限制了准入条件,并设定了门槛制度,准入条件的设置是对学习者的过滤,对不同学习背景、阶段和学科进行区分,其培训对象大多是在校大学生。在教学资源方面,SPOCs 作为线上的课程,在一定程度上收集了非常多的教学成果和教学资源,这些资源包含教学课件、题库和试卷等。

借助 SPOCs 平台,数据就可以随着课程的开展而自动性地汇集到一起,更便于学校管理者进行有效分析,更有助于教师对课堂流程做出改变。同时在教学服务上,限制了学习者规模,在很大程度上可以减少教学管理的复杂性,从而增强教师、学生之间的沟通和互动,为学习者带来更深刻的教学服务,也可以激发学习者的学习动机。SPOCs 平台也可以为教育工作带来极大的帮助,因为教学改革所涵盖的方面比较多,进行这种教育改革会有很大的工作量产生,而利用这个平台可以进行智能化采集数据分析、智能化成绩管理和智能化绩效评估,进而给教育管理工作带来各种帮助。SPOCs 也可以视为一种管理平台,当前教育过程管理得到不少学校的关注,但以往都是采用人工填写和上报数据的方法来评估教育的过程,这种工作量非常烦琐并且具有一定的滞后性。而通过 SPOCs 平台,学习者可以合理使用聚集的教学资源,获得更多的专业知识。在利用 SPOCs 课堂进行教学的过程中发现,学生的上课积极性有所提高,考勤率上升,最终的考试合格率也有所上升。

(二)SPOCs 模式下的计算机网络课程教学方式改革

计算机网络是计算机学科的一门核心课程,课程内容涉及模拟器搭建企业中小型网络等多项内容,具有课程理论与实践相结合,技术方面专业性强等特点。因此,在计算机的专业课程体系中占有重要位置。首先,该课程理论知识比较抽象、复杂,学生对网络拓扑结构、网络协议以及算法原理的理解性不高,对于学生来说,学习过程中有一定难度,学生缺乏对课程知识学习的主动性。其次,在课堂实验教学中,组织网络实验的难度大,导致整体教学效果很难达到预期目标。通过教学方式改革,要求学生能系统地了解计算机网络的基本知识,熟悉基本网络设置方式、网络特性测试以及基本网络故障排查方式。并根据计算机网络课程的教学特点,运用学校网络教学的管理优势,从学校的实际情况出发进行网络课程设计,授课过程中充分利用在线课程的时空自由性、非同步性。

1. 创新教学流程

计算机网络课程具有知识更新换代快，需要与前沿接轨的特点，因此在进行该课程的学习时必须借助各种方法帮助学生掌握书本上尚未来得及补充的先进知识，SPOCs模式可以根据建构主义等理论，依托网络信息技术，通过互动教学、课前在线交流、课中小组讨论、课后练习评估，将课堂教学模式从"先教而后学"转变为"先学而后教"，从而赋予学生更多学习主动权，在教学过程中，通过翻转课堂模式依靠网络信息技术优化学习环节，能够促进教学互动、丰富课外学习；通过精简教学篇幅，集中讲解难点重点内容，提升教学质量；通过学习情景模式与教学特点相契合，重视学生特点，促进学生充分练习，更好地掌握知识，提升整体教学效果；通过组织学生讨论，使学生能够更加积极主动地参与到学习中。

在进行计算机网络结构教学时，如果第一课堂是传统教学，可以为学生进行整个大框架以及基础知识的讲解，让学生对计算机网络的体系结构、层次结构、服务与协议、网络拓扑结构等有基础的了解；而第二课堂通过网络教学方式为学生演示更丰富的图像和视频，利用海量教学资源提升学生的认知和了解，提升学生学习效果；第三课堂通过大规模的网络讨论，使学生交流各自困惑的知识点，遇到解决不了的问题则由教师进行讲解，从而高效利用时间，可以使课堂教学质量有效地提高，对于一些平时不愿言谈的学习者而言，这种不必见面的交流，可以使学生参与度得到增加，提高其学习效果，而且这样的方式也能发现自身和他人的差距，从而抓紧学习，提高了自身的理解程度。

不管是在线上的自主学习环节，还是在线下课堂反馈交流的环节，学习者都必须通过彼此互相交流、相互关联，也唯有如此，当谈论批判类话题时才能帮助学生更自如地、无拘无束地表达自己的看法。同时，教学者也更乐于迎合学习者的不同学术需要，在一个学习气氛良好、教师和学习者之间互动关系积极的社群里，学习者会更加愿意配合教师对课题进行深入研究，同时也更容易接受各种看法和观念，与线下课堂相比较，形成线上课堂的良好教学氛围和良性社交关系是至关重要的，缺乏同伴间的现场交流与互相帮助，学生缺乏对现场教学活动的有效反应，再好的学习气氛和课堂对其社交关系也毫无意义，在学习流程上的创新使整体的流程发生改变。

为提升学习效果，学校方面要提前策划和制作网课平台和课程，教师通过网络课程和翻转课堂完成日常授课。同时，通过组织大型的课后讨论活动使学生可以集中讨论巩固知识，最后利用教学评价来获取学分，培养学生的主动学习能力，让学生制订自主学习计划，从而使学生的学习能力和自主能力得到有效提升。

2. 改革评价流程

计算机网络课程是一个涉及诸多知识点的学科，与其他课程相比，具有重视理论成绩与学生实际操作能力的特征，因此对其进行考核更需要考虑多方面因素。因此，在运用SPOCs教学模式对学生进行评价和考核时，可以结合过程、结果、形式，考虑网络中的打卡数据、习题演练等因素，对学生进行综合评价，从而使结果更符合具体实际，为此，需要从考核内容和考核流程上进行改革。

（1）考试内容改革

在对考试内容方面进行改革，建立了专门面向在线考试、面向大规模考核的计算机网络课程母题库和派生试题库，以推动考评方法的变革，母题是指所有学习者都必须熟悉的可检测计算机网络课程所学内容的基本题型，在对母题进行一定程度的变形后，转变过来的新习题则是派生试题，母题向学生开放，而派生试题库则用作考试，从实质上来讲，母题和派生试题的基本知识点是相同的，假如能够做对母题，那么也会解答派生试题。

（2）考核流程改革

在考核流程方面，随着学习流程和考试内容的改变，考核流程也会发生改变。考核的内容分为平时成绩和考试成绩两个部分，其中平时成绩包括网络课程学习方面的考核和翻转课堂的学习记录；考试成绩，即从题库中抽取试题进行考试，取平均成绩，平时成绩和考试成绩相结合作为学生的整体评价成绩。

四、以成果为导向的计算机网络教学方式探索

（一）简介

计算机网络是计算机及信息技术相关专业的专业基础课程，在应用软件及服务网络化的互联网时代，深刻理解、熟练掌握计算机网络知识对于整个专业体系的重要性不言而喻。计算机网络主要目的是培养学生分析问题、动手实践以及网络设计能力。但是，计算机网络的概念抽象、协议关系错综复杂，学生在学习该课程时会感到较为困难，而以往的教学方式仅仅注重知识点的讲解，缺少形象化教学手段。

此外，教学过程中缺少工程教育理念，学生学习漫无目的，缺少主动思考问题、分析问题的环节。因此教与学二者无法形成共鸣，造成教学效果不佳。

本书我们提出一种以成果为向导，用形象、易于理解的方式把抽象的计算机内容传递给学生，有效提升了计算机网络课程教学效果。具体来讲，我们从以下4个方面入手：

①以工程教育为教学理念，强调教学成果，实施教学过程的全跟踪。

②采用虚拟仿真软件和实际网络硬件相结合的计算机网络原理验证和讲解方法，既方便学生入门，又可以培养学生的工程实践能力。

③把形象化教学方式融入课堂教学中，把抽象的概念与生活中的实例结合起来，把抽象的描述转化为形象的实例，使学生更容易接受。

④利用一个综合性项目将计算机网络知识点融会贯通，培养分析问题、解决问题的能力。

（二）基于成果导向的计算机网络教学方式

1. 以成果为导向设计教学过程

成果导向教育模式（Outcomes-based Education，OBE），是国际工程教育倡导的一

种先进理念。工程教育强调以学生为中心，以成果为导向，并强调持续改进和目标达成。在设计计算机网络课程教学计划时按照工程教育的理念，针对计算机领域复杂工程问题，培养学生具有计算机网络软硬件及系统分析、设计、解决复杂工程问题的能力。在安排教学内容时，能够根据计算机网络领域具体的工程问题，设计涵盖硬件、软件、通信、协议、应用及网络构建等方面的教学内容，提出解决复杂工程问题的基本方法，并权衡模型的复杂性。

2. 虚拟仿真软件和实际网络硬件相结合

学院建设了完善的计算机网络硬件设备，包括路由器、交换机、防火墙等实验设备，可以开展课程内的所有教学、实验项目。课后，学生可以根据老师布置的任务，自由安排时间，运用网络设备动手操作，既锻炼了实践能力，也加深了对网络理论和网络协议的理解。但是，对初学者，在真实硬件设备上完成设计、搭建、设置参数、网络测试整个过程有一定难度，不容易入手，容易打击学生的积极性。我们在计算机网络教学中结合网络仿真软件，如 Packet Tracer、GNS3 等，来完成教学。这些网络仿真软件容易入手、易于理解、携带方便，对促进教学很有帮助。

对于一项网络搭建任务，首先要求学生在网络仿真软件中实现，然后在网络设备中操作。实践证明，虚拟仿真软件和实际网络硬件相结合的教学手段全方位地激发学生主动学习、主动思考问题、勇于探索的学习热情。

3. 形象化教学方式

计算机网络部分概念比较抽象难懂，利用形象化教学方式，把抽象的网络概念用生活中形象的实例比喻，学生更容易接受，取得了良好的教学效果。经过讨论研究，我们精心设计了很多形象化教学案例。例如，网络路由及路由器、无连接和面向连接的通信方式、网络分层结构等。当讲解网络路由时，我们把路由的过程当作行人寻找路径的过程，路由器相当于十字路口的路标，数据分组相当于行人。通过简单实例，形象地把网络概念呈现给学生，取得了很好的效果。

4. 项目驱动的教学方式

以项目为驱动，把计算机网络核心内容串联起来，培养学生分析问题、解决问题的能力，同时锻炼学生把理论应用到工程项目的能力，学以致用。从学期开始布置一个综合项目，比如，为某公司组建一个网络系统，包括网络设计、规划、实现和测试整个过程，然后每一章的教学内容都围绕一个或者多个功能点来进行讲授。在授课时，把课程理论和该项目用到的理论知识结合起来讲解，这些知识点如何解决实际问题。相比传统的计算机网络重视理论忽视实践的教学方式，该方法可以有效地激发学生的学习潜能，从而提高学习的主动性。

第五节　教学目标的多样性

一、基于应用型培养目标的计算机网络教学改革探索

为适应应用型本科院校信息化建设人才需求，针对计算机网络课程教学中存在的教学目标不明确、教学形式单一、实验条件受限等问题，提出基于应用型培养目标的计算机网络教学改革。依照课程体系与应用领域相结合、培养目标与企业需求相结合的原则，从教学方式、教学内容和教学评价三个方面探讨教学改革内容。实践表明，通过教学改革学生在知识结构、应用能力上能更符合社会需求，为创造良好的就业形势打下稳固基础。

随着信息技术的日新月异，人们的生活、学习、工作等都已经与计算机网络建立了密切联系，近年来的大数据、云服务、"互联网+"的发展，推动了各传统行业与互联网的深度融合，促进了各传统行业的数字化和信息化发展。在教育领域，应用型人才培养与传统教学的深度融合意味教学内容的不断更新、教学模式的与时俱进和教学评价的多元化。随着教育教学改革的推进，对于应用型本科院校来说，如何培养学生具备网络技术应用能力和创新能力是计算机网络课程教学改革的重要目标。

计算机网络课程教学的总目标应以学生为主体，以能力培养为中心，以就业为导向，使学生在知识结构、实践能力上能更符合社会需求。

（一）线上线下混合模式教学

移动终端教学是基于移动互联网平台的课外教学补充，为课堂教学提供辅助教学资源。本文基于超星学习通平台，建设计算机网络移动终端教学资源，方便学生在手机端预先观看教学微视频和网络应用案例，增强对理论知识的感性认识，再结合学生参与讨论区留言，如阐述计算机网络体系结构时，结合在线购物特点，概述各层原理和功能，抽象问题具体化，从而让学生提前熟悉相应知识内容，满足学生可以随时查看和浏览教学资源，完成课程内容预习、讨论留言、作业测试等知识传递活动。

（二）教学内容设计

1. 讨论式课堂教学设计

课堂教学部分按照"四部曲"设计教学过程：

①预习情况分析：老师总结学生课前预习、讨论区反馈的问题，根据教学目标从市场应用角度提出问题。

②抽象知识内容分析：对比较抽象知识点，如各层协议分析，教师通过抓包软件抓取各个网络协议的数据包，并对报文进行分析，把各层之间的关系和功能串联起来，帮助学生建立数据通信全过程的知识结构体系。

③分组专题讨论：对理论性强的知识点进行针对性的讲解，如对 IP 地址子网划分、路由选择协议、VLAN 配置等知识点进行分组专题研讨，教师提前布置专题内容，以 2～4 人为一组，提前收集文献、探索解决方案，然后以分组形式讲授。

④知识归纳总结：教师引入思科网络技术应用案例，最后形成知识点归纳总结。对于学生提出的难点和重点内容，教师着重讲解，及时巩固学生对知识点的理解和掌握，进一步提高学生的学习效果。

2. "基础—综合—提高"螺旋式实践教学设计

实践教学不仅是理论教学的深化和补充，对于培养学生综合运用所学知识解决实际问题，加深对网络理论知识的理解与应用也起着非常重要的作用。为了使学生能力培养与社会需求靠拢，本书通过校企合作的模式获得思科技术支持，在实践教学阶段，以思科网络技术作为企业标准，全面按照"校企合作体系"进行实施，由合作企业提供实践教学大纲和教学资源，学校专任教师与合作企业项目经理共同指导学生实践项目，使实践教学内容更贴近于当前行业技术发展，学生在知识结构、实践能力上能更符合社会需求，为创造良好的就业形势打下稳固的基础。

根据实践教学要求，结合"校企合作"的实战经验，按照"基础—综合—提高"设计实践教学内容，主要分为三大部分：基本技能实验、综合性实验、考核性实验。基本技能实验内容：网络测试工具、构建小型局域网、Wireshark 抓包分析工具等掌握网络基础应用；综合性实验内容：IP 子网划分、静 / 动态路由配置等；考核性实践内容：结合思科 Packet Tracer 模拟器虚拟现实场景，对部分新型网络设备进行仿真，以 2～4 人为一组，规划并实现中型网络搭建，可以解决因实验设备来不及更新而造成实验项目无法开展的问题。同时，教师可以在课外组织和指导学生，积极参加各类网络技术竞赛及各类大学生科技创新创业活动，这不但激发学生的积极性和主动性，而且大大提高了学生的实践动手能力和"学与研"能力。

3. "多方面—全程式"教学考核

合理的课程考核方式是教学环节的重要组成部分，为了检测学生对课程教学的学习效果，本文设计"多方面—全程式"的教学测评方式，将传统的期末考试方式更改为：移动端学习测评 + 课堂专题讨论评价 + 实验实践测评 + 理论知识总测评。同时，对各评价部分设置不同权重，依次为：移动端学习测评 30%（包括微视频观看、作业测试、在线讨论等），课堂专题讨论评价 20%（包括课堂考勤和分组讨论），实践能力评价 30%（基本技能实践、综合性实践和考核性实践），理论知识总测评占 20%（考查学生利用网络原理阐述或分析日常生活中遇到的网络问题）。通过这种对教学全过程进行动态跟踪的综合考核方式，教师在每个考核环节都可以充分评估学生的具体学习掌握情况，及时发现学生学习过程中存在的问题，灵活调整教学内容和教学进度，提高教学效果。

二、以创新能力培养为目标的计算机网络实验教学研究

随着我国当前计算机技术的不断发展，相关岗位对于人才的需求和要求不断地提高，在当前高校计算机专业教学课堂中，教师要实施科学性的计算机网络实验教学模式，加强对学生创新能力的有效培育，从而使每个学生能结合课堂所学到知识内容，更加灵活和多样性地学习知识，为学生后续的发展奠定坚实的基础，因此教师需要加强对这一问题的重视程度，提高实验内容的针对性和科学性。

教师在进行计算机网络实验教学课堂中，需要加强对学生创新能力的有效培育，结合以往计算机网络教学的经验进行课堂教育体系的层次性构建，并且要融入我国先进的技术来实现计算机网络实验教学的有效完善以及调整，为学生创新能力的提高奠定良好的基础以及空间，从而使得计算机网络实验教学效果和培养能够有效提高，帮助学生提高职业能力。

（一）不断更新和转换教学理念

为了使学生的创新能力能够在高校计算机网络实验教学中得以有效提高和锻炼，教师需要对自身的教学理念有效的更新以及调整，从而为创新能力教学模式的实施奠定坚实的基础，教师在创新能力教学模式中，需要转变自身的教学角色，改变以往教学模式中以教材为中心的教学方法，教师在课堂开始之前要充分发挥网络技术和信息技术的优势，为学生进行学习资源的有效整合，搭建一体化的网络实验教学平台，从而促进学生能够在教师的引导下加深对相关知识内容的印象，开阔学生的学习眼界。与此同时，教师在转变自身教学观念时还需要尊重学生的主体地位，由以往课堂的主导角色转变为课堂的引导角色，对学生学习思路进行良好的启发以及引导，从而保证学生更加高效率地学习知识内容，只有对课堂教学理念进行优化性的提升，才可以使教师冲破以往课堂教学模式中的弊端以及不足之处，从而实现高校计算机网络实验教学的现代化转型，为实施创新能力教学模式提供重要的基础和开端，促进后续教学的有序进行。

（二）完善计算机教学项目设计

教师在高校计算机网络实验教学课堂中，在对学生创新能力进行培养时，需要对计算机网络实验教学进行科学性的项目设计，从而提高课堂教学效果，在课堂开始之前教师需要根据课堂教学的重点明确项目的布置内容，根据这节课所讲述的知识进行相关项目的学习和任务的安排，教师在设置学生的学习内容时，要充分地分析教师所设定的内容，是否符合学生当前的理解能力和认知能力，学生在学习的过程中是否存在较大的难度，从而使得教师所设定的项目学习内容能够具备可操作性和真实性的特征，值得注意的是教师在设置学习项目时，也要具备一定的难度，引导学生结合自身的专业能力进行层次性的探究以及分析。教师在实施项目教学法时，要引导学生通过网络或者是书籍的方式进行资料的有效查阅以及补充，引导学生在项目实施的过程中掌握更多课外的知识。教师在开展创新能力教学模式中，需要认识到创新能力教学模式对提高课堂教学效果和质

量的重要影响作用，从而使学生能够在教师所开展的创新能力教学模式中能够学习到有价值的知识和新的技能。在学生探究教师所开展的学习项目时，教师需要对学生动手操作能力进行良好的关注以及引导，着重的培养学生解决问题能力和分析问题的能力，引导学生在自主学习的过程中获得成功的体验，丰富学生的学习情感，从而使学生能够激发对课堂知识学习的兴趣和积极性，也有助于凸显创新能力教学模式的作用。

（三）加强教学项目实践和检验

在高校计算机网络实验教学中，为了帮助学生能够加深对相关知识内容的印象，提高自身的创新能力，教师需要实施项目教学的实践和检验环节，对计算机网络实验教学模式进行不断的完善以及调整，从而提高计算机网络实验教学的效果和水平。在课堂教学的过程中，教师在提高学生实践能力时，要充分地了解不同专业的学习需求以及原有的计算机操作水平，让学生能够结合自身专业的需求和要求来掌握一定的计算机操作技能。另外，教师还要对当前信息化发展规律进行充分的挖掘，在了解市场发展变化的基础上，科学地设置项目教学的任务，比如，对于一些理科生来说，教师可以在课堂教学过程中加入有关机械制图方面的内容，从而突出可操作性特征；在对文科学生进行教学时，要更加侧重的是一些办公软件的教学，通过不同项目的设定来提高课堂教学的针对性和有效性，与此同时教师还要对学生主要学习过程和学习成果进行多方位的评价以及分析，促进学生专业水平的有效提高，教师需要将理论知识的掌握和实践操作水平进行相互的融合，搭建独特性的考核方式，从而使学生能认识到自身在学习过程中需要改进的地方，提高学生的计算机操作水平。

（四）突出实验内容的针对性

教师在计算机网络实验教学课堂中，在对学生创新能力进行培养时，需要突出实验教学内容的针对性和科学性，从而帮助学生有效提高自身素质，教师在课堂开始之前需要明确计算机网络实验教学的主要思路，比如在计算机网络教学中，要为学生融入有关基础知识方面的教学，从而强化学生的理论知识掌握程度。其次，还需要结合网络管理和应用设计方面内容，让学生能够结合实际技能实现综合性的发展，对于我国的计算机网络技术来说，发展速度是非常快速的，因此教师在设置教学内容时需要突出针对性和可操作性的特征，教师需要充分结合我国当前科学技术的发展方向以及信息技术的发展特点，根据实际教学需要开展符合当前市场发展的一些特殊性应用，从而使网络技术和网络设备能够实现有效的更新，将理论和实践融合起来，形成连贯性的实验学习过程。教师在班级教学过程中，需要以基础理论为主要的内容配合着综合性和辅助性的实验项目，让学生循序渐进地学习，提高学生的学习效率。另外，在实验教学中，教师需要保证教学内容的先进性和可操作性，要在网络中融入一些新的实验内容，及时地将实验设备和实验辅助工具融入日常教学中，尽可能让学生接触最新的网络技术，从而保证学生可以将课堂所学到知识内容应用于实际中，促进学生专业能力的提高。

（五）突出网络实验的开放性特征

在高校计算机教学课堂中开展网络实验教学时，教师需要突出网络实验教学开放性和综合性的特征，从而保证学生综合能力的有效锻炼。开放性主要是指实验内容的开放性，需要让学生结合自身所学知识内容以及自身的计算机基础更加灵活和多样性的掌握相关的知识内容。在班级教学中，教师要让学生结合自身理解能力和最为感兴趣的内容，在指定范围内进行自主性的选题，在后续学习中对内容进行精心的设计，从而保证学生提高学习效率。教师在进行计算机网络实验教学时，需要对开放时间进行灵活性的处理，让学生可以结合自身的时间和能力，更加有条理地进行网络实验的学习，从而促进学生创新能力的有效提高，对于计算机网络实验来说是学生的必修课程，教师可以适当减少一些验证性的实验内容，更多地增设一些综合性的实验来对学生的创新能力进行有效的培育，教师需要提供充足的实验条件，配备专业性的实验设备，让学生结合自身的理解能力和认知能力更加自主地进行实验。

第五章　网络教学的基本教学模式

第一节　集体教学模式

一、集体课教学模式的产生

近年来，集体课这一教学模式在钢琴教学方面得到了非常卓越的发展。钢琴集体课的探索和研究已将这一教学模式逐步推向成熟并日臻完善。在钢琴集体课研究中，研究者对集体课的优势分析、教程安排、教学重点、教师素质、难点对策及研究型学习等诸多方面都有涉及。

个别课教学的教学模式，从现代国内教育形势来分析，有某些缺失是无法克服的。集体课在有效节约教学资源，降低教育投入成本等方面，是符合现代教育形势的良好教学模式。

二、集体课教学模式的优势和必要性

传统教学方式，教师的随意性较强，教法单一，经验教学法特征显著，但理论知识教学不够完整、系统。在集体课教学中，教师可以系统地运用专业知识，将弹奏技术训练过程系统化、条理化、多样化。灵活组织课堂形式，使学生的学习方式丰富多样。

从心理学的角度分析，心理学研究成果显示：学生在集体授课中，自我心理约束力和对学习的积极性都相对较高。集体课学习中，学生对节奏，音高等的掌握可以通过集体教学的教学趣味性设计，使学生在快乐的，学习积极性较高的前提下完成学习课程。

众所周知，学习氛围是影响学习效率和教学质量的一个重要方面。集体课教学环境需要集体课教室。多个学生集中学习的环境下，学生在学习过程中更加课堂化和规范化。良好的学习氛围和集体的教学模式对教师也提出了更加严格的规范。对学生集体授课，教师需要做好课前备课、课堂组织、课后总结等环节。这使教学过程更加具有计划性和规范性，有效改良了个别课教学中教师的随意性。教师有准备地进行课堂组织，在较好的学习氛围中，学生的积极性被调动起来，效率会大大提高。较之个别课授课的一师一徒的单一结构，集体课在学习氛围的营造上具有鲜明优势。

托尔斯泰（Tolstoy）说过：成功的教学不是强制，而是激发学生的兴趣。在集体课教学的模式中，我们可以借助现代教学法的帮助，增加教学趣味性，给课堂注入新鲜和丰富的元素。

集体课因其授课模式特点，将一些传统教学中不能实现的教学内容和教学方法变为现实。从改善教学环境，丰富教学手段，节约教育成本，提高教学质量等多个方面体现出其模式本身的优越性和进步性。

三、网络集体教学模式研究

（一）网络集体教学具体架构和模式

1. 网络集体教学所需的软、硬件条件

首先要配置或租用高容量的网络服务器，其次还需建立一个动态网站，网站要具备网上教学管理、资料上传、实时课堂等功能。具体来说要建立师生远程即时的交互式交流、展示、评议、评分平台，即"在线课堂"，其中包含有学生课内设计作品和课外项目的网络展评与修改。为辅助"在线课堂"还需要建立虚拟美术馆和虚拟音乐厅，即图片、音频、视频网络展示。

2. 师生远程交流、评议平台和虚拟美术馆、虚拟音乐厅

师生远程即时的交互式交流、展示、评议、评分平台，也就是"在线课堂"。"在线课堂"具有师生注册、后台管理、实时课堂、建立课程专题、上传下载、远程交流、集体评分等功能，需设有绘画作品展评、设计作品展评、表演作品展评、其他艺术作品、美术类教学区、设计类教学区、音乐类教学区等模块。在各个相应模块中教师可以上传大量的教学资料以供参考和下载，学生可以展示自己的作品或制作过程中的作业进行讨论，老师和学生可以在主题里自由评议和交流。学生也可以提出学习过程中所遇到的问题，相关老师一一进行作答。老师还可以上传教学录像视频，供学生自主学习。

为配合网络教学，还需建立虚拟美术馆和虚拟音乐厅，即图片、音频、视频网络展示。虚拟美术馆内分三个区：国外名画馆、中国名画馆、学院师生作品馆。虚拟音乐厅也分三个区：国外名曲厅、中国名曲厅，其他表演艺术厅。这样可以形成网上的"卢浮宫"和"悉尼歌剧院"，可以进行网络展览和网络音乐会，为教学提供大量实时参考资料。

（二）网络集体教学是一种多对一的新型教学模式

网络集体教学主要运用数字技术、视频手段、即时交互式交流来进行教与学。充分利用网络的即时性、直观性、多媒体丰富性、浏览时间随意性等优点来辅助教学，这在很大程度上改变了传统的教与学、创作与展示之间的关系。老师和学生能够随时进行丰富生动的作业、作品展示和无时间、空间限制地进行师生交流、同学交流，学生也可以在没有教师干预下的自主性地学习。这种教学模式不仅能够丰富教学资源，提高教学效率，还能利用现代的多媒体技术达到多对一的集体教学效果。

教师可以利用"在线课堂"进行教学管理、学生管理和成绩管理。教师将课程课件及图片、文字、视频等教学资料上传到"在线课堂"，学生可以及时浏览和下载，并根据课件及教学资料进行自习和巩固。学生将作业、作品、项目在虚拟空间中展示出来，课程主讲教师可以对其进行评议、指导，指出其优、缺点并提出改进办法，其他相关专业

的所有教师都可以对该作业或作品进行评议和指导，而且可以根据常规的评分标准打一个分数，为主讲教师提供参考。学生也可以提出自己不同的意见和老师进行交流，并将修改后的作品再展示出来进行对比、探讨。同学之间还可以相互学习、帮助、指正。同学们还能进行轻松有趣的跨专业学习和研究，从而达到一专多能。这样，一个学生的学习可以同时接受多个老师的指导，还可以接受不同年级甚至不同专业方向同学的建议和帮助。

（三）网络集体教学具有重要的学术价值和实践意义

1. 丰富的资源收藏与展览

配合网络集体教学而建立的网上美术馆和音乐厅，形成了一个长期开放、参观方便、高效传播的展览厅、视听厅。它具备现实生活中的展览厅、视听厅的大多数功用。教师教学需要的许多教学资料可以不再用移动硬盘拷来拷去，不用再担心可怕的病毒，只需直接在美术馆或音乐厅里点击打开。学生也可以随时查询、下载自己需要的参考资料。教师和学生也可以不定期地在网上开办"展览"和"演唱会"。

网上美术馆和音乐厅不仅能促进师生学术交流，增强学术氛围，提高学术水平，还能充分提高师生学习创作的积极性和兴趣，也可以拓宽全校学生的视野，提高审美修养。利用网上虚拟的美术馆、音乐厅观摩学习、查询资料，改变了以往枯燥的学习方式，它还为老师教学提供了丰富而方便的教学资料，为学生提供了没有地域限制，没有时间限制的参考资料查询。

2. 自由与直观的展示与学习

网络集体教学模式的主要特点除了多对一教学外，还包括自由和直观。学生展示自己的作品除了用真实姓名外也可以用网名，可以避免认为自己作品不好而产生的"害羞"。老师和同学指出作品的缺点和改进意见时除了用真实姓名外，也可以用网名，这样匿名的交流也许可以见到更多"真话"和"直中要害"。在展示模块，无论是美术、设计还是表演，都可以以图片的方式分类、集中展示，只需要一到两次点击就可以浏览，非常直观、方便。师生修改、删除自己发布的主题也非常方便、快捷，一切都是可见即可得。

第二节　自主学习模式

一、网络环境下自主学习的能力构成及培养模型

（一）自主学习的本质特征

自主学习能力的培养要经历一个相对漫长的过程，需要长期的教学干预，但是自主学习能力某些构成成分的获得却相对快一些，例如，某些学习策略经过几次引领与练习，学习者就可以获得。因此，可以在阐述自主学习本质特征的基础上，分析网络环境下自主学习的能力构成，进而探讨自主学习能力的分项培养策略。

对于自主学习的本质特征，有学者关注学习中学习者的独立性，认为自主学习指学习者自己主宰自己的学习。有学者注重学习方法和策略的运用，强调学习中的自我监控，认为"自主学习"是指学习者为了保证学习的成功，提高学习效果，达到学习目标，运用各种方法和策略对所从事学习活动的各个方面进行自我调节和控制的过程。还有学者主张从横向与纵向两个角度定义自主学习，从横向界定自主学习就是要求学习者在学习的各个方面和维度都能自觉地做出选择和控制；从纵向界定自主学习是指从学习的整个过程来阐释自主学习的实质。

自主学习包括以下特征：学习之前，学习者应具备自我激励的能力，以内部动机作为学习的起点；学习之初，在教师的帮助下自主设定学习目标、制订学习计划，有效地管理和规划自己的学习；学习过程中选择恰当的认知策略对学习材料进行加工；对整个学习过程进行元认知调节，对学习过程进行自我监控、自我评价、自我反思与自我调节。此外，还包括在遇到困难时有效求助的特征。

（二）网络环境下自主学习的能力构成分析

网络学习环境具有资源丰富多样、交流方式多元化等特点，在这一特定环境下的自主学习能力结构如何，应怎样去培养？有人认为，网络教学环境下的自主学习应从信息能力、研究能力与合作能力三个方面培养。还有人从认知与非认知的指向角度将自主学习能力进行了指向维度划分。我们认为，在网络环境下审视自主学习能力时，以自主学习的本质特征为基础，结合网络教学的特点，从学习进行的整个过程分析比较符合实际学习情境。因为自主贯穿学习者学习的整个过程，一种学习是不是自主学习，只有通过学习者在学习的不同过程、不同阶段表现出的主动、独立的特征得以体现。根据这一设想，将网络学习者的自主学习能力划分为自我激励能力、学习规划能力、信息加工能力、元认知能力、沟通与合作能力。其中元认知能力包括自我监控、自我评价、自我调节与反思能力。

1. 自我激励能力

自我激励能力是指学习者激励自己开展学习并最终实现目标的能力，是自主学习的内在动机性要素，主要包括自我效能感、学习兴趣、学习意志、归因倾向等。自我效能感是指学习者相信自己有能力完成某种任务的信念，是个体能力自信心在某些活动中的具体体现，高自我效能感的学习者往往愿意通过独立学习实现自己的预定目标，证实自己的学习能力；学习兴趣也直接影响学习的动机性，学习兴趣越高，学习者的学习愿望就越强；学习意志在自主学习过程中也是必需的，在网络学习过程中，学习者受外部的指导和支持相对较少，所面临的学习困难相对更多，只有具备较强的学习意志，学习者才能克服学习过程中的困难，实现既定目标；归因对自主学习也有较大影响。如果个体把自己的学习成功归因于能力，把学习的失败归因于努力不够，就更容易激发自主学习动机。反之，就会影响其学习的主动性。如果上述要素的组合达到优化程度，学习者就会激励自己去学习，从而起到启动与维持学习的作用。

2. 学习规划能力

学习规划能力是指学习者根据学习任务对学习进行规划的能力，包括设定学习目标、制订学习计划的能力。学习目标与学习计划在自主学习过程中具有导向、调节与维持的功能，个体能否为自己设置合适的学习目标，制订的学习计划是否合理，对其自主学习会产生重要影响。善于自主的学习者能为自己制定近期的、具体的目标，并能按照计划按时完成相应的任务。

3. 信息加工能力

信息加工能力是网络学习者进行自主学习的基础能力之一。信息加工能力一方面是学习者利用网络加工处理学习材料的技能，如利用网络浏览、搜索学习材料；使用网络学习平台，对获得的信息进行价值判断；考察各种观点的背景，加以综合分析，构建自己的知识系统。另一方面，学习者应该拥有充足的认知策略并且能够熟练地运用这些策略，在自主学习过程中，个体要根据任务条件选择恰当的策略，完成信息加工过程。

4. 元认知能力

元认知能力是指网络学习者对学习过程的自我监控、自我评价，并进行自我调节与反思的能力。自我监控是指观察和监视学习方向和进展情况，使之不偏离既定的学习目标；自我调节是指根据自我监控的结果调整学习进度或者把偏离目标的学习过程调整到正常的学习轨道上；自我评价又包括自我总结、自我评估、自我强化等过程，自我总结是把学习结果与既定的目标相比较，确定哪些目标已经完成，哪些目标尚未完成，进而对自己学习的优劣做出评判的过程。自我强化是根据自我评估和自我归因的结果对自己做出奖励或者激励的过程，自主学习能力较强的学习者，其自我评价能力也较强。网络学习者失去了对教师的依赖，同学间相互促进的学习气氛较课堂环境中也有所减弱，其自主学习更需要元认知能力参与调控和制约。

5. 沟通与合作能力

自主学习并不等同于孤立的学习，网络环境中的自主学习强调学习者的独立性与主动性，但并不排斥交流与合作。在自主学习过程中，学习者需要构建有利于自己学习的资源环境，在遇到各种困难时，应主动寻求教师或同学的帮助，学习者知道何时、何地、如何主动寻求他人的帮助也是自主学习能力的表现。网络教学中的学习者与教师，学习者之间在时空上相对永久分离，缺乏面对面交流的机会。利用网络通信工具，进行同伴互教、小组讨论等合作交流，不仅可以让学生在合作的气氛中分享各自的见解，消除网络独立学习的孤独感，而且可以促进学生自我评估、自我调节，更好地建构自己的知识体系。

以上这五种能力在学习过程中的先后顺序上存在差别，但并非简单的线性关系，而是整体过程的有机组成部分，之间存在相互作用。如实现既定的学习目标可以提高学习者的自我效能感，而良好的自我效能感又可以帮助学习者设定恰当的学习目标。

（三）网络环境下自主学习能力的培养模型

网络教学环境中有哪些可利用的资源、方法与工具？教师应该如何利用这些资源与工具培养学生的自主学习能力？在使用时应遵循什么样的规律？我们将首先阐述自主学习能力的培养途径，其次分析网络教学环境的五个组成部分，在此基础上构建网络环境下自主学习能力的培养模型。最后，分析自主学习能力的培养规律及其对网络教学启示。

1. 自主学习能力的培养途径

作为一种能力，自主学习是随着认知和自我发展，通过多种途径，经过长期的学习实践活动发展起来的。目前，国内外学者认为，自主学习能力主要通过三种途径来获得。

第一，有针对性的教学指导。目前，许多实验研究已经表明，通过系统的教学指导，可以使各年龄阶段的学生获得和使用某些自主学习策略，以促进学生的学习。自主学习能力可以通过多种形式的教学来培养。既可以采用清晰的直接教学，如采用有指导性的反思、元认知技能的讨论，或者通过典型示范对学习进行反思性分析的活动，又可以间接改善学生的学习自主性，如通过学习评估、活动列表和讨论个人成长的证据，增强学习自主性。

第二，如果教学中缺乏对自主学习能力的训练，学生也可以通过观察他人的学习来获得一些自主学习策略。在学习中，有少部分学生能够模仿某些有效的自主学习形式。但是，由于学习者经常与观察者处于同样的学习情境中，他们所展示的自主学习信息，往往比较贫乏、不完整，甚至是无效的。网络学习者之间处于一种非面对面的状态，从学习同伴处获得的自主学习策略将更贫乏。

第三，学生自己设计和实施的学习实验。在这种实验中，学生通过尝试错误过程也可以探索出某些有效的自主学习形式。显然，通过学习实验获取自主学习能力需要大量的练习时间，而目前网络教学的主体大多是成人学习者，他们往往利用工作之外的时间进行学习，没有足够的时间进行这种练习。

尽管自主学习能力可以通过以上三个途径来获得，但通过个人学习实验和偶尔观察这种途径来获得自主学习能力，充满挫折，效率低下，其效果比采用直接的、有针对性的教学指导要差得多。为了更好地培养学生的自主学习能力，应该把有针对性的教学指导作为最主要的培养途径。

2. 网络环境下自主学习能力的培养模型

（1）网络教学环境的构成要素

基于计算机多媒体网络技术的网络教学环境包括以下五个要素：基于网络的软、硬件教学系统、基于网络的资源库系统、基于网络的学习评价系统、基于网络的交流与协作系统、基于网络的辅助工具系统。

①基于网络的软、硬件教学系统。基于网络的软、硬件教学系统是网络教学中进行知识学习、技能培养的主要组成部分。目标前，基于网络的软、硬件教学系统多以超文本的方法组织教学材料，以网络课程的方式呈现，并辅以必要的交互手段实施教学（通

过 Java、Flash 实现实时交互式教学，通过 E-mail BBS 实现网络交互答疑），学生主要利用 Web 浏览器浏览教学内容。还有的网络课程通过数据库进行数据管理和根据查询生成动态网页或自动链接，通过数据库记录学生的学习过程，为学生提供个性化的教学环境，做到真正的因材施教。

②基于网络的资源库系统。丰富的信息资源是网络学习环境的重要组成部分，基于网络的资源库系统是针对学习目标设计，它可以为学习者提供在学习过程中所需要的素材、背景资料、补充材料。资源库的内容形式包括文本档案、图形、图像、音频、视频和动画等。此外，资源库还包括特定主题的微课件单元，供学习者下载使用。建构主义学习理论强调，信息只有在上下文背景中才有意义。因此，资源库中的内容最好按主题分类并提供与之相关联的上下文材料。另外，由于有的学习者不具有熟练搜索、评价网络资源的技能，设计者也必须预先考虑到这一点。对有些学习者来说，简单地指出网络学习资源或任由他自己去搜索，可能会把学习者带入毫不相关的主题或站点。

③基于网络的学习评价系统。基于网络的学习评价系统分为两种类型：一种是基于网络的题库系统，这主要是以传统的标准参照评价为主要方式，对学习者掌握的知识进行测试，也可供学习者自我检测使用。另一种是基于动态的、持续的学习过程以及学习者进步等评价体系的新型评价系统。这种评价系统所采用的评价方法主要包括反思和小组评价。反思是通过学习者对自己的学习过程进行考察，进行自我评价的一种方法。小组评价是学习小组成员对学习者的学习过程进行评价，帮助学习者改进和提高。

④基于网络的交流与协作系统。基于网络的协作与交流系统主要包括 E-mail、BBS 方式的异步交流系统和视频会议、在线聊天方式的同步交流系统及智能答疑系统。异步交流是网络学习中最常用的交流方式，可以通过 E-mail 实现，但是当大量学习者利用 E-mail 向答疑教师提出问题时，则会加重教师的负担，并有可能使教师的邮箱崩溃，因此，师生之间的交流还可以通过答疑系统实现。答疑系统的基本思想是：学习者提问时输入问题或问题的关键词，提交之后，系统会根据关键词在基本题库或已提问题库中检索，检索的结果有两种可能，一种是在基本题库中或已提问题库中有这个关键词匹配的问题，于是系统将问题和问题答案显示在问题区和答案区。如果在两个题库中都没有与关键词匹配的问题，则问题将被转发给答疑教师，教师将问题和答案送到问题区和解答区，同时问题和答案存储到已提问题库。

⑤基于网络的辅助工具系统。基于网络的辅助工具系统主要包括基于网络的写作工具、信息搜索工作、文字处理工具、网络认知工具等。基于网络的写作工具支持学习者生成按照自己的理解构建的课程材料。学习者可以复制教学系统中的可编辑课程材料，可以在学习过程中按照自己的理解重新排列、增加、删除、链接知识点和材料，从而生成自己的课程材料。信息搜索工具用于帮助学习者搜索和主题相关的有用信息。查找信息的过程将会分散学习者解决问题的主要精力。因此，提供嵌入课程的工具可以帮助学习者节约时间、提高效率。除了以上两种工具外，网络学习工具还包括文字处理工具、

字典工具、时间提醒工具、学习计划工具等。

网络学习环境为学习者提供了丰富的资源、强大的交互、非线性的学习材料和跨越时空的自主学习环境。这种环境不同于传统的教学环境，也有别于一般的计算机辅助教学软件所创设的环境。网络学习环境对学习者提出了更高要求，这主要表现在以下两个方面：其一，要求学习者具有较强的自主学习能力，能够独立进行自我指导的学习。网络学习环境不同于传统的教学软件，它不可能达成某种固定的包装，在这种学习环境中，学习者有很大的学习决策权。他们可以自己确定学习目标、选择学习内容、决定学习路径、确定学习时间和进行学习评价，学习结果在很大程度上依赖于学习者自主学习能力的强弱。其二，要求学习者具有良好的自我监控能力。网络学习环境下的自主学习过程中，学习者访问信息的自由度很大。在这种环境下，学习者必须能够把握自己的学习方向。否则，学习就会成为无目的地漫游。而且，由于网络学习环境信息容量大、关系复杂，学习者在学习过程中经过多次移动后，很可能找不到出发点，或自己要去的地方，从而出现迷航现象。

（2）网络环境下自主学习能力的培养方案模型

在网络学习环境中，每个要素就是一个功能子系统，它们是构成网络教学环境模型的物质基础，也是培养学生自主学习能力的环境基础。教师可以通过网络教学环境的各个要素，在学生自主学习的各个过程，施加相应的培养策略，以提高学生的自主学习能力。

整个模型的核心问题是提高学习者的自主学习能力。围绕这一核心问题，教师可以从不同方面设计自主学习能力分项培养策略，如自我激励能力培养策略、学习规划能力培养策略、信息加工能力培养策略、合作能力培养策略、元认知能力培养策略。在设计与实施每一项策略时，教师可以应用网络学习环境的一个或多个子系统，从教学材料设计、资源设计、评价设计、认知工具设计等方面入手培养学习者的自主学习能力。此方案既强调自主学习能力分项培养策略的设计和应用，又关注学生自主学习能力的整体提高。

（四）自主学习能力培养的基本规律

自主学习能力不是与生俱来的，而是在长期的实践活动中逐渐形成、不断完善起来的。自主学习能力的发展呈现由他控到自控、从被动依赖到自觉能动、从有意识到自动化等方面的规律性。

1. 由他控到自控

他控是指学习活动由外界他人来制约管理，自控是指学习活动由学习者自己来制约管理。根据社会文化理论的观点，个体的行为发展，包括学习行为的发展，实际上通过内化机制，经历了一个从外部调节到自我调节，最后达到自动化的过程。在自主学习能力发展起来前，学生的学习活动通常是在教师的指导与监督下进行的。随着学习经验的增加，学习技能、学习策略的逐渐增强，自我意识的逐渐发展和成熟，学生自觉不自觉地对自己学习活动的独立监控、判断、评价日益增多，学生的自主学习能力就由无到有，由低级到高级发展起来。总的说来，学生的自主学习活动呈现从他控到自控逐渐转化的趋势，即他控的成分逐渐减少，自控的成分逐渐增加。

2. 从被动依赖到自觉能动

学习之初，网络学习的"新手"往往在网络操作技能、网络交流技巧、网络学习方法各方面都遇到困难，处于自主水平较低的阶段，学习的依赖性很强，如果缺乏教师的帮助，往往不能取得理想的学习效果。如果学习过程中教师针对其自主学习能力现状，进行有效的指导与引领，可以激励与促进学习者的自主学习积极性。根据自我决定理论（Self-Determination Theory）自我调节行为的动力最初来源于外在的社会性因素，如教师的要求、外部奖赏等。但是通过内化，个体可以把外部调节转化为自己的内部调节。随着个体对学习活动价值的内化，他们的行为诱发点就由外部转向内部，他们的自律和自我调节程度也逐渐增强。

3. 从有意识到自动化

学生最初的自主学习往往不够熟练和迅速，对学习的自我计划、自我观察、自我监控、自我反应等过程常常不是在高度集中的意识水平下依次发生和进行的，需要付出足够的注意和意志努力。随着自主学习能力的发展，学习活动将变得日趋娴熟，意识控制的成分逐渐减少，最终达到自觉的水平。

自主学习能力的获得途径、发展规律，给网络教学以深刻的启示。

第一，自主学习能力的形成离不开系统的教学指导，网络教学应该把培养学生的自主学习能力作为教学中的一个重要目标。尽管自主学习能力在某些时候可以通过自己发现来获得，但是在更多的情况下是教会的，这种"教"不同于传统讲授式教学中的说教，而是一种引导，是为学生学习提供的"示范""支架"。同时，由于学生自主学习能力的获得经历了一种由低级到高级、由单维到多维的培养过程，这要求以培养自主学习能力为目标的教学一方面要尊重学生的认知，尤其是元认知发展的特点；另一方面要设计各种策略，从单项能力或某个方面着手，逐步过渡到多个维度或多个方面，逐步把学习活动交给学生独立去完成。

第二，自主学习策略与其他认知技能和策略一样，需要占用学习者有限的信息加工量。当学习者从事一项简单的学习任务时，自我调节有可能出现，因为这时还有一些可用的信息加工量。当学习者从事一项困难的学习任务时（如 Web 环境中的问题解决），自我调节最为需要和有用，但此时自我调节出现的可能偏小，因为学习者已经把大多数乃至全部信息加工能力投入到学习活动中，没有空余的资源可用。因此，教师需要将学生的自主学习能力培养作为一项长期的任务，在教学中注意创设情境、为学习者提供恰当的认知工具，帮助学习者通过练习，把自我监控和调节过程变为自动化。

第三，由于自主学习能力也可以通过观察模仿来获得，教师除了自己要提供给学生一些示范性的技能，还要注意利用学生中的自主学习榜样。让自主能力强的学习者把学习策略展示给自主学习能力较差的学生，帮助他们掌握自主学习方法，这也是对自主性较强学习者的一种鼓励性措施，引导所有学习者向高度化的自主学习发展。

二、网络环境下自主学习能力培养的策略设计

（一）自我激励能力的培养策略设计

自我激励能力是指学习者激励自己开展学习并最终实现目标的能力，是自主学习的内在动力性要素，对这种动力具有催发作用的因素包括自我效能感、学习兴趣、学习意志、归因倾向等。教师可以设计相应策略，调动上述要素，帮助学生激发自主学习动机，从而积极主动地启动与维持网络学习。

1. 言语说服策略——帮助学生建立积极的思维

心理学的研究表明，情绪是一种内在动机力量，它直接影响学生的认知操作与学习效率，积极的情绪可以提高学习效率，不良的情绪则会降低学习效率。又有研究表明，情绪是一种源于思维的"内部工作"，消极的情绪源于消极的思维，而积极的情绪则源于积极的思维，可以采用思维环工具，帮助学生转换思维角度，控制消极的情绪。

首先，让学生了解思维是如何影响情绪和行为的。举出与学生学习相关的情绪和行为，并把可能的结果列出来。例如，在网络教学中，学习者常常遇到的一些困难（无法理解所学的课程、无法独立完成作业等），可能产生学习上的孤独感，如果长期处于这种时空的孤立状态，缺乏教师的直接关注和反馈或者得不到其他学习者的参照信息，就会产生烦躁感和厌学情绪。如果这种情绪得不到缓解，学习者的学习效率不高，学习成绩也会下降，甚至会进一步强化其无法胜任网络学习的观点。

其次，帮助学生建立积极的思维循环。在弄清楚思维环的循环规律后，教师着手帮助学生建立积极的思维循环。教师可以帮助学生以积极的态度对待网络学习，帮助学生认识到，树立刻苦学习的态度，可以激发学习的责任感与热情，从而积极地参与到教学过程中，在遇到困难时也会努力克服，这种状态必然会提高学习效率，学习效果自然也会提高。在网络环境下，教师不能面对面地对学生施加这样引导，但可以借助网络课程、电子邮件、讨论区等网络交流方式施加这种影响。例如，在课程导言中，提示学生以积极的观点对待网络学习，设立教师检查制度，规定教师定期检查学生的电子学档记录，对学习消极、表现异常的学生及时通过邮件等通讯工具进行提醒与关怀，还可以在教学讨论区中，设计讨论题目，引导学生以积极的心态参加学习。

2. 设置恰当的问题情境

网络教学中的学习内容一般以在线课程的形式提供给学生，如果仅将课程内容从书本搬到网上，学生面对大段的文字时，其学习兴趣自然不强。教师在设计教学或制作网络课程时，可以将课程划分成多个单元，把每个单元以问题情境的形式提供给学生，这样可以激发和维持学生的学习兴趣。在设计问题情境时，可以向学生提供认知冲突型问题情境、综合型问题情境或是设计型问题情境，使学生产生恰当的认知失调，主动开展学习。

（1）认知冲突型问题

在课程内容学习之前，教师可以呈现给学生一些与他们已有知识体系相矛盾的现象，引发其好奇心，并适时提出一些启发性的问题，激发出学习者内部强烈的求知欲，从而激发学生的学习兴趣，调动其学习积极性。

（2）综合型问题

它是指学生需通过分析，组合变换才能解决的问题。有意地创设一些对学生来说需要综合运用原有知识，开辟新思路才能消除困惑的问题情境，让学生在亲自操作过程中，经历探索的过程，有利于提高学生的学习兴趣，帮助其形成知识、建立概念，这种问题在培养学习者解决问题能力时比较有效。

（3）设计型问题

它是指学习者通过新知识的学习，甚至通过实验，分析处理数据，推理等过程才能解决的问题。在现代教育技术课程中的"多媒体技术教育应用"部分就提供了设计型问题。

在设计问题情境时，需要注意以下几点。首先，必须保证问题情境与课程内容的合理衔接，问题应来源于课程，与课程内容和课程目标紧密联系，绝不能为了设计问题情境偏离课程目标，这是最基本的要求。其次，设法把课程内容与学生的社会实践联系起来，问题的描述则应该基于学生的生活经验和社会文化背景，力求问题情境的真实性。再次，问题情境的设计应贯穿整个教学过程，包括教学单元的开始，教学单元的结合处，甚至是教学结束时。既可以用设问的方式提出，也可以用作业的形式提出；既可以从新旧知识的联系方面引进，又可以从日常经验讲起。最后，在呈现问题情境时，可以用文字、视频或电脑模拟动画等多种方式，并在情境中提供与主题相关的资源链接，这种基于问题情境的学习更能加深学生对学习内容的理解。

3. 控制作业难度，实施个性化评价

自我效能感是影响学生自主学习的重要动机性因素。良好的自我效能感是在成功操作的基础上形成的，为学生提供中等难度的作业任务，学生在完成任务时可以体验到成功的乐趣，其自我效能感就会得到提高。教学研究表明，如果作业难度过大，学生不能完成，就会把学生推向习得性无力感的边缘，产生失败感，其学习动机就会减弱。如果作业难度过小，学生就会认为完成这样简单的任务并不能体现自己的学习能力，也起不到增强自我效能感的作用。因此，教师在为学生布置课程作业时，要控制操作任务的难易程度，使大多数学生经过努力就可以完成。

网络学习者的个别差异大，为此教师可以设计一些开放型的题型，这种题型一般有多种思考方向，不同水平的学习者都可以根据自己的能力收集资料，做出解答，避免因作业难度过大，挫伤学习者的积极性。例如，在现代教育技术课程中"多媒体教学应用"部分的学习时，为学生布置如下作业："请观摩两个以上多媒体教学软件，探讨将多媒体技术应用于课堂的优势与方法，并将有关结果发布在课程学习讨论内。"既以开放性的题型为学生布置了中等难度的作业，又引发了学生互相讨论的热情。

网络教学平台中的作业提交系统还可以帮助教师在布置作业后随时监控学习者的作业进度，对不能及时交作业的学习者，指导教师可以通过 E-mail、短消息等方式，向他发出友情提示甚至警告，督促其及时完成作业。对于那些在完成作业中遇到困难的学习者，可提供解答问题线索与方法上的指导，帮助其通过完成作业树立自信心。教师在收到学生的作业后，可以采用个性化的评价方式，即以不同的标准、不同的方式，对学生施以相应的评价，其目的是尽可能地发掘学生的长处，对其取得的成功及时给予鼓励。为了发挥作业的反馈作用，教师应严格遵循作业批改的"三明治"原则。这个原则要求，对作业反馈应该至少包括三部分内容：第一部分，学生在作业中反映出来的学习进步。教师应该善于发现并充分肯定学生取得的成绩，哪怕是微小的进步，也应该加以表扬。因为任何老师的欣赏和鼓励，都会大大激发学生的学习积极性。第二部分，学生在作业中反映出的不足。教师在指出不足的时候，要尽可能地使用婉转的表达方法，并表示相信学生一定能够克服这些不足，这部分内容就像"三明治"的中间部分，少而精。第三部分，学生如何克服第二点提出的不足。教师必须明确告诉学生如何改善学习。这种指导越具体越好，第一和第三部分的内容越多越好。

4. 引导学生进行正确的归因

归因，是指人们对他人或自己的行为进行分析，从而推断其原因的心理过程。美国心理学家伯纳德·韦纳（Bernard Weiner）以成败行为的认知成分为中心，提出了一个归因模型。他认为，个人对成败的解释不外乎以下四种因素：

①自身的能力。

②所付出的努力程度。

③任务的难度。

④运气的好坏。

其中，能力和努力是描述个人特征的"内在原因"；难度和运气则是表示环境因素的"外在原因"；能力和任务难度则属于稳定的因素，努力程度和运气好坏则是不稳定的因素，在各种情境中变化很大。个体的归因对其自主学习具有重要影响，如果学生对学业成功做出能力或努力方面的反馈，在一定程度上可以增强学生的自我效能感。

在网络教学中，学习者的学习效果主要通过在线测试、课程考试进行检验，每次考试都会有学习者因为各种原因不能取得理想成绩，如果缺乏教师的鼓励与指导，那些将失败归因为自己能力不足或是网络学业难度过大的学习者将极有可能出现消极、焦虑、低自尊的倾向，甚至会影响到他下一步的学习。因此，教师可以灵活运用归因理论，通过发起投票，引发集体讨论的方法，引导学生进行积极的归因。

首先，在学生测试结果发布之后，通过网络教学平台向学生发出通知或邀请（例如，通过论坛公告的形式），引发学生对学习结果成败原因的思考，鼓励学习者以回复的形式把自己成功或失败的原因在讨论区内发布。

学生通过投票与回复的形式初步进行了归因之后，教师应该及时查看投票结果，将学生的投票进行归类,选出最主要的几种归因倾向(是能力、努力、任务难度,还是其他因素)。对于选出的这些因素,教师及时做出评定反馈,指出学习者的归因是否恰当,纠正归因偏差,并做出较全面的分析,引导学生做出可控制、不稳定因素(努力倾向)的归因。一般来说,对学生的学习进步作能力上的归因,可以让学生逐步确信自己是有学习能力的;对学生的学习进步作努力方面的归因,可以使学生感觉到自己有能力控制自己的进步,进而会增强其学习的自我效能感。对于那些怀疑自己学习能力的学生,更需要对他们的成功作能力方面的归因。

如果个别学习者不愿意参加在学习论坛中进行的这种活动,教师可以通过 E-mail 方式与其沟通,许多学习平台也提供了成员间进行信息交流的方式(如小纸条、短消息、悄悄话等),教师也可以利用这种方式与学生进行交流,诊断其成败时的归因倾向,指导学生分析成败原因,鼓励学生符合实际情境的归因,矫正不正确的归因倾向。

(二)学习规划能力的培养策略设计

学习规划能力是指学习者根据学习任务对学习进行规划的能力,包括设定学习目标、制订学习计划的能力。在网络学习中,如果课程任务过于复杂,完成学习目标的周期过长,学习者的主动性往往会受挫,甚至会感到自己没有能力、没有办法完成。教会学习者设置学习目标,制订学习计划将有助于解决这一问题。

根据美国心理学家埃德温·洛克(Kdwin Locke)的研究,要获得成功表现,设置目标需要做到:目标应有一定难度,但又要在能力所及范围内;目标要具体明确(例如,对于一篇论文来说,完成 70% 比仅试着做要好得多);短期或中期目标比长期目标可能更有效(例如,下一星期掌握网络课程中的某一专题,比用两年时间获得一个学位的目标更好);要有定期反馈,需要了解自己朝着既定目标前进了多少;应当对目标达成给予奖励,用它作为将来设定更高目标的基础。依据这一理论,教师在培养学生的学习规划学习能力时,首先,应向学生提供课程的学习目标与课程进度计划,并留给学生自行设置学习计划的空间。其次,教师应教会学生把复杂的学习目标分解成具体的、短期的、通过努力就可以实现的学习目标。再次,教师应培养学生制订并执行学习计划的意识与能力,设定学习目标的目的是让学习者制订合理的学习计划,并在学习过程中自觉执行。最后,帮助学习者解决学习中的困难,摆脱网络迷航的困扰,是保证学生执行自主学习计划的一个重要方法。

1. 让学习者了解学习目标

当前只有少量的网络课程为学生提供了清晰、细化的章节学习目标,大部分的课程有教学目标或学习目标模块,但只有少部分的课程对目标做了细化。网络学习是一种高度自主化的学习,学习者在学习一门全新的课程时,如果缺乏具体、详细的目标,就难以制订有效的学习计划、调节与维持网络学习。因此,网络教学的学习目标模块中,首先要为学习者提供清晰的学习纲要,向学生介绍课程总目标,各章节的目标,每周的课程与主题、上交作业或是考试的日期以及评分标准,教师与学生互动讨论的规划(日期或方式），这样可以使学生在整体上了解课程的目标以及各个阶段应完成的任务，从而根据自己的实际情况调整学习进度。

在制定学习目标时，应留有一定的空间供学习者自我选择。网络学习者往往利用业余时间学习，因此不宜将目标设定得过死，可以为学习者规定一段时间内需要完成的任务，至于如何实现这一阶段任务，则由学生根据自己的实际情况，自我选择设定目标的机会，通过增强他们的目标承诺来改善其学习效果。

2. 教给学生设置目标、制订计划的策略

对于网络学习的"新手"，教师可以帮助他把复杂的任务分解成一系列近期目标，使其感到任务具有一定可操作性，还应向学生传授设置学习目标的策略。这样，在实现目标时，学习者会逐步体验到设置目标的重要性，也会逐步养成设定学习目标、制订学习计划的习惯，其规划学习的能力也会逐步增强。在向学生传授设置目标的策略时，首先要指导学生设置科学的学习目标。所谓科学的学习目标，是指近期的、具体的，水平稍高但通过努力就可以实现的学习目标。可以在网络课程的学习指南栏目中，要求学生制定学习目标，并提示他们设置具体、明确、可操作、可检测的学习目标。其次要教会学生把共性目标转化个性目标。一门网络课程的目标，一般是由教师统一制定的，教学大纲、教学计划、学习进度未必适合所有的学习者，教师可以鼓励学习者把这种共性目标转化为共性与个性相统一的、符合学习者个性特征的高效个性化学习目标。

3. 培养学生合理安排时间的能力

网络学习者的自主学习是一件独立性很强的事情，如果学习者沉迷于网络迷航中，不能有效利用时间，学习目标将难以实现，学习也不能深入下去。学生使用学习时间通常是基于习惯，而不是基于计划。网络指导教师可以利用"发起讨论—授递时间管理策略—制订计划—实施计划—反思讨论"的步骤帮助学生养成利用时间的良好习惯，学会有效地利用时间。

首先，教师可以在"自主学习方法讨论区"内发起如何有效管理学习时间的帖子，鼓励学习者记录自己一段学习时间内（如一周或者一天24小时）所从事的活动，并进行分类整理，如每天上网时间、学习时间；或者总结网络学习中的一些习惯，如学习在线课程时是否同时听音乐、是否浏览与学习无关新闻等，然后将整理结果回复到教师帖子，这样就引发了学习者关于如何更有效利用时间的讨论。

其次，教师回复学生的讨论，从而激发进一步的讨论，最后总结讨论结果，指出学习者在时间利用上的不良习惯。

再次，教师向学生传授一些时间管理策略，提供个人时间记录表，要求学生制订学习计划，列出一周（或一天）必须完成的活动，努力按计划完成这些活动，并将计划情况记录到时间表中。教师还应要求学习者对制订计划、执行计划的过程进行反思，甚至要求学生在讨论区内提交自己的反思心得，发起关于如何有效利用时间的二次讨论。

最后，教师应提醒学生：在执行过程中，如果感到计划并不完善，或者因为临时原因需要进行调整时，千万不要怕对学习计划进行修改，学会判断和处理时间冲突，根据实际情况对学习计划进行修改，才能更有效地完成计划。

4. 帮助学生走出迷航的困境

网络自主学习中，学生常常会面对海量的网络信息，在浏览充满超链接的教学材料时，极容易偏离学习目标，出现个人所接收的信息超过其处理能力和信息未能有效应用的状况，这种现象类似于在大海中航行时迷失方向而不知所措的现象，称为网络学习中的信息迷航。迷航现象消耗了学生有限的注意力资源，浪费了学生大量宝贵的时间。教师在设计教学资源或在线辅导时，应注意帮助学习者克服这种迷航。首先，在教学资源呈现方式的选择上应符合成人的认知规律，良好的设计应能帮助学习者有效地分配其注意力和时间。在内容上做到结构清晰、知识分类明确、层次鲜明、教学内容循序渐进；在形式上做到：简洁、一致，屏幕的布局符合视觉认知的特征，一次性呈现的信息量适中。其次，帮助学生进行信息的过滤与组织。许多网络学习平台都为学生提供了课外学习资源的链接，为有效防止学习者在点击链接后的迷航，教师应对这类链接资源进行过滤与组织。其中，一个有效的策略便是由辅导教师根据学习内容向学生提供相应的单元性知识，将课程资源链接单位由网站链接减小到指向内容的链接。最后，为学生提供克服网络迷航的认知工具。比如，提供电子时钟工具，这种工具可以与学习计划结合在一起，由学习者自行设置，每隔一定时间自动向学习者发问，避免发生迷航现象。

5. 持续关注策略

网络教学中的学生不是天生就会自主学习的，其自学能力、自制能力、对信息资源的选择能力和对学习过程的控制能力，都是在教师的指导与帮助下逐步培养和发展起来的。因此，网络教学机构和教师应对学生有持续的关心，提供更好地学习支助服务和其他各类服务。首先，每个学习者的学习活动在网络教学平台中有详细记录，教师可了解每个学生的学习情况，通过分析学生学习活动来了解并关注每个学生，帮助其调整学习策略。其次，对于某些学习记录异常的学生，教师可以通过 E-mail、电话等联系方式予以关注，提醒他注意保持良好的学习活动习惯，如果学习者遇到了困难，教师应尽快帮助他解决。最后，目前网络教学的评价方式仍然以课程考试为主。如果有学习者不能通过考试，教师应给予特别关注，帮助其分析原因，重新树立学习信心，最终坚持完成学习任务。当然，对学生的支助服务类型、方式、强度、频率等应因人而异。即使对同一个学生，也要随着学习进程而有所变化，在帮助其完成网络学习任务的同时，不断培养学生的自学能力。

（三）信息加工能力的培养策略设计

信息加工能力是学生在网络环境下学习在线课程、参加学习讨论、完成作业等过程中必需的能力。学习者的信息加工能力可分为两个层次，一个层次是网络操作技巧，属于操作技能层次的能力，可以参照教育心理学动作技能培养的策略进行培养。另一个层次则是信息加工策略，即在学习活动中的方法、技巧等。信息加工策略的养成属于方法层次的能力，方法性知识在本质上属于程序性知识，其培养程序应符合程序性知识的学习规律，首先帮助学习者了解策略的价值和适用条件，即策略的作用和适用条件是什么，有哪些操作程序。其次，创设应用信息加工策略的网络教学环境。在具体的情境中进行策略教学，并在相似或不同的情境中进行变式练习，保证学习者对策略进行充分的练习，才能取得理想的培养效果。

1. 多媒体演示策略

网络教学中的浏览在线课程、参加讨论、搜索学习资源、使用数字图书馆等技能大都是基于 Web 的操作。由于学习者入学前的网络操作技能水平存在着较大差异，因此可以在网络教学平台中增加电子指导书、FAQ 等内容，为这部分学习者提供补习的机会。所谓 FAQ（Frequently Asked Questions）即常见的问题及解答，教师可以将网络学习新手经常遇到的问题、网络学习的必需技能进行整理归类，把每种技能的操作步骤分解，配上详细介绍，以 FAQ 的形式提供给学习者。为了提高 FAQ 的情境性，还可以插入图片、动画或视频等多媒体信息，使学习者可以直观地学习这些技能，从而减小网络初学者的学习障碍。

2. 内置学习方法策略

内置学习方法策略是指在设计与开发学习材料时，将适合该学习材料的学习方法内置于材料之中，通过网络通信媒体向学习者发送。当学习者在利用学习材料进行自主学习时，可以选用教师提供的学习方法。内置学习方法的策略实施可以通过两种途径进行：其一，在呈现教学内容之前，向学习者提出有关学习的活动建议，增强学习的目的性。其二，在教学材料中嵌入一些思考问题，供学习者思考。例如，在学习一些陈述性知识（如现代教育技术的概念）时，可以在呈现概念之后，呈现一些问题（例如，在教育技术基本概念和定义的学习中，提出以下问题："本模块总共提供了几个现代教育技术的定义？请结合每个定义提出的时代背景分析其特点"），这种策略对学习策略缺乏的学习者尤其有效。

3. 伙伴示范策略

合作学习理论认为，生生互动是教学系统中尚待进一步开发的宝贵的人力资源，是教学活动成功不可缺少的重要因素。在合作学习过程中，学生之间可以相互示范、模仿认知策略的运用，比较各自所运用策略的优劣，可以获得教师不曾传授的认知策略。例如，让学生就所学的内容互相提问，探讨这些问题的答案，有助于养成他们自我提问的习惯。在实施伙伴示范策略的过程中，教师主要做两项工作：一是根据教学内容，在不同的教学阶段组织学习者进行认知策略的讨论。教师可以在学习讨论区内设定关于认知策略讨论的专区，将学习者分成若干小组，采用合作讨论的形式，让学习者以小组的形式发表帖子，讨论认知策略的使用价值和方法。二是注重对学习者讨论结果的引导。在讨论过程中，教师可以适时地对学习者的认知策略进行点评，将良好的策略作为示范向其他学习者推荐。

4. 在培养学习者信息能力时需要注意的问题

第一，策略的教学应在具体情境中，与具体课程学习结合。研究表明，认知策略一般不宜作为一门独立的课程来教，而应该作为学生面临实际任务的一部分来教。当认知策略在学科领域的情境中，在实际的学习任务中进行培养时，学生能更好地获得这些策略。例如，教学生知识编码、记忆策略时，在英语学习的具体情境中会更有效。

第二，每次只教适量的策略。认知策略的习得遵循程序性知识的规律，需要进行变式练习才能取得较好的效果。如果每次传授的认知策略过多，学生往往会局限于肤浅的理解，难以做到充分的练习，很难做到熟练地掌握这些策略。

总之，网络教学中信息加工能力的培养，应根据成人学习的特点，结合学科教学，用适当的方式帮助学生掌握必要的网络学习策略，不仅"授之以鱼"，更要"授之以渔"。

（四）合作能力的培养策略设计

自主学习并不等同于孤立的学习，网络环境中的自主学习强调学习者的独立性与主动性，但并不排斥交流与合作。在自主学习的过程中，学习者需要构建有利于自己学习的资源环境，在遇到各种困难时知道何时、何地、如何主动寻求教师或同学的帮助。网络教学中的学习者与同伴或教师之间，利用网络通信工具进行合作交流，让学生在合作气氛下分享各自的见解，消除网络独立学习的孤独感，可以促进学生自我评估、自我调节，更好地建构自己的知识体系。教师可采用以下措施和策略在网络教学中培养学生的沟通与合作能力。

1. 向学生传授网络交流技巧，减小网络交流的不适应性

网络教学平台提供了多种交流工具，如 E-mail、BBS（学习社区）、WebQQ（点对点的实时交流工具）等，熟练利用这些工具是实现自然交流的基础。因此，网络教学系统应该为学生提供恰当的网络学习课件，供学生学习以便掌握网络交流工具的使用方法与技巧。其次，在学习之初教师应该引领学生进行网络交流的适应性训练。在学习开始前，教师可以通过群发邮件的方式向每位学生发送欢迎学习该课程的信息，在学习过程中，向学生发送邮件征求学生对于课程设计、学习方式、学习支持需求的邮件。当学生查看此类信件或者回复信件时自然也就学习了与教师交流的手段。

2. 营造民主、平等的人性化交流氛围

充满人性化的协作环境有助于激发学生的学习兴趣和学习热情。教师要引导学生逐步建立起民主、平等的人性化交流氛围，使每个学生都能积极参与、自由表达，并能在学习遇到困难时，及时向教师和同学求助。

首先，要形成轻松、温暖的协作氛围。教师首先要尊重学生的人格、感情和意见，相信学生的自我发展，信任学生的潜能，建立融洽、平等、朋友式的师生关系，形成一种接受和理解的心理气氛，使学生在这种氛围中能够自由表达、自由参与，意识到自己的力量和存在。良好的师生关系本身就是一种非常重要的教学策略，学生可以很自然地把教师当作最可靠、最可信赖的合作伙伴。其次，要建立便于感情交流的空间环境。网

络学习中既有人机交互，也有人人交互。在人人交互中，可利用多媒体技术提供一些形象化手段，如头像、表情图、声音、图像等，直接支持人与人之间的交流、讨论，在这样的空间环境中，学生能直接感觉到教师和同伴真诚的帮助和理解，由情感推动着的"参与"活动，会收到良好的教学效果。

3. 小组协作学习策略

协作学习是通过小组或团队的形式组织学生学习的一种方式。有些网络教学平台设计了基于多媒体网络技术的远程协作学习系统，支持学生自由分组、分工协作，有助于增强学生的沟通能力和相互包容能力，培养和发展其合作能力。协作学习通常由4个基本要素组成，即协作环境、协作小组、协作成员、指导老师。如何划分协作小组、如何创设协作环境，是保证协作学习富有成效的关键。

（1）建立丰富的结构化资源环境

协作学习需要借助一定的信息资源，教师可利用网络教学系统，根据学习内容，精心创设信息资源环境。资源既包括事先下载的、经过滤、分选的各种有价值的网络信息，也包括自己编制的声音、动画、影像、图像等媒体信息。另外，要为学生提供友好的、便捷的查阅通道，使学生在直观形象、丰富多彩的资源环境中自由浏览、自主选择，从而提高网络学习效率。

（2）依据学习风格，组织协作小组

协作小组的划分、组织是否得当，将直接影响协作学习效果。通常情况下，协作小组的人数以2至4人为宜。教师在对学生的学习风格进行观察、分析、归类的基础上，一般采用"组间同质，组内异质"的互补形式划分协作小组，让学生在协作学习过程中，共同探索、发现，共享知识信息，共同商讨、论证、设计问题的解决方法，通过相互配合、相互帮助、相互促进、分工协作等，共同达到自定的学习目标，同时在划分小组时，还要考虑到学生的年龄、性别、地域等特点以及自愿原则组合。

（3）在教师指导下协作学习

教师指导学生制订协作计划、任务、目标，对每个成员有明确的任务分工，共同承担学习任务。

（4）学生充分利用网络教学系统和学习平台

实现网络协作，就学习中的疑难问题经常讨论、协商，通过学习同伴的共同讨论达到彼此理解，并达成共识。学生还可以通过协作学习把每个人对特定问题的个别观点条理化、系统化，最终形成新的认知结构。

（五）元认知能力的培养策略设计

元认知是由美国心理学家弗拉维尔（Flavell）提出的，他将元认知定义为"关注并调控认知活动的知识与能力"，即关于认知的认知，它可以分成三个性质独立但具有高度相互关系的变量：个人变量、任务变量和策略变量。是否具有坚实的元认知知识基础对于能否成功学习来说至关重要。网络学习者的自主学习环境具有超链接、分散性的特点，更需要学习者的元认知监控与调节。元认知能力是网络学习者进行自主学习的核心能力，它主要包括学习者对网络学习过程的自我监控、自我评价，并进行自我调节与反思的能力。适当的教育和训练能够提高学生的元认知水平，教师可以从元认知知识和元认知监控等方面，采用自我反省的方法，有意让学生经常反省自己的学习过程。

1. 丰富学生的元认知知识

元认知知识是个体具有的关于认知活动的一般性知识，它包括关于个体的知识、关于认知任务的知识、关于认知策略的知识。研究表明：学生元认知水平与其拥有的元认知知识有极大关系。元认知知识主要通过经验积累起来，在教学中，采用活动的方式或者渗透于学科教学过程中的方式，进行元认知知识的教学，使内隐的策略知识外化，可以缩短学生摸索的过程，取得良好的效果。

（1）在活动中丰富学生的元认知知识

这是指教师设计专题活动，促使学生对自己和其他学生学习风格进行了解，丰富学生认知个体的知识。一般在新课程开始，教师可以进行学习风格测验，让学生了解自己的学习风格，在此基础上帮助学生采用最佳的学习对策。例如，对于"视觉型"学生，教师可以提醒他，充分利用网络课程中的视频讲授栏目，尽可能地用图表做笔记。"整体型"学生对细节往往不够耐心，教师可以建议他花些时间阅读有关学习指导和测试题，以提高学习效果。教师还可以利用集中答疑时间，建议不同学习风格的学生组成学习小组，共同完成学习任务，起到互相启发、取长补短的效果。总之，通过活动使学生充分认识自己，了解元认知知识中的个人变量。

（2）在课程教学中丰富学生的元认知知识

这主要表现在教师帮助学生了解有关学习目标以及为了实现目标应该采取的策略。比如，在课程学习或单元学习前就明确指出学习目标、任务和要求，使学生有明确的学习目的，有的放矢。在学生对学习目标、任务和要求有所了解的基础上，增加学生对课程整体安排的了解。教师还应在教学过程中引导学生去发现教材中隐含的方法、技巧及思想，注意丰富学生认知策略的知识。例如，在刚开始学习课程知识的时候向学生介绍该学科中常用的认知策略，包括内容学习策略、作业策略等；在学习具体内容时再介绍一些特殊的方法，并提醒学生注意每一种方法有其适用的范围和特点，根据学习内容选用合适的方法。

2. 加强元认知监控的培养与训练

元认知监控是指个体在认知活动过程中，不断评价学习过程，并适时地调整计划、选用恰当的方法，以保证完成学习任务。元认知监控是元认知的核心。已有研究表明，在一定的知识基础上，学生学习的自我监控水平已成为影响其学习成功的关键因素。元认知监控主要通过对学习任务的反思总结来实现，表现为学习中的反思总结和课程学习中的阶段性反思总结。

（1）通过认知示范教会学生自我监控的方法

学生自我监控技能的发展是经教师的讲解、示范和他们自己进行大量、长期的策略迁移练习而逐步形成的，那种仅仅有过一两次监控知识的讲解、示范，就认为学生能够运用自我监控技能的想法是不现实的。目前许多网络课程都提供了教师讲解学习内容的视频，在制作这类视频时应克服那种教师端坐讲授、"头像搬家"似的生硬画面，应注意在讲授教学内容时，在概念、定理、法则的提出过程中把思考问题、解决问题方法的运用示范给学生。教师甚至还应预测学习者在网络环境下可能会遇到的思维障碍，分析出现障碍的原因，设计好调节思维过程、突破障碍的技巧，在教学中将障碍模拟出来，在学生稍加思考后，教师从学习者的角度边示范性地解决问题，边讲解问题解决过程中是如何监控、调整自己的思维过程。教师在教学中处于主导地位，这种示范作用是显而易见的。

（2）布置反思任务培养学生的反思习惯

反思是学生自觉地对自身认知活动进行回顾、思考、总结、评价、调节，反思是认识过程中强化自我意识，进行自我监控、自我调节的主要形式。缺乏对学习过程的反思是目前网络学习者在学习过程遇到的障碍之一。要让学习者具备反思的能力，养成反思的良好习惯，教师可以通过两种途径：一是向学生提出明确的反思任务，如教师可以在布置作业时，设置一些反思性的作业，供学习者思考；二是提供给学生辅助反思的认知工具，加深学习者反思过程的体验，如提供一些自我评价表。这个表由教师与课程设计人员共同完成，供学习者在学习的某些阶段填写，主要内容是针对学习者学习过程、学习结果、学习策略应用等方面进行评价，让学习者对自己的学习行为进行评估，使其养成及时自我反馈的良好习惯，也可以增强学习者的自我评价能力。

（3）利用自我提问强化学生的自我监控意识

自我提问就是让学生通过自我提问的方式，厘清学习的思路，增强学习的主动性。帮助学习者养成自我提问的习惯，是进行元认知训练的有效途径。教师应在教学中时常提醒学习者养成自我提问的习惯，也可以在网络环境中设计认知工具，帮助学习者养成这种习惯。例如，可以使用动态网页技术在学习者开始学习时、学习过程中或者学习结束时，提出一些有关学习策略、学习监控等方面的问题（例如，在学习者离开网页时，弹出提示消息："你今天完成学习计划了吗？常常反思自己的学习方法，可以使你的自主学习更有效！"等等，这种方式利用 JavaScript 技术就可以实现），培养学习者对学习自我监控的意识，帮助学习者养成自我监控的良好习惯。

3. 提供认知工具，对元认知能力进行培养与训练

在网络环境下，教师难以面对面地指导学生进行自我反省，但可以通过一系列帮助学生自我监控的认知工具实现元认知能力的培养与训练。如可以向学生提供学习契约工具、自我监控表、自我评价表等工具。所谓学习契约工具是指在学习者进行自主学习之前，教师（或是学习系统）可与其签订一份类似合同的"学习契约"，由学习者自己制订

一份自主学习的计划，待学习结束时，系统向学习者展示这份契约，并询问学习者是否已经完成，从而培养学习者自我监控的能力。所谓自我监控表，是指为学生提供一个记录本，要求学习者随时记录学习过程中的学习行为，在结束时，提醒学习者观看历史记录，并根据学习效果反思学习过程。所谓自我评价表，是指教师可以制订针对学习者学习过程、学习结果、学习策略应用等方面的学习评价表，供学习者对自己的学习行为进行评估，及时给予自我反馈，这也可以增强学习者自主学习的自我评价能力。另外，还可以提供"认知示范""学习伙伴"等工具，协助学习者解决自主监控中遇到的难题。

4. 提供大量练习与实践机会，促进元认知能力的保持与迁移

自我监控能力的培养是否成功，最后要看其能否保持和迁移。因此，还应将促进监控能力的保持和迁移作为培养的重要方面。首先，应在教学中创设元认知应用的条件和机会，给学习者提供大量练习与实践的机会。比如，让学习者把他解决问题的过程展现出来，鼓励每个同学自由地评价他人的解题方法，这样他们才能有效地练习使用、执行并保持那些策略，才能从教师的控制逐渐过渡到学生自己的控制。其次，及时给予积极反馈。在学生练习过程中，教师应监控他们的活动，注意提供及时的、个别化的指导和修正性反馈，及时予以鼓励，促进他们不断地实践监控策略，并实现策略的保持与迁移。

三、适于自主学习能力培养的网络教学平台设计与实践

网络课程是网络教学机构向学生传送教学材料、实施网络教学的重要方式，也是学生自主学习的基本环境。一般来说，网络课程包括两个组成部分：按一定教学目标、教学策略组织起来的教学内容与网络教学支撑平台。其中网络教学平台主要是指网络教学的软件工具、教学资源等。本文的第三章提出了网络环境中自主学习能力的培养策略，本节将在前面研究的基础上，以适于自主学习能力培养的网络教学平台设计为切入点，做一些自主学习能力培养的实践探索。

（一）设计思路

将适于自主学习能力培养的网络教学平台设计与开发作为文章付诸实践的原因有三个：

第一，为自主学习能力培养策略的实施提供一个网络教学平台，并内嵌自主学习认知工具，使学生在课程学习过程中，学会合理地规划网络学习、高效地利用网络学习时间，养成自我监控的良好习惯，以提高学生在网络环境中的自主学习能力；

第二，目前国内高校已经建成相对完善的校园网硬件环境，但网络教学资源却相对缺乏，尤其是与学校教学相联系的特色资源更是少之又少，校园网资源建设还有待丰富；

第三，目前许多师范院校已开设"现代教育技术公共课"，结合信息技术和现代教育技术的最新发展，全面培养未来教师的现代教育技术基本技能、切实提高教育技术应用能力，有效促进信息技术与课程的有效整合。但是，教育技术公共课往往遇到"课时短、效果不明显"的问题，为了这一问题，设计"现代教育技术网络教学平台"，将课程内容、

讲义、学习策略、网络学习技巧、自主学习认知工具有效地集为一体,方便学习者进行自主学习、协作讨论、自我评价。该平台的特色之一在于,不仅为学生提供了丰富的学习资源、网络交流空间,而且提供了支持自主学习的认知工具、自主学习策略讨论区和网络学习技巧的补充材料。

(二)前端分析

1. 学生的专业背景、特征

现代教育技术公共课是大学本科师范专业选修课程。学生的专业背景集中于基础学科,比较广泛,多数缺乏对于教育技术的了解。因此,教学内容应该包括教育技术的基本理念与知识,重点内容是教育技术与学科课程的整合。

2. 课程目标

现代教育技术是师范专业学生的一门公共必修课,旨在培养学生现代教育技术的应用能力和素养,使学生学会使用各种现代教学媒体,能采集各种多媒体素材并设计、制作成多媒体教学软件,能在网上收集、下载、处理和发布各种教学信息,至少掌握一种课件开发工具。通过学习和实践使师范学生的从师素质得到较大提高。

(三)平台的结构和功能模块设计

"现代教育技术网络教学平台"共设有学生信息管理、课程导学、学习资源、在线交流、自主学习支持工具五个模块。

1. 学生信息管理模块

学生信息管理模块主要实现学生与课程的数据处理功能,具体包括:对学生提交的账号和密码进行验证,以确定让合法的用户登录平台,在需要时能读取和显示学生的个人信息,如姓名、个人资料、积分等;还应该记录学生的笔记本信息、评价信息等,如果学生关闭所有浏览的页面之后,账号则自动注销。

2. 课程导学模块

课程简介主要是帮助学生了解开设此课程的意义,从内心接纳这门公共课,并自觉养成对教育技术课程的兴趣。由于网络学习的自由性大、自主性强,学习时间比较自由,该模块专门提供了学习目标与课程进度,供学生参考,有利于学生在学习目标的指导下自我规划学习时间。

3. 学习资源模块

学习资源模块主要包括教学视频、虚拟实验、自我测试等内容。

教学视频:向学生提供教师讲授教学内容的视频信息,便于习惯课堂授课方式的学生点击浏览。但这些视频并非"头像搬家"式的端坐讲解,而是尽量少用教师授课头像的镜头,在保留教师声音信息的前提下,插入与教学内容相关的配图、动画等资料,将讲授型画面变为图解型画面。为了便于学生掌握教学内容的结构、了解教师的讲授思路,该模块向学生提供了教师的电子讲义,供学生浏览学习。

虚拟实验:教育技术技能训练是教育技术公共课教学的主要内容之一,学生只有结合实验操作才能更好地理解教学内容。目前，受实验室条件的限制，往往只安排统一的、短时间的实验教学，不能满足学生个别化实验学习的需要。为了能给学生提供实时的实验课程学习条件，该课程设计了虚拟实验模块。按照实验大纲的要求，采用 Flash 等动画设计软件，以声音、图像和视频动画效果模拟实验环境，并添加交互功能，动态再现教育技术教学中的实验内容，学生可以根据需要有选择地进行某个实验内容的学习，感受"真实"的实验场景。

自我测试：学生在完成一个章节的学习后，可以在线进行自我测试、自我评价，通过在线测试，使学生了解自己对所学知识的掌握程度，加深对学习内容的理解。

4. 在线交流

网络学习是以学生为中心的学习方式，教师和学生面对面的交流机会较少，为使学生在学习过程中及时得到教师的帮助和指导，同时能够与其他学生交流学习方法和探讨问题，平台提供了在线交流模块，供教师与学生进行网络在线交流。教师在课程论坛中回答学员提出的疑问，也可以通过课程论坛以专题形式组织讨论内容，教师提出话题由师生共同探讨，学习者也可以自行组织学习小组，相互交流，互帮互学。教师还可以在学习方法讨论区发起"如何更有效地学习"的讨论，在学习方法上给予相应指导。在线交流功能加大了学生与教师、学生间的实时交互功能。在线交流可以采用 ASP 编程，教师和学生在 Internet 上使用浏览器进行在线交互。

5. 自主学习支持工具

此模块主要向学习者提供一些自主学习辅助工具，如学习记录本工具、自我监控工具、自主学习策略讨论等。学习记录本可以帮助学习者记录学习过程中的疑难问题及学习心得，学生可以随时写入，在记录笔记的过程中养成自我记录的习惯，也可以随时翻看这些笔记，在翻看这些记录的同时，可以有效地养成自我反思的习惯。自我监控工具可以帮助学习者养成自我监控的良好习惯。帮助学生在学习之初制订一份学习计划，允许学生设定系统弹出提示窗口的时间，当学习开始后，该工具可以记录时间，并按照设置弹出窗口询问学习者的学习计划是否已经完成，还可以定时弹出一些文本信息，提醒学习者不要浏览与学习无关的内容，从而有效防止网络迷航现象的发生。教师甚至还可以制定针对学习者学习过程、学习结果、学习策略应用等方面的学习评价表，供学习者对自己的学习行为进行评估，对于学习者的评估结果，系统或者教师及时给予反馈，逐步增强学习者自主学习中的自我评价能力。

该平台的设计是在自主学习能力培养策略研究的基础上进行的，是为策略的实现而提供的网络学习平台。

（四）界面设计

平台首页左侧是学生信息管理界面、课程简介与师生交流模块，右侧是针对网络学习者网络操作技能与学习策略的补充性知识。课程首页中间部分向学生提供有关课程的动态信息与课程地图。通过观看课程地图，学生可以清晰地了解现代教育技术的主要内容。

在学习界面的左侧向学生提供了丰富的自主学习资源（学习计划、电子讲义、授课录像、虚拟实验、自我测评等）与交流空间，在学习窗口的中上部分提供了辅助学习者自主学习的认知工具（网络笔记本、时间管理助手、学习监控助手、学习策略与上网技巧补习等）。在窗口的中央区域向学生提供课程地图。所有资源均以超链接的形式组织，学习者点击相应的链接，即可浏览并获取相应的学习资源。

第六章 计算机网络教学的现状

第一节 教学内容的适用性

一、问题的提出

网络教育是远程教育的形式之一，是指以计算机网络、卫星通讯网络和电信通信网络为介质，在以多媒体网络课程为核心的学习资源而构建的网络教育环境中开展教学与学习活动进程的教育组织形式。网络教学是网络教育中具体实施环节的关键一环，与传统的学校课堂教学相比，网络教学具有时空分离的典型特征，从积极的意义上看，它在很大程度上解除了时空条件对学习活动的限制，任何人可以在任何时间、任何地点去学习他所需要的知识，因而，其是一种适应时代信息爆炸的要求、能够在学校教育和终生教育等多种教育层次发挥作用的有效形式。

在计算机技术、通信技术、心理学、教育学等方面正开发出一些基于互联网的教学课程，利用网络作为教学环境与教学工具，在实践中探索相应的方法和规律。但是，网络教学毕竟不同于传统的教学，在教师作用、教材组织、教学环节、质量评估等方面都必须有所突破和创新。从国内外实践中可以看出，网络教学具有许多独特的优越性，如便于交互、跨越时空、容易进入、资源丰富、传递方便、多领域专家共享及交流、学习反馈、独立操作、模拟真实、易于更新课程、利于协作学习和网上评价等。同时，它也有一些有待改进之处，如环境要求高、价格较贵、操作不易掌握等。另外，由于我国开展网络教学实践的时间还比较短，必要的经验积累和专业研究也都处于起步阶段，兼以网络媒体自身特点的影响，致使目前的网络教学显现出很多亟待解决的理论问题和实践问题。这些问题一般可以分为技术和教学两个层面，其中教学层面的问题又主要表现在网络课程的设计、开发和制作的质量上。在网络教学中，由于教的过程与学的过程时空分离，网络课程作为教与学之间的纽带，承担着传统课堂教学中教师的部分角色与任务，在对学习效果的影响方面，比其他教学资源发挥了更大的作用，因而网络课程的设计、开发和制作质量直接关系到教学目标的实现水平，成为网络教学中教学层面问题的主要内容。

这一问题的解决有赖于正确认识和完整把握网络教学过程的环节构成与影响因素。一般而言，教学过程中涉及的教学环节和影响因素主要包括：教学目标的呈现；学习者特征的分析；教学内容的分析和组织；媒体对教学内容的传递、呈现；教学策略的选择；

教学评价的实施；教学环境的设计等。尽管关于教学环节和影响因素的问题还有很多其他观点，但在求同存异的原则指导下，可以认为上述观点基本概括了教学过程中的主要环节和影响因素。显然，这些教学环节和因素在网络教学中也同样存在，并由于时空分离而产生其特有的问题，因此应当在网络课程设计、开发时给予充分考虑。

相对而言，在目前我国网络教学的发展水平上，学习者特征和媒体对教学内容的传递和呈现方式等因素对网络教学的影响作用显得更为突出，其他环节和因素，诸如目标呈现、策略选择、教学评价和环境设计等，尽管与传统教学对应部分相比而言也有其独特性，但不作为作者所进行的研究中重点考虑的因素，因而作者以上述学习者特征和媒体对教学内容的传递、呈现方式两个因素对网络教学效果的影响问题确定了所进行研究的基本内容范围。

进一步来看，就学习者特征这一因素而言，包括起点水平、学习风格、家庭背景、性格、兴趣爱好、年龄、性别等多种成分。其中，起点水平和学习风格较其他各种成分对学习者的影响更为直接，而起点水平随着学生的学习而不断发生变化，不具有稳定性，因此学习风格就成为学习者特征分析中的主要内容。

另外，教学媒体作为一个教学要素，包含着从教师的口述、板书、教科书等到计算机和网络信息等类别和形式，但由于我国的特定历史条件，人们提到媒体一般习惯特指现代电子媒体，导致术语运用在一定程度上发生含混。为此，本书以"教学内容呈现"代替媒体对教学内容传递、呈现这一教学环节，无疑，教学内容呈现方式也是影响学习效果的一个重要因素。

至此，本书所研究的问题已然明确，即网络教学中教学内容呈现方式和学习者学习风格两个因素对学习效果的影响。

二、网络教学和网络课程的概念

对网络教学的研究当然首先涉及概念，有必要界定"网络教学"的概念以明确本书研究问题的范围。

网络教学的概念可分为广义和狭义两种理解方式：按照广义理解，即凡是在过程中运用了网络技术的教学活动均可称为网络教学，无论是通过网页发布教学内容；通过电子邮件与学生交流；通过网络传递视频信息，将一堂讲授型的课共享给另一个课堂的样式（类似电视直播）；还是基于网络信息资源的信息加工样式——如 WebQuest 以及基于网络应用的研究型课程等都属于网络教学。按照狭义的理解，网络教学是指将网络技术作为构成新型学习生态环境的有机因素，充分体现学习者的主体地位，以探究学习作为主要学习方式的教学活动。不难看出，狭义的概念将网络教学界定为一种特征明显的教学活动，因而更加准确，具有更强的指导性，但也显现出和实践发展的距离。从我国网络教学的发展现状来看，现阶段的网络教学还处于起步阶段，将多种利用网络完成教学的具体形式排除在网络教学概念外，显然容易造成发展思路和实践上的局限，而采用广义的定义更符合现实需求。因此，本书中采用广义定义，将网络教学理解为利用网络技术完成知识信息传递的多种教学活动的总称。

对网络课程概念的研究更为复杂，形成多种不同角度的界定，各种界定归纳为较有代表性的以下六种。

①网络课程是传统课程在现代网络信息环境下的重建，是教师、学习者、媒体教材和网络学习环境四者持续相互作用的过程与内容的总称。平常所说的网络课程一般都是指狭义的网络课程，即网络媒体教材。

②网络课程是网络教学的基本单元，是通过综合教学设计，以计算机互联网络为主要交流平台建设的教学科目内容及实施教学活动的总和。它既不是一些商业网站或软件企业未经教学设计所设立的吸引用户的课程，也不是一般的辅助性教学资料。

③网络课程归根结底是一种教学活动的形式，它一方面要考虑课程的一般特和教育价值取向，另一方面要依靠网络技术的支持。

④网络课程是指在网络环境中根据一定的教育目的确定课程目标，设置组织和实施课程，根据对课程的评价进一步改进课程的一系列活动的总称。

⑤网络课程是以网络为媒介，通过网络，有计划地达成某种预期学习结果的经验传递活动。

⑥网络课程是通过网络表现的某门学科教学内容及实施的教学活动的总和，它包括两个组成部分：即按一定的教学目标、教学策略组织起来的教学内容和网络教学支撑环境。

这六种定义都有一定的实践意义和代表性，但又存在一定的局限性。定义⑥比较科学、合理、完整。本文对网络课程概念的理解也采纳定义⑥的描述。根据此定义，网络课程包括教学内容和网络教学支撑环境两个组成部分。教学内容是以知识点为基本单元，以文本、图像、动画、音频和视频为综合表现手段的课程内容。网络教学支撑环境是指支持网络教学的教学资源、教学平台以及在网络教学平台上实施的教学活动。

三、教学内容的呈现方式

（一）教学内容呈现方式概述

"信息是物理载体和语义的统一体"。人类社会的信息呈现过程就是将头脑当中的思想、感情、观念等用他人可以接受的方式发送出去的过程。信息呈现的过程涉及信息组织、信息编排、媒体及符号表现形式的选择等多个方面。和一般的信息呈现过程一样，教学内容呈现过程同样包括信息组织、信息编排、媒体和符号表现形式等多个方面的要素，其中，信息组织侧重于把握信息的内在结构和联系，并针对实际情境进行必要的信息补充，以保证按照信息的内在逻辑关系完成信息呈现，是信息编排和媒体及符号表现形式的基础；信息编排侧重于对信息呈现的时空顺序做出安排；而媒体及符号表现形式则负责内容传递，其形式特征本身往往对内容传递的效果形成特定影响，同时也在一定程度上体现信息的组织和编排，因而是信息呈现过程中一个较为重要的因素。在传统教学中，教学内容的呈现是由教师在分析学习者特征的前提下，结合教学经验在备课、讲课的环节中完成的，教学策略也主要通过教师的备课和讲课来实施和体现。而在网络教学中，教学内容的呈现是由网络课程设计、开发者通过对教学内容的有效组织，然后通过各种媒体或符号形式完成教学内容的呈现，因此网络课程对教学内容信息的呈现是教师信息传递和学生信息接收的枢纽，也是教学策略的实际体现和具体执行，它将对学习效果产生一定影响。

从上文的说明中可以看到，教学内容呈现是任何教学过程不可或缺的一个基本环节，直接对应于传统课堂教学的"讲授"。目前，教育技术学研究领域相对较少使用"教学内容呈现"这一概念，把相关问题的研究归类到"媒体表现形式"或"媒体选用"问题当中。

我们应当看到，国内外学者对媒体的研究越来越深入，媒体的相关理论也日趋成熟，对于利用不同媒体呈现信息的效果问题也已经受到关注。安东尼·贝茨（Anthony Bates）对媒体的教学特性做出了较为合理的概括：

①媒体一般都是灵活和可替换的，焦点是在给定的条件下何种媒体最合适。

②每种媒体都有其内在规律，即有一套能发挥其功能的固有法则。

③并不存在"超级媒体"，所有媒体都有其长处和短处，而且一种媒体的长处往往是另一种媒体的短处。

④对于某些具体的教学目标来说，存在某种媒体的学习效果明显优于其他媒体的情况。应当承认，在课堂教学中，教师的口头语言、黑板、模型、录音、录像等多种媒体的应用对学习效果产生了一定的作用，但由于课堂学习效果同时受教学环境、教师水平等因素的影响，因而对课堂教学中不同媒体的学习效果进行比较存在一定困难；而计算机课件或网络课程则可以包容多种媒体的表现形式，使之既可以独立发挥作用，也可以组合使用，网络课程一旦开发完成，诸如，教学环境、教师水平等条件就相对稳定下来，从而减少比较过程中的干扰成分，为进行不同媒体表现形式学习效果的比较提供了可行性。因而，可以根据安东尼·贝茨的观点得出推论：在网络教学中，利用不同的媒体表现形式呈现特定教学内容、实现特定目标时学习效果会出现差异，并可以通过网络教学对这种差异进行比较研究。

（二）网络教学内容呈现方式现状和研究

对网络课程中教学内容呈现过程的研究主要集中在媒体表现形式方面，即暂时忽略教学内容呈现过程中知识的组织结构、陈述顺序和策略、教学理念等成分，把注意力集中到采用何种媒体表现形式呈现知识的问题上。在我国现有的网络课程中，常见的几种教学方式有如下几种：

文字＋图片＋表格；

文字＋图片＋表格＋多媒体动画（多以 Flash 为主）；

文字＋图片＋表格＋视频（流媒体、其他格式）；

文字＋图片＋表格＋多媒体动画＋教师的电子讲稿（PPT）。

上述的概括以及其中的分类，其主要依据是传统教学中教学内容输出环节在网络教学中的实现方式，即教学内容信息是依靠何种媒体或符号形式呈现的。作者考虑到媒体一词容易被误解，因而在本书中等同于现代电子媒体，缩小相应研究中对媒体研究的范围；除媒体问题外，这一教学环节当中还包含教师活动和其他影响因素，本书将媒体符号表现形式概括为"教学内容呈现方式"。

四、学习风格

（一）学习风格的概念

不同的人在许多方面存在差异，与人类个体在思维和信息表征方面的不同风格相比，人们更多地注意到个体在外部形体上的差异。然而，在思维和信息表征方面的差异，极大地影响着人们的生活道路和行为方式。许多研究表明：学习风格、智力和已有的知识、成就动机及相应的个性特征对学习与教学的不同方面有着不同影响。而作为个体典型学习方式或学习倾向的学习风格，在一定程度上决定着学习活动基本进程的内容侧重、方法选择、深广度和进度等，因此对学习过程产生直接的影响，对学习活动起着很大的调节作用。

学习风格问题是当今西方教育心理学研究中比较新的一个课题。美国学者哈伯特·塞伦（Herbert Thelen）提出学习风格（learning style）的概念。20世纪70年代以后，西方学者开始运用测量、实验等方法对学习风格的类型进行分析。直到20世纪80年代初，学习风格的研究才从模式、分类等基本理论问题的探讨转向教学实践研究。

学习风格至今尚无公认的适当定义，不同的研究者有自己独特的解释。在本书中，学习风格是学习者持续连贯的带有个性特征的学习方式，是学习策略和学习倾向的总和。这里学习策略指学习方法，而学习倾向指学习者的学习情绪、态度、动机、坚持性以及对学习环境、学习内容等方面的偏好。

（二）学习风格的分类

西方学者从不同的角度把学习风格分成不同的类型，比较有代表性的有以下几种分类方式：

①场独立型与场依存型。
②沉思型与冲动型。
③整体性策略与系列性策略。
④辐合型与发散型。但事实上学习风格分类问题远比上述分类复杂得多，学习风格的形成受多层面、多种因素的影响，这些使学习者个体形成了习惯性的信息接受、加工和储存的偏好方式，并将学习风格要素分为三个层面，即生理、心理和社会层面，相对较为全面地罗列出学习风格的构成要素。

（三）学习风格对网络教学的影响

对于利用网络进行学习的学习者来说，怎样控制自己自主地利用网络资源进行学习，在很大程度上影响着学习质量的好坏。所以，在网络教学中关注学习者的学习风格对学习效果的影响是非常必要的。

结合网络化教学的概念和环境讨论了网络化教学的设计思想、学习者学习风格的影响等问题，认为影响学习者学习风格的因素主要包括以下几点：

①学习者生理类型的差异，主要是指大脑左右半球的功能优势。

②学习者在认知风格方面的差异，其中由威特金（H.A.Witkin）提出的场依存性和场独立性是比较恰当的一种。

③学习者在接受信息方面的差异，主要体现在学习者对形象的事物或抽象的事物的接受难易程度。

④学习者在处理信息方面的差异，主要有以下4种：具体—序列，具体—随机，抽象—序列，抽象—随机。

⑤学习者在使用信息方面的差异，主要分为求同思维或求异思维。此外，还有一些类似的理论综述、概述、研讨性质的文献资料，此文对学习风格的认识基本上采纳了邓恩的精致分类，对网络教学中学习风格的作用进行了思辨和推论。

不同学习风格的学习者对学习方式的适应程度不同，从而影响学习效果，且不同风格学习者在网络教学和面授教学中未显现显著差异，其理论假设未能获得实验支持。

综上所述，学习风格对网络学习效果影响的问题，目前已有少量理论争鸣性研究成果，但实证研究则凤毛麟角，其深度、广度都亟待发展。鉴于网络教学中学习风格问题研究的现状，并考虑到学习风格对学习效果的影响作用，本书将学习风格对网络学习效果的影响问题当作研究的另一项内容。

五、基本观点

（一）教学内容呈现方式

本文将教学内容呈现方式问题具体化到媒体符号表现形式方面，实质上也是对不同媒体教学特性进行比较的一次实验研究。但考虑到下述原因：一是鉴于现有教学媒体种类较多，逐一进行比较显然存在较大难度；二是部分媒体在技术发展中已然显现出被计算机的相应功能所取代而消退的趋势，使逐一比较失去必要性；三是在不同的教学情境中，不同媒体发挥的作用也不同，对各种媒体的学习效果进行逐一的比较很不现实。因而，本书仅从各种媒体符号表现形式当中选择文本和视频两种进行学习效果的比较研究。

在文本和视频二者之间，一般观点认为，文本媒体的抽象性较高，涉及的感官单一，不便于理解和记忆，不善于激发学习者的兴趣，学习难度较大，因此学习效果不是很理想。而视频媒体则明显具有更高的形象性，视听结合涉及更多感官，更适合理解和记忆，学习难度较低，容易取得较好的学习效果。但如果深入思考则会发现，这种一般对比虽然符合视听教育理论的观点，但和其他经典理论不乏存在相悖之处，和教学实践也存在一定的距离。

按照信息加工心理学的观点，学习过程可以分为信息输入和信息加工两个环节，其中前者是个体和环境交互作用的过程，后者则是已经输入的信息和个体原有知识经验相互作用的过程。现有各种学习理论对上述两个环节大多各有侧重。其中，爱德加·戴尔（Edgar Dale）的"经验之塔"视听教育理论是重视信息输入环节的代表性理论，而让·皮亚杰（Jean Piaget）的建构主义学习理论则强调信息的内在加工处理。

在戴尔的"经验之塔"视听教育理论当中，首先关注并且也作为落脚点的问题是不同的经验形式对学习的支持作用，该理论指出：越是简单、抽象层次越低的经验形式越容易被学习者掌握，并对抽象层次较高的经验或学习内容提供支持。不难理解，无论简单经验还是复杂经验，无论抽象经验还是形象经验，也无论直接经验还是间接经验，只要是经验，就必然以信息输入为前提；而戴尔对经验层次的区分以及列出的经验种类，也都是以外部信息的种类作为层次或种类划分依据的，换句话说，戴尔的理论在主要内容上只是就不同信息形式对学习的影响问题做出的一种回答。这一理论和其他类似理论或观点有其固有的价值和意义，但是该理论仅仅对信息输入环节涉及的问题做出了回答，而信息输入之后学习者将会如何处理、加工？此类理论并未对此给予足够的重视。

建构主义学习理论认为，学习是学习者通过和外部环境的交互作用而主动获取经验、并将经验内化到自己的认知结构当中从而发展认知结构的过程，和戴尔的"经验之塔"视听教育理论相比较，建构主义学习理论更加关注学习者对经验的主动获取，该理论比较明确地指出，经过内化而达到认知结构的发展才是学习过程的落脚点，各种信息输入形式不过是达到内化的不同方式和路径而已，往往有殊途同归之效。比较而言，建构主义理论有着更宽的眼界和更深的洞察力。

在视频媒体和文本媒体之间，按照视听教育理论，视频媒体呈现的信息属于观察的经验，文本媒体所呈现的信息则属于抽象的经验，前者当然更适于学习。但如果考虑学习的整体过程，则会看到，尽管文本媒体信息的内化存在一定难度，但一旦完成，必然意味着新知识已经和学习者原有知识结构当中更多的"图式"建立了联系，因而具有更高的巩固性。这一点在巴班斯基的教学理论中体现为学习的巩固性和理解性原则。

在教学实践当中，对于具备一定抽象思维能力、意志力和自制力的学生来说，文本媒体可能会因为其抽象性而迫使学生加强思维活动，提高知识加工整合的深度和广度，并由这种克服难度的活动过程而加深对知识的印象；视频媒体则可能因形象材料的提供而降低了对学生想象力和深入思维的要求，反而造成知识接收过于容易而"印象不深"的结果。在教育技术发展史当中，教育电视未能得到很好发展，其内在原因之一可能就在于此。

就本书所关注的网络教学问题而言，鉴于网络教学一般适用于成人学习者，且由于网络文本具有便于为学习者提供丰富的资源，允许学生自定步调调整学习进度，强大的超级链接和必要的导航设计为学生按照自己的兴趣爱好调整学习顺序提供条件等特点，更适于学习者进行主动的知识建构，因而在高等教育和继续教育等的网络教学中，以文本媒体形式呈现学习材料更容易取得良好的学习效果。

（二）学习风格

考虑到粗略分类中"沉思型与冲动型""整体性策略与系列性策略""辐合型与发散型"更多侧重于教学内容信息的内部加工处理过程，虽然和信息输入不无关系，但相对而言，毕竟关联程度和"场独立型与场依存型"相比较弱，而网络教学的重要改进之一即在于教学内容呈现方式由课堂讲授转变为网络呈现，体现出信息输入上的变化，且本研究关注的另一因素也是信息输入的不同形式，因而考虑将场独立与场依存的学习风格作为研究的主要因素之一。也就是说，学习风格可以从多个角度进行分类，意味着学习风格是一个需要从多种维度上进行定义的概念，个体的学习风格也需要从多种维度上加以描述，而本书所研究的是学习风格的场独立—场依存性维度。

场独立（field independence）和场依存（field dependence）这两个概念最初来源于威特金（H.witkin）对知觉的研究。20世纪50年代，他为了研究飞行员怎样利用来自身体内部的线索和视觉见到的外部仪表的线索而调整身体的位置，专门设计了一种可以摇摆的座舱，舱内放一把座椅。当座舱倾斜时，被试者可调整座椅，使身体保持与水平垂直的状态。研究发现，有些被试者主要利用来自仪表的视觉线索，但他们不能使自己的身体恢复与水平垂直的状态。另一些人则主要利用来自身体内部的线索，尽管座舱倾斜，他们也能使自己身体保持与水平垂直的状态。威特金（Witkin）称前一种人的知觉方式为场依存方式，后一种人的知觉方式为场独立方式。后来的研究发现，场独立与场依存是两种普遍存在的认知方式。

从学习的角度来看，场依存性的学生对人文学科和社会学科更感兴趣；而场独立性的学生则在数学和自然学科方面更擅长。此外，场依存性较易受别人的暗示，他们学习的努力程度往往受外来因素的影响；而场独立性在内在动机作用下学习，时常会产生更好的学习效果，尤其明显地表现在数学成绩上。在观察方面，场依存性比场独立性更多地注意他人的脸色，他们往往力图使自己与社会环境相协调，因而在形成自己的观点与态度时，会更多地考虑所处的社会环境。而场独立性一般都有很强的个人定向，且自信、自尊心较强。

依据关于网络教学理念和模式等问题的一般观点，利用网络进行学习的学习者应当具备一定的自主学习能力和意识，在认知和思维活动中体现出较多的独立性，这可以说是网络教学对学习者的基本要求。如果学习者不能在学习中保持必要的独立和自制，网络环境很可能成为学习者信步漫游的"知识森林"，容易在其中迷航；也可能导致学习者在分支庞杂、纷至沓来的网络教学资源中流连于资料浏览而不能及时整理思路以形成自己的知识结构，最终导致学习效率低下。

场独立性较强的学生更容易适应网络教学而取得较好的学习效果；反之，场依存性较强的学生则易在网络教学中面临困境，学习效果较场独立者有一定差距。

此外，学习风格可能和教学内容呈现方式之间存在交互作用，某种教学内容呈现方式可能更适合场依存性学习者而令场独立性的学习者感到不便，并进而影响学习效果，反之亦然。为确保网络教学的质量，充分发挥网络教学时空分离、实现个性化教学的优势，在网络课程的设计和开发中，有必要充分认识学习风格和教学内容呈现方式之间是否存在明显的交互作用，以便根据学习者的学习风格特征来考虑教学内容的呈现方式问题，并在把握以上两个因素对学习效果的综合作用的基础上，进而做出合理的教学设计和资源开发。但就作者所能查阅的资料情况来看，相关研究基本集中在对学习风格有关问题的理论探讨或实证研究以及对教学内容呈现方式进行经验性总结、综述等方面，在网络教学研究中，涉及两个或两个以上因素的实证性研究还比较少见，具体落实到教学内容呈现方式和学习风格两个因素的实证性研究未能在现有文献中检索到。

对这种交互作用，作者所提出的假设为：场独立性学习者更适合采用以文本媒体形式为主的资源进行学习，而场依存性较强的学习者则更适合采用视频媒体进行学习。

第二节 教学模式的合理性

一、网络教学与课堂教学模式的整合策略

网络教学之于传统教育具有实现教学的个性化、完善教育内容、改变学生学习方式三方面的优点，但同时也存在监管不严、过度依赖网络资源等不足之处。对此要积极发挥网络教学优势，可以采取以下策略：正确看待网络教学资源、积极落实因材施教、系统整合网络学习要素、坚持以学生为中心。

当今时代，信息技术在社会生活的各个领域得到广泛运用，在多媒体被广泛运用的今天，课堂上单凭传统的讲台、黑板这种教学工具，已不能满足时代的要求，而更适应社会发展的网络教学方式，能紧跟时代步伐，以其丰富的学习资源把原本平面的教学方式转换成以图、画、声等相结合的立体式教学。

（一）网络教学较之课堂教学的优势

1. 实现了教学的个性化

网络教学就是学校利用计算机网络作为主要手段教学，是远程教学的一种重要形式，是利用计算机设备和互联网技术对学生实行信息化教育的教学模式，网络教学具有个性化特征，它可以将原本静态的、固定的知识点，灵活组织起来，使学生更易于接受。

2. 完善了教学内容

在传统课堂教学模式中主要是以老师为中心，没有网络的辅助，学生只能凭空想象老师所讲到的知识，没有额外的知识拓展。而网络教学以其活泼动态的生活情景吸引着学生，使学生们在学习过程中积极主动起来，老师可以在教学过程中通过多媒体网络进行教学，给学生提供最新的学习资源，让他们的学习更好地与现实生活结合起来，有助于提高学生的生活技能。网络教学把书本上的学习内容延伸到生活的各个方面。这样就

极大地丰富和扩展了书本知识，学生在规定的教学时间内可以学得更多、更快、更好。学生对学习内容产生新奇感，这一优点无疑改变了传统课堂教学枯燥、乏味的学习气氛，极大地调动了学生的学习兴趣。

3. 改变了学生的学习方式

随着网络教学的广泛传播，各种各样的免费网络课程也不断发展起来，学生可以在家或者课下搜索自己感兴趣的课程进行自主学习，一方面可以拓展自己的知识面，另一方面对课堂上学到的东西做补充拓展，既节省了时间又能完善自己的知识体系。学生的学习地点、学习时间随心所欲，只要拥有一台计算机就能够学到自己想学的知识，为学生学习提供了便利。另外，一些学校翻转课堂的实行，也给教学带来了益处。所谓翻转课堂，就是老师把自己要讲的内容制作成短小精悍的视频，学生尤其是因为请假不能去学校上课的学生，在课下或者是在家里都可以通过看视频来学习，然后回到课堂上和教师交流自己学习的心得体会，这种教学模式既节省了教师的教学时间，又给教师提供了全面了解每个学生的机会。这些无疑都证明了网络教学的进步意义。

（二）网络教学与课堂教学的整合策略

1. 正确看待网络教学资源

一般我们都认为，只有教育出版社的教材才是最适合学生的，其实不然，教育出版社出版的教材，我们一般都是延迟一个月或者更久才能拿到，这样有些东西就会过时了。但是网络教学资源相比来说就具有与时俱进性，我们能通过网络获得最新的教学资源，给我们提供最有效的信息。

2. 积极落实因材施教

对于网络教学资源我们不能完全照搬照抄，要根据每个学生的发展水平，对网络资源进行合理改进，以适应自己学生的学习。杜绝使用冗杂的课件对学生进行教学，根据学生的发展水平灵活添加相应的学习内容，激发学生的学习兴趣。不要过分给学生施加课堂内容，学习内容要真正符合学生需求，能够促进学生学习能力的提高。让学生明确自己的目标，利用互联网优势，自主选择学习方法。给学生提供绿色的网络空间，从正确的渠道获取知识信息，避免复杂的网络环境给学生造成负面影响。

3. 系统整合网络学习要素

在网络课程与课堂教学整合教学模式的实施中，教师要注意将网络课程提供的沟通机制，如计算机网络、多媒体、专业网站、信息搜集等要素，同学生的能力素质要素，如基本技能、信息素养、创新思维等相结合，在符合学生接受能力的基础上适当给他们进行知识拓展，而不是一味地灌输知识，不关注其接受程度。

4. 坚持以学生为中心

在合适的情境下，允许学生充当教师的角色，充分发挥他们的想象力，表达自己对学习内容的认识，以更好地找到他们不理解或者知识储备还不够完善的地方，并加以引导，激发学生学习的主动性，加深对课堂内容的理解，锻炼主动思考的能力，建立师生互动平台，学生不只是单纯地学习课堂内容，也要在课下或者在家时可以通过网络和同学、教师进行交流，巩固所学的知识，并对知识做进一步研究。

在信息化社会里，网络教学的确给教师和学生带来了帮助，提高了课堂效率，但是网络教学资源自身的复杂性又要求师生能够取其精华，去其糟粕，这个过程中不仅要求教师能够筛选有效的学习资源应用于教学，而且要求学生正确选择对自身学习和身心发展有益的资源进行学习。

二、网络环境中对分课堂教学模式与翻转课堂的整合

对分课堂是一种国内原创的结合传统讲授和参与讨论的适合中国教育学情的教学模式，但是在实践过程中存在讲授部分难以兼顾基础不同的学生、课堂讨论部分时间难以控制等难题。随着现代教育技术的飞速发展，网络媒体在教学中的应用日益普遍，翻转课堂借助网络教育技术颠倒传统教学模式，变成课下学习新课、课上完成作业。将翻转课堂因素融入对分教学，可以使学生在课后通过自主选择教学音视频课件进行学习来获得不同程度的提高，使课堂生生、师生互动的时间更加充足，以解决学生学习基础参差不齐、讨论时间不够等问题，提高课堂讨论的实效性，实现学生的个性化发展。

传统课堂教学是指一种以知识为本位的教学，其本质特征就是以教师的直接讲授、单向传递为主，缺乏师生之间的互动，忽视学生的自主学习与自主探究。这种教学模式缺乏对作为知识接受主体的学习者的关注，只强调知识的接受，学习者作为知识的被动接受者，没有参与实践的过程。我国高校教学改革日新月异，现代教育技术在教育界的普及应用使教学方式发生了很大变化。但是，仍有很多课堂依然是以传统教学模式为主，教学活动以教师为中心，教师讲，学生听；教师问，学生答；教师写，学生抄；教师传递知识，学生接受知识。师生之间没有交流和对话，学生被阻隔在课程之外，失去了学习、思考和积极实践的动力。长此以往，将影响到人才培养的质量。因此，改变传统教学模式，找回学生学习的主体地位，使学生真正参与到知识探究习得的过程中来，加强师生、生生之间的互动交流，是革新教学、提升教育质量、培养有创新能力人才的关键。

近年来，随着新的教育教学理念，新的教学与学习方式的出现，"翻转课堂""微课""慕课""对分课堂"等新一代教学模式兴起，传统教学模式受到很大冲击，教育专家和一线教师也开展积极的研究实践，以期改变大学教学成效不高的情况。在具体实践中，由于教学环境各异，某种单一的课型或者教学模式很难达到理想的教学效果，因此将传统教学（Face to Face）与网络化教学（E-Learning）相结合，优势互补的混合式教学，成为目前高校教学改革的一个重要研究方向。本书拟从理论角度，探讨在翻转课堂教学模式中，利用网络环境实现知识的深层挖掘与拓展补充的翻转做法和对分课堂教学中教师讲授、小组讨论相结合的可能性与必要性。

（一）对分课堂和翻转课堂

1. 对分课堂

对分课堂（PAD class）教学模式由复旦大学张学新教授针对当前高校课堂缺课率高、学生上课玩手机、看电脑，不认真听课的情况提出了属于国内学者原创的高校课堂教学模式。传统教学中，教师课堂讲授和学生课后学习分离，师生交互很少，学生被动接受，主动性低；在讨论式教学中，如果按学生的思路展开，极易偏离教学内容，影响学习的系统性。对分课堂将讲授式课堂和讨论式课堂结合，取两者优势，既有传统课堂的先教后学的讲授部分，又有讨论式课堂的生生、师生互动。

对分课堂的环节为讲授（Presentation）、内化吸收（Assimilation）和讨论（Discussion），操作时要把课堂时间分为两部分：一半时间学生讨论；另一半时间教师进行传统式讲授。值得一提的是，每次上课先讨论上节课讲过的要点，后半部分时间用来讲授新知识，所以称为"隔堂讨论"。这种教学模式的优势表现在学生课后能有时间自主安排学习，对教师课堂讲授的内容进行不同程度的个性化内化吸收，然后为下节课进行讨论做准备，上课学生不再脑袋空空，而是有备而来，课上便有话可说，能够积极参与讨论，实现主动学习。在教学实践过程中，根据所授知识的难易程度不同，可以实现"隔堂对分"或"当堂对分"。为使学生有更明确的自主学习目标，采取"亮帮考"（a. 亮闪闪：总结上一节讲授的重点，难点。b. 考考你：针对上节课讲授重难点出问题考同学。c. 帮帮我：针对上节课知识整理出仍存困惑的地方，寻求同学帮助。）的作业形式以及根据不同质量的作业判给学生3分（及格）、4分（中等）、5分（优秀）的打分评价方式。这种策略调整不仅有助于改变传统课堂的教师"一言堂"，而学生保持沉默的现象，而且容易调动学生的学习积极性。此外，教学环节清晰，易操作，见效快。

2. 翻转课堂

风靡全球的翻转课堂（Flipped Class Model）起源于美国科罗拉多州落基山的林地公园高中。翻转课堂颠倒了传统的学习过程，从"课上教师讲授，课后学生回家完成作业"变成"课前在家里听看教师的讲解视频，课堂上在教师指导下做作业或实验"。翻转课堂中，最基本的教学环境发生了一定变化，教学活动需要网络平台支持；教师需要遵循的两个基本步骤是：一是根据教学内容和学生的具体情况创建教学视频。二是组织有效的课堂活动，让学生在课堂上有机会应用所学内容。而学生的做法则是在家通过网络根据自身情况完成新授知识的学习，课上则和同学一起互动完成作业或者实践活动。翻转课堂对学生学习结果的评估通过完成单元检测进行，学生也可以对自身的学习情况有清晰了解。

翻转课堂之所以受师生欢迎，是因为这种教学模式更加符合学生的学习规律，是先学后教的一种形式，学生有更多自由在课堂外选择适合自己的学习方式，可以调整知识接受的速度与量，避免部分学生"吃不饱"、部分学生"消化不了"的弊端，实现学生的个性化学习，并可以和教师、同伴有更多的沟通、互动和交流。

（二）翻转课堂因素融入对分教学的可能性

与传统的讲授式课堂相比较，翻转课堂和对分课堂在师生角色及关系、学习方式、理论支撑等方面都发生了相似的变化。

1. 教师和学生的角色定位发生了变化

翻转课堂和对分课堂都指出，教师不再是传统教学模式中一直强调的知识传授者的"权威"和"主导"，而是走下讲台，和学生共同探讨，变成学生身边的学习引导者、促进者，学生知识内化过程中的帮助者。教师的指导重心从向学生进行知识的宣讲转移到帮助学生进行知识的研磨、吸收，其指导作用并没有淡化，而是加强了。

2. 强调学生的中心地位

学生则不再是循规蹈矩地接受教师的教导，而是进行个性化学习。课堂上的小组讨论中，学生之间相互合作，解决问题，从原来被动学习变成主动学习，使学习真正发生，学生做回"学习的主人"，教学回归"以学生为中心"。如此一来，师生之间的互动交流大大提升，有助于建立良好的师生关系。

3. 学习方式的转变

两种教学模式都注重学生的"个性化学习""以学生为中心的学习"，因此学生的探究学习过程和师生、生生的互动合作过程是学习的关键。翻转课堂颠倒传统教学模式，通过网络平台的信息传递功能，让学习在课外发生，学生可以根据自身情况对知识进行不同程度的消化吸收，课内通过目的明确的互动来解疑，再进行进一步的深入探究和理解。对分课堂将课堂时间对半分，或者进行隔堂讨论，新授知识在课堂后半段或者第二节课进行，其目的也是留给学生充足的自主消化吸收知识的时间，归纳总结所学知识，带着"已知"的"困惑"来到教室讨论，学生有话可说，讨论目的明确，使合作学习真正落到实处。

4. 理论支撑一致

从理论角度来讲，两种教学模式都以建构主义理论为支撑，建构主义学习理论认为，学习不是被动地接受和吸收外部信息的过程，而是学习者借助已有的知识和经验，通过与环境的相互作用主动建构意义的过程。没有师生、生生之间的互动，学习者的学习活动始终是单向输入；没有学习者的主动参与激活自己的已有知识，新的知识体系很难建构。因此，在教学中，要改变教师单向传授知识、学生被动地接受的局面，充分发挥学生的学习自主性，使教学由"被动接受"向"主动建构"转变。作为意义建构的环境因素之一的教师，在学习过程中起组织、帮助和促进的支架作用。

翻转课堂和对分课堂都强调学习是获取知识的过程，因此，在教学过程中留给学生充分的时间，让学生自主学习，主动接受知识。课外完成对信息的吸收、加工、反馈以及调整，课堂则有备而来，有针对性地进行互动交流，使课堂时间的利用更加高效；在学习过程中，两种教学模式都注重学生之间的合作学习过程，在自主内化的基础上，通过与能力更强的同伴协作解决自己的困惑，逐步提高自己解决问题的能力，达到更高的水平。因此，课堂上生生和师生的讨论、交流及辩论是学习真正发生的过程，能促使知识的内化更加深入。

改变传统课堂教师"一言堂"的做法,翻转课堂和对分课堂上的教师不进行单向的知识传授和灌输,而是组织协助学生进行交流讨论,在此过程中逐步弱化教师的支架作用,把学习任务真正交给学生。因此,两种模式下的知识习得都通过学生主动意义建构的方式获得,通过人际的协作活动而实现。由此可见,翻转课堂与对分课堂有根基上的一致性,理论上来讲并不矛盾,在教学实践中如能互取其长、补其短,可将其效果发挥得更好。

(三)翻转课堂因素融入对分教学的必要性

对分课堂教学模式保留了传统教学中教师讲授部分,要求老师只需把握精要,有所取舍的讲解,并不穷尽所授内容,其他内容留给学生自主学习,其意图是希望学生进一步主动探索学习。教师的讲授有很强的综合性、高度的概括性,在讲授过程中不要求学生的互动参与,对于基础尚可,学习能力较好的学生,这一做法的确可以简练、高效地指引学生。而对于基础较弱、知识层次差距较大的学生,课堂上教师仅做框架式讲解,恐难以达到知识引领的效果,没有满足学生的个体需求,反而让学生感觉知识架构过空过泛,难以理解,课后学习难度仍然过大,实难达到指导性提升的效果。而如果根据学生基础详尽讲解,由于对分模式下要求分配课堂一半时间给学生讨论,时间必定不够,而且难以满足不同程度学生的不同需求;如果顺延到下次课再讲,又会割裂知识的完整性和连贯性,而且会导致教学任务难以完成。

而翻转课堂可以很好地弥补这一缺憾,它可以借助网络交流平台补充教学,提高教学效果。课堂上,对于比较容易理解的知识点,可以通过教师讲授完成;对于难度较大,仅靠语言描述很难讲清楚的知识点,或者课堂时间来不及讲的知识点,可以在课后通过教学微视频、微课件,或者短小的录音文件做详尽的补充讲解,学生可以根据自己的需求,灵活选取各自所需的内容进一步学习。这样不仅可以帮助底子较弱的学生夯实基础,而且可以补充难度更大的拓展性知识,有助于基础好的学生再一次提高,进一步发展。

对分课堂的另一个重要部分是学生讨论,学生小组内讨论或组间讨论以及班级汇报的过程可以促进学生的知识内化,提升学习效果。对分课堂原则上要求课堂时间一半讲授、一半讨论,由于学生的理解、掌握程度各有不同,讲授和讨论的时间并不是完全准确的对半分开,而是根据教学内容的难易、多少程度灵活调整,所以操作中可能会出现四六、三七对分,教师可以根据具体情况调整。虽然教师可以敦促学生加快讨论速度,但是如果为了赶时间而草草结束讨论,对一部分尚存在疑惑的学生来说,深化理解的效果并没有达到或没有完全达到,因此很容易出现学生讨论没有结束而被教师打断,或者学生为了加快讨论速度,匆匆挑出一两个知识点完成任务的现象。而融入了翻转课堂因素的对分教学由于知识的精细讲授与补充扩展大部分转移到课外,课上则可以节省更多时间,用于学生参与讨论、班级汇报,教师也可以与学生进行更多的面对面交流,对于学生遇到的问题进行指导或促使学生之间相互指导,以帮助学生从容完成知识的讨论、内化。

要使对分课堂的教学效果更好地发挥出来,帮助不同程度的学生在各自水平层次上有更务实的提高，并在有限的课时内完成教学任务，将翻转课堂的翻转因素融入对分教学则是很好的尝试。

三、网络教学模式下计算机教育改革问题探寻

20世纪以来，计算机技术的出现与发展改变了人们的生活习惯。随着互联网技术的运用，远程教育模式也逐渐发展起来，在国际范围内产生了重要影响。相较传统的面授模式而言，远程教育能够打破时间与空间的限制，突破教育资源分布不均的问题，进一步节省教授成本。欧美发达国家中均提出了发展远程教育的专门方案与计划。20世纪90年代以来，我国的网络教学也逐渐发展，随着计算机设备在教育行业的广泛普及，我国高校逐渐采用网络教学模式并取得了不错的建设成果，计算机教育的改革获得了显著的进步与发展。进一步完善网络教学模式对于高校工作者来说有着重要的研究意义。

（一）基于计算机的网络教学模式的优点

网络教学模式主要是指教学者通过网络进行备课、教学与学生互动的远程教育模式。网络教学模式为受教育者提供了充分的网络教学资源，使其能够实现自主学习与随时学习，并且能够通过网络技术反复观看、练习，从而达到良好的教学效果。另外，基于计算机的网络教学模式能够解决教育资源分配不均的问题，为不同地区的学生提供公平的教育资源。

1. 推动师生之间的沟通与交流

网络教育还有利于推动师生之间的沟通与交流，这主要体现在：一方面，开放性的远程教育，能够促进教师与学生之间的沟通。教师可以通过网络教学平台对学生的问题进行及时且多样化的解答。另一方面，学生之间也可以通过学习交流平台互相分享学习心得与感悟。在相互沟通过程中，教师可以不断改进自己的教学方法，学生可以调整自己的学习节奏，拓宽知识范围。

2. 教学形式丰富且具有显著效果

相较于传统的面授形式而言，网络教学的形式更为丰富，可以采用视频、图像等技术对教学内容进行充分的展示，并且可以采用多样的考核形式，帮助学生巩固所学知识。近年来，网络教学模式的发展已逐渐打破学科限制，网络教学逐渐成为一种普遍的教学形式，可以进行综合学科的充分教授，使得学生获得大量教育资源。网络教学资源为学生提供了充分的理论基础与实践案例，学生可以通过上机操作积累知识并反复练习，提高效率，并获得良好的学习成果。

3. 打破地域与空间的限制

传统的面授教学形势下，学生必须坐到教室里才能开展学习活动，并且不同地区存在教育资源分配不均的问题。线上教育很好地打破了学习地域空间的限制，能够降低教育工作者的教学成本。学生可以通过计算机设备和互联网技术随时随地进行专业知识的学习，并与教师开展交流，有利于学生自主安排学习时间，探索属于自己的最有效的学

习方法。

4. 节省教学成本

随着远程教育的发展，各类学习平台、学习软件与学习系统相继出现，为学生提供了丰富的教学资源。网络教学针对不同的人群安排了不同阶段的课程，并设置了不同的收费模式。相较线下面授而言，网络教学的成本往往较低，能够减轻学生的学习负担。

（二）网络教学模式下计算机教学改革的完善意见

1. 实践性教学策略

教育工作者应当基于网络教学的特点，制订符合计算机教学特点的教育策略与培养方案。实践性教学是育才的重要组成部分，无论是哪个阶段的学生，学习的实践性都起着重要作用。教育工作者应当注重加强学生的实践能力，培养其对于专业知识的应用能力，从而为学生今后的工作方向和就业选择提供良好的知识储备与职业技能。实践性的教学策略便是对以学生为本位的原则的践行，对于教育工作者来说有着积极的引导意义。教育工作者可以通过以下几个方面推行实践性策略：首先，在课堂教学中应当安排实例教学的内容；另一方面，可以定期安排学生进行实训活动，有条件的话还可以组织学生进行校外的实习或参观，从而增加学生与实务接触的机会，提升综合素质，进一步促进学生的理论化基础与实践化运用相结合的能力。

2. 在网络化教学模式之下的学生评价策略

传统的面授模式中，教师对于学生的考核与评价主要是通过课后作业与定期举办考试来实现。这种单一且陈旧的考核模式不利于对学生的综合能力进行测评与评价，而且单次的考试也没有办法真正反映学生在某一阶段对专业知识的掌握能力。但计算机网络教育模式为教育工作者提供了新的考评体系，教育工作者可以将学生的课后作业与定期考试转移到网络平台进行充分的考核与答疑。在这种模式下，不仅同时为师生双方节省了教学与学习的时间，并且能够取得良好的效果，加强师生之间的交流与互动。网络教学平台的答疑系统与考核系统可以对学生的实时学习情况进行监测，并且能够得出具有参考意义的数据，以便教师进行统计分析，及时调整教学内容。

3. 推动教学硬件与软件设施的不断完善

基于计算机的网络教学课程不仅具有理论化的特点，也具有很强的实践性特征。对于学生而言，进行理论化专业知识的教授固然重要，但是如何培养学生的实践技能，对于教育工作者而言也具有重要的研究意义。如果教育工作者在教学过程中只是注重理论知识的教授却忽视了实践技能的培养，那么将导致学生无法具备实际运用能力，在接受理论学习之后缺乏实践的验证，长此以往将严重影响学生的成长。因此，学校与教育工作者必须要在教授理论知识的同时，注重实践能力的培养，学校应当加强校园内教学硬件与软件设施的建设与完善。尤其是对各类计算机实践操作室以及教学设备、器材等要进行完整的配备，并且在资金允许的情况下大量引入专业的教学人才，从而为学生提供良好的学习环境，进一步将理论化教学与实践化培养相结合。此外，对于教育工作者个人而言，应当转变教学理念，注重对教学大纲的写作与修改。不断调整网络教学内容，优化教学安排，引导学生主动学习，并且加强技能的培养。教育工作者在教学内容中应当多设计一些具有综合性与技能型的实验项目，通过实训项目进一步培养学生的动手能力与实践能力。

4. 打造良好的学习氛围，促进师生交流

传统的面授教学模式下往往以教师为中心，却忽略了对学生参与性的提高。并且，传统面授教学往往只注重课本知识的教授而限制了学生创新能力的发展。计算机网络教学的出现以及改革创新逐渐改变了上述弊端。在新的技术背景下，教育工作者应当充分提高计算机教学的效率，实现教学模式的创新；在以学生为中心的原则指导下，进一步加深对于学生的了解，平等对待学生。注重打造良好的教学氛围，建立能够激发学生学习兴趣与创造性的学习情境，让学生能够沉浸性地学习。此外，在整体教学过程中，教学工作者应当对学生的综合能力进行培养，结合计算机网络课程的特点，主动换位思考，了解学生的学习需求并拓宽学生的思维。当学生提出问题与疑惑时及时进行解答，以通俗易懂的方式进行知识点的讲解，从而促进与学生之间的交流，帮助学生巩固所学。

5. 利用局域网技术的互动式计算机教学

互动式计算机教学模式基于局域网技术，采用多种计算机组成的局域网，由教师控制主机进行教学演示，学生可通过上机操作进行远程学习，教师可实时控制学生的计算机，及时帮助学生解决在计算机学习中遇到的问题，实现师生之间的互动交流，既能锻炼学生的实际操作能力，又能达到共同学习、共同进步的教学效果，大大提高了教学质量和效率，增进了师生之间的感情。互动式的计算机教学具有较高的实用价值，高校计算机教师需要合理把握互动时机和互动方式，要给予学生充足的操作时间，避免对学生进行过多的干预，同时也要确保学生的学习进程在可控范围内。这就要求高校计算机教师充分发挥自身的引导作用，合理参与到学生的学习过程当中，通过适时的师生互动来把握教学进度，调节课堂氛围，确保学生可以快速掌握所要学习的内容。

6. 利用互联网技术的开放式计算机教学

从某种角度来看，开放式教学是对互联网技术的充分利用，其能够依托互联网，将计算机教室从固定场所无限延伸，从而在根本上改变传统的教育格局，让计算机教育不再受到时间和空间的限制。此外，互联网技术的应用还能够进一步丰富教学资源，让教学资源呈现出多样化的发展趋势，并能满足不同学生对于计算机学习的基本需求，最终发挥出现代教育的开放性、包容性和共享性。在实际学习过程中，学生可以通过互联网查询相关学习资料，依据个体能力差异进行灵活选择，从而满足学生的个性化需求。在这一过程中，计算机教师应当充分发挥出自身的引导作用，帮助学生搜索、筛选相关网络学习资源，切实培养学生的信息处理及理解能力。现阶段广泛流行的网络教育模式就是依托互联网而开展的新型教育模式，教师不仅可以自己制作网络教学素材，同时可以通过网络搜索其他院校的教学素材，这对于扩宽学生的知识广度，提高实际教学质量有着积极的影响作用。无论是线上教学还是线下教学，教师都应当明确自身的定位和功能价值，要依据学生的个体差异性给予相应的学习引导，帮助学生个性化、多元化发展。同时，高校计算机教师还应当构建与学生发展相衔接、与社会用人需求相贴合的网络教育平台，充分发挥出互联网的交互性与开放性，让网络教学模式彻底与计算机教学相融合。

7.更新计算机教育理念

教师也应不断地更新观念，将电脑共享意识融入学生的内心世界，但要注意到，教育改革工作并非一蹴而就，需要一个长期的转变过程，在此过程中教师应不断与学生沟通，帮助学生转变学习方式，重视学生的主体地位，使学生能积极主动地完成学习任务，自主选择自己喜欢的领域。教师应不断将网络教育的教学模式积极创新地引入教学中，使学生更好地掌握所学的知识，从而提高学习效果。从某种角度来看，网络教学模式在普及的初期阶段并未得到高校计算机教师的认可与重视。究其原因，其主要是因为高校计算机教师的教学理念并未紧跟时代潮流而同步发展，多数计算机教师认为线下教学具有不可替代性的特征，而网络教学模式仅仅是线下教学模式的一种补充，无法彻底成为计算机教学的主流。而随着互联网技术的持续发展以及智能化教学平台的广泛普及和应用，网络教学模式的实用价值不仅进一步提升，而且更加满足当前时代的计算机学习需求，甚至部分优势是线下教育所无法比拟的。基于此，高校计算机教师需要主动革新计算机教育理念，要从客观角度辩证看待网络教学模式的实际应用价值，并在教学实践过程中不断摸索网络教学模式的应用途径，依靠新型的教学理念驱动教学方法的革新，最终达到提高教学质量的根本目的。

网络教学模式不仅能打破时间与空间上的限制，促进教育资源的合理分配，也能加强师生之间以及学生之间的交流互动，从而督促学生自主学习，提高学习效率，取得良好的学习成果。因此，如何进一步完善网络教学模式对于教育工作者而言具有重要的研究意义。教育工作者在实际教学过程中，不仅要发挥学生的主体作用，而且要充分打破传统教学模式的限制，利用新兴技术和形式多样的教学方法，将理论化策略与实践化策略相结合，不断培养学生的综合能力，并且加大教育投入成本，引进教育人才，丰富教学资源，使得网络教育模式在新时代背景下获得长足发展。

四、知识服务导向下网络教学模式创新

"互联网+"时代，高度网络化不仅丰富了人类的学习资源，而且拓宽了人类接受教育的范围，也使人类对知识的获取途径与信息的掌握渠道都越加多元化。信息大爆炸的产生，使学习者"知识饥渴"与"信息超载"之间的矛盾日益凸显，而传统的信息服务已经无法满足人类越发精细的知识需求，知识服务应运而生。高校作为我国高等教育的基地，不仅承担着为国家培养高阶创新型人才的重任，更是为创新人才提供知识服务的主要载体。但是高校现行的教育模式很难满足"终身学习"型人才的培养需求以及学习者愈发多样化的、隐性的、模糊的知识需求。因此，变革和重构高校教育教学模式势在

必行！高等教育教学迈入革命性的巨变时代。

在教育信息化改革风暴的洗礼下，"互联网＋教育"模式应运而生，"教育信息化"＝"教学＋信息化"，行为层面的"教学"能够实现知识资源的共享和交流，技术层面的"信息化"能实现教育技术与课程的有机融合。可见，在高校教学中引入知识服务理念是实现教育信息化的有效途径，利用现代化信息技术手段为高校的"教与学"提供个性化知识服务，才是教育信息化的终极目标。因此，如何以高校为载体、以知识服务为导向，在BYOD环境下构建和探索高校"3P"移动教学模式？如何在该教学模式下优化高校知识组织与知识服务的现状，为学习者提供高效的知识服务？如何在该教学模式下培养学习者的信息处理、问题解决、知识创新和合作探究等高阶人才必备的信息素养和学习能力？这都是研究者们密切关注的焦点问题。

（一）网络教学模式下知识服务的相关研究

1. 基于BYOD移动学习的内涵

基于BYOD的移动学习，是指教师与学习者同时以BYOD作为教学工具展开课堂教学的做法。一方面，教师运用BYOD创造出逼真生动的学习情境；另一方面，教师和学习者可利用BYOD适时开展分享教学资源、教学互动、共同解决问题的教学活动。

2. "3P"教学模型的内涵

"3P"教学模型是约翰·比格斯（John Biggs）以建构主义观点为理论基础所构建的一个阐述师生"教与学"方式的概念模型。它的核心理念是以学习者为主体，将教学的关注点始终落在学习者的"学"上，教师只是为"学"而"教"。模型按照学习者学习阶段的三个重要时间节点分成Presage（前提）、Process（过程）、Product（结果）三个阶段，这三者构成了一个动态循环的"教学生态系统"。其中，"前提"包括学习者的学习环境和学习准备；"过程"强调学习方式对学习者的学习效果具有重要影响；"结果"通过对学习者学习效果的评估，促进学习者学习策略的调整。

3. 知识服务的内涵和模式

知识服务以对知识信息的搜索、整合与重组为基础，以满足用户个性化的知识需要为前提，知识服务的主体依据用户的问题和环境，向用户提供知识信息、知识挖掘手段及问题解决方案，以期实现用户知识创新与有效知识应用的服务。

对知识服务模式的划分有多种方法，比较典型的主要有以下两种。一是按照知识服务双方交互程度的高低，可将知识服务分为自助服务模式、参考咨询服务模式、专职顾问服务模式三种类型；二是按照知识服务目标的差异，可将知识服务分为实际问题解决模式、知识运动与创新模式、实践经验网络传播模式三种类型。

4. 网络知识服务的相关研究

（1）网络知识服务的内涵

"网络知识服务"＝"网络＋知识服务"，它是指在互联网环境下，以各种信息技术为工具，以各类显性或隐性知识资源的提炼、组织、加工、剖析、重组为基础，以满足用户特定知识需求为目标，全面考虑用户的环境和实际问题，提供能够有效解决问题、有效知识创新和知识运用的服务活动。

（2）传统知识服务与网络知识服务比较

网络环境下知识服务的研究与传统知识服务相比，两者在服务目的、服务内容、服务方式、服务资源、服务范围等方面存在较大差异。

（二）基于BYOD的"3P"移动教学模式

1. 基于BYOD的"3P"移动教学模式的构建思路

与网络高度融合的知识服务，要求既要具备解决问题的功能，达到知识的组织、流动、转移与共享，又要跨越空间、时间的界限，在更广泛环境内进行知识的运动与创新。基于这样一种知识服务导向，作者想到了兼具原有的"实际问题解决模式"和"知识运动与创新模式"优点的"3P"教学模型。同时，考虑到在BYOD环境下开展课堂教学活动是为学生提供有效知识服务的主要形式。因此，本书试图借鉴"实践经验网络传播模式"，将BYOD与"3P"教学模型有机结合，提出了基于BYOD的"3P"移动教学模式。该教学模式是在课堂教学中，教师借助知识服务体系的知识资源层中的各类知识资源以及自身具备的专业化知识，为学生参与的教学活动进行设计、组织、指导和评估等，进而引领和干预学生的知识学习，以期为学生提供高质量知识服务的新型网络教学模式。

2. 基于BYOD的"3P"移动教学模式构建

本文构建的基于BYOD的"3P"移动教学模式包括：教师、学生、知识服务需求、教师教学活动、教学资源与基于BYOD的"3P"移动教学模型六个基本要素。六个要素及其作用简要介绍如下。

（1）教师

知识服务的主体和知识服务过程的设计者、组织者和实施者。教师在分析知识需求和教学目标的基础上，运用自身的教学经验、专业知识及相关知识资源，制定并形成有针对性的服务策略、教学设计方案、教学活动支撑工具、教学活动指导、咨询、反馈等知识服务产品，保障课堂教学质量，促进知识服务的改进及学生学习策略的调整。

（2）学生

知识服务的客体和知识服务过程的参与者。通过参与教师设计的教学活动来满足自身个性化、多样化的、隐性的知识需求，促进自身综合素质的全面提升。

（3）知识服务需求

主要来源于学生，它主要包括两个层面：一是学生完成教学任务的直接需求；二是学生成为创新人才所需的各种隐性的、实践性知识的获取、共享与发展需求。学生的知识服务需求是教师设计课堂教学活动和相关知识服务的出发点，同时也是服务评价的关键依据。

（4）教师教学活动

知识服务的载体。通过教师教学活动的开展将知识服务策略、服务资源、服务反馈逐一传递给学生，落实知识服务过程的同时，达到解决问题、提升学生素质、满足学生知识需求的目的。

（5）教学资源

由教学资源库和服务资源库组成，是课堂教学活动和相关知识服务的物质基础。教学资源库储存着在BYOD环境下教师进行教学活动过程中所使用和生成的资源；服务资源库则储存着支持多样化课堂教学活动所需要的信息技术工具：①硬件服务工具：包括BYOD(笔记本电脑、IPAD、智能手机)、公有云（百度网盘、开放资源）、私有云（校园网络课程、图书馆数据库等）和连接设备（校园网、5G网、VPN）等；②软件服务工具：智慧教学工具（雨课堂、超星学习通等）、信息管理工具（搜索引擎、office、概念图等）、知识管理工具（云存储、网络书签、微博等）、社交网络工具（微信、QQ等）、开放资源（MOOC、SPOC等）。上述两个资源库的信息资源将随着教学课堂活动的持续发展而得到不断更新和优化。

（6）基于BYOD的"3P"移动教学模型

构成基于BYOD的"3P"移动教学模式的核心要素，也是本文的创新点之一。

3.基于BYOD的"3P"移动教学模型

将知识服务分为知识组织、知识交流、知识创新、知识评价四个层面，并从以上四个层面构建基于BYOD的"3P"移动教学模型，提炼出模型的三个过程模块即：学习前提、学习过程、学习结果；七个子模块即任务选择、知识推送、知识搜索、知识分享、问题解决、知识创新及结果评价。

（1）知识组织层面——学习前提模块

学习前提模块主要包括任务选择和知识推送两个子模块。

①任务选择。学生依据自身的知识需要，进行以问题解决为目标的任务类型与合作团队的双向选择过程。

②知识推送。课前教师依据学生不同的学习兴趣、学习基础和知识需求，前往BYOD支持的知识资源库为学生选择合适的问题或任务，然后通过网络将任务推送到学生的移动终端，完成知识推送和资源分享，以满足学生的个性化学习需求。

（2）知识交流层面——学习过程模块

学习过程模块主要包括知识搜索、问题解决、知识分享三个子模块。

①知识搜索。在选定任务后，学生继续运用BYOD支持的网络教学平台，亲自实践和体验知识搜索的过程，在"从活动中学"的过程中逐步积累信息和知识的搜寻能力，完成对已有认知结构的重建。

②问题解决。学生运用BYOD与合作团队配合在组内解决问题的过程。学生将搜索获取的信息资源通过网络平台推送给组内成员，通过组内的讨论、交流、纠错共同完成信息的组织、整合与重组，并将问题成果以创新方式归纳表达出来。

③知识分享。学生将解决问题的成果在组内和组间双向分享的过程。任务成果在组

间分享的目的：一是要接受其他小组的评价与提问，以此完成不同任务成果的交流、参考和借鉴；二是方便其他小组掌握任务类型，扩充原有知识框架里的信息量和知识量，为下一次任务选择提供更多思路。

（3）知识创新和知识评价层面——学习结果模块

学习结果模块主要包括知识创新和结果评价两个子模块。

①知识创新。学生通过知识分享获取的信息知识能够缩短信息资源的距离，推动组间成员的知识交流和信息探索活动。通过知识资源在组间成员之间的流通，关于这类问题的知识资源也得以不断传播并逐步优化。对学生而言，这就意味着知识不断整合、内化和知识不断推陈出新的过程。

②结果评价。它包括成果评价和过程性评价两个层面。

前者是指教师对学生的作品给予评价与总结，使学生获得信息反馈的同时进一步完善作品；过程性评价是指教师将由BYOD系统平台记录分析的数据作为重要参考依据，给出学生课堂学习的过程性评价。

4. 基于BYOD的"3P"移动教学模式下知识服务的具体流程

基于BYOD的"3P"移动教学模式下知识服务的具体流程，主要包括三个阶段即：学习前提、学习过程、学习结果；五个步骤即服务需求分析、服务策略制定、教学活动设计、教学活动开展、服务反馈。

（1）服务需求分析

运用课堂观察、调查问卷和技术采集教学数据等方法完成对班级学生前期课程数据的分析，确定课程的教学目标和学生的知识服务需求。

（2）服务策略制定

立足于学生当下的知识服务需求，并着眼于学生长远发展的总体规划，制定出知识服务和教学活动的总体目标和合理策略。

（3）教学活动设计

教师通过对知识服务总体目标的分解，给出课堂教学活动的任务分工、教学活动要素、服务资源选取等设计方案，保障教学活动的顺利开展。

（4）教学活动开展

依据教师所制定的教学活动设计方案，在课堂教学中实施以学生为中心的相关教学活动的组织、指导、监控和评估，为学生提供高质量的知识服务过程。

（5）服务反馈

通过问卷调查、学生访谈及统计学的数据分析法，对课堂教学所提供的知识服务进行有效性评估。用以确定该教学模式下的知识服务能否真正满足学生的知识服务需求，能否对学生隐性和实践性知识能力有所提升，并对知识服务流程中出现问题的相关环节给出调整和完善的建议。

第三节　实验教学设计

　　计算机网络课程实验的教学设计是运用系统方法分析网络实验的教学对象和教学目标，以教学效果最优化为目的，科学解决教学问题，最后形成合适的教学方案。计算机网络实验课程的教学设计大致分为分析、设计、评价三个阶段。先从教师教什么、学生学什么入手，对学习者、学习任务、学习背景进行分析，确定网络实验教学的目标，然后围绕怎么教进行网络实验教学内容的梳理和网络实验教学过程的设计，最后解决教得如何与学得如何的问题进行网络实验教学评价设计。

一、计算机网络课程实验教学的学情分析

　　在计算机网络课程实验教学设计准备阶段，运用系统的方法对影响学习者考虑的基本因素进行分析，厘清网络实验教学的起点、终点和条件。本书主要进行这三方面的分析：学习者分析、学习任务分析和学习背景分析。

（一）学习者分析

　　作为学习者的学生是网络实验教学活动的主体，在计算机网络实验教学设计中，不仅要了解学生已经具备的网络知识概念、技能、态度和学生对学习产生影响的生理心理特点，还要了解学生的群体特征和个体差异，以便准确的确定教学的难点和重点，设计出适合学生的教学目标和教学方式，完善教学内容的设计，更好地做到因材施教。

　　对学习者的分析从以下两方面进行：一是一般特征，指对学习者学习产生影响的心理和社会特点。计算机网络课程一般在大学第二年以后开设，这时的学生年龄大概处在 18～24 岁。按照皮亚杰的认知发展阶段理论，这个年龄段的学生的认知发展处于形式运算阶段，在学生的认知结构中已经具有了抽象概念，对事物的本质属性的细节特征的把握进一步增强，独立性进一步加强，逻辑思维能力进一步发展，集中注意的范围也进一步扩大，有主动参与教学的意识和能力。按照埃里克森的心理发展八阶段理论，这个年龄段学生的心理发展处于成年早期阶段。在情感方面，他们已脱离了以自我为中心，形成了明确的价值观，社会参与意识逐渐增强，学习动机很强，这为计算机网络实验教学奠定了基础。二是初始能力，指学习者学习某门课程前已经具备的知识、技能和态度。学生在学习计算机网络课程之前，已学习过一些先导课程，包括计算机导论、计算机组成原理、计算机操作系统、数字逻辑电路等，通过这些课程的学习，学生基本具备了作为一名信息技术相关学科的学生应该掌握的计算机相关基本原理和基础知识，为计算机网络这门课程的开展奠定了坚实基础。

　　另外，大学生在学习过程中与他人交流、合作、共享信息资源的能力为学生学习计

算机网络实验课程提供了很好的前提条件。

（二）学习任务分析

学习任务分析是教学设计中对计算机网络实验课程的教学资源的分析，使网络实验教学内容更明确具体，为教学目标的制定和教学过程的设计提供相应的依据。不同类型的学习任务，对学生的能力要求和教学的要求也不同。因此，为了更好地进行网络实验课程的学习任务分析，先对学习任务分类，加涅（Gagne）的学习结果分类理论为此提供了可靠的依据。

结合加涅的学习结果分类理论，根据计算机网络实验课程的特点，计算机网络实验的知识分为事实性知识、理论性知识、策略性知识、技能性知识和情感类知识五类。事实性知识是指反映物质的存在、用途和特点的知识，如对各种传输介质、通讯设备和服务器的学习；理论性知识是指与计算机网络理论相关的概念、规律等知识，如网络协议、可靠传输的工作原理、数据包分片机制等知识；策略性知识是指学生控制自己如何学习好计算机网络知识的各种方法知识，如学生在课前预习、在教师讲课时认真听课、在课后动手实验和填写实验报告等。技能性知识是指运用学习过程中获得的网络相关知识，通过大量的网络实验练习而完成某种任务的活动，如实验环境的搭建、地址子网的划分和数据传输速率的计算等；情感类知识是指对学生情感和行为产生影响的知识，如网络安全问题、网络防御等。

（三）学习背景分析

学习背景是指在教师教的活动和学生学的活动中持续影响学生的一切潜在因素，如果把教师对学生进行传授知识的过程比作园丁对种子进行培育的过程，土壤和气候就是孕育种子的背景。种子成长的状况健康与否不仅取决于种子自身的质量，还取决于土壤和气候的适宜与否。可见，了解教与学背景因素的影响作用在研究网络实验教学的过程中是非常重要的。

过去我们普遍认为学习背景就是教学设施器材和课堂环境，忽略了信息资源、教师的个性和文化背景等因素。计算机网络实验课程的背景分析主要是确定教学设计的有利和不利条件，是对教学方案的可行性分析。计算机网络课程的背景包括：由学校的财力和物力决定的教学设施和设备；家庭环境；社会环境；学校为学习者的学习提供的例如校风和学习风气的学习文化氛围；课程资源；设计教学策略的教师的个性和文化背景等。

二、计算机网络课程实验教学的目标分析

由于计算机网络实验教学在很大程度上被教师利用技术手段和网络课程实现，教师的掌控能力有限，学生的自主控制得到发挥。所以，明确网络实验学习的目标显得特别重要。根据计算机网络课程的教学大纲和计算机网络实验的特点，归纳总结出计算机网络课程实验教学的总目标即是完善学生的信息素养、培养学生的实践动手能力和创新精神。在此基础上，依据科学素养的构成要素和内涵，将计算机网络课程实验教学目标分

成实验知识与技能、实验过程和方法、实验态度情感价值观三个维度进行阐述。

(一) 计算机网络课程实验知识与技能目标

实验知识与技能目标是对学生学习计算机网络实验课程提出的最基本要求，是引导学生获得技能、锻炼实验相关能力、陶冶情感态度所依靠的材料。计算机网络实验课程对于学生在知识和技能方面的发展，更加注重网络概念的学习、知识的构建、实验方法和技能的学习以及对问题解决能力的培养，具体表述如下：了解智能建筑与网络综合布线系统等基本概念，了解传输介质（双绞线、光纤）的制作和测试以及网络互连设备，熟悉网络结构与综合布线系统结构的关系和综合布线六大子系统，掌握计算机网络建设步骤；了解计算机网络的概念、技术和工作原理，掌握网络组网方法、网络操作系统的管理和维护，互联网服务的使用和配置等实际操作技能；了解和掌握各类加密算法及各种安全应用技术和工具；能够全面、深入理解和熟练掌握所学内容，并能用其分析、设计和解决类似问题，达到举一反三的目的。

(二) 计算机网络课程实验过程和方法目标

实验过程和方法目标是引导学生探究、领悟、习得、体验的载体，是获得知识、锻炼能力、培养情感的主要过程，是教学活动的关键环节。对于计算机网络实验课程，实验过程和方法目标要求如下：能够设计出中小型局域网组网方案、绘出网络的物理拓扑结构，并列出相应设备清单；能够根据给出的设计方案，正确连接一个物理局域网络；能够进行企业局域网 IP 地址的规划，正确配置网络中所有主机的网络设备的 IP 地址和各种网络协议，并进行连通性调试；能够正确使用网络操作系统分配和管理局域网中的资源；能够正确安装、配置和维护 DHCP 服务器、DNS 服务器、FTP 服务器、邮件服务器和 WWW 服务器；能够对企业局域网进行管理与维护，并能对简单故障进行排除；能够使用安全技术产品实现网络应用的安全保护，提升初步具有独立研究网络与信息安全的能力。

(三) 计算机网络课程实验态度情感价值观目标

实验态度情感价值观本身就参与实验过程，激发学生的兴趣，陶冶情操，引导学生认识知识的价值，进一步增强学生对知识学习的渴望。对于计算机网络实验课程，实验态度情感价值观目标要求如下：通过实验激发学生的学习兴趣，提高学生的创新意识，通过小组实验培养学生的团结合作精神。在学习过程中通过讨论让学生学会与他人进行交流和协作学习，提高学生良好的信息意识和信息素养。

三、计算机网络课程实验教学内容的梳理

对计算机网络实验教学内容的梳理，是为实现计算机网络实验的教学目标，要求学生系统的学习知识、技能、思想和行为的总和。计算机网络课程实验内容繁杂且具有继承性，即网络的硬件环境是计算机网络实验教程所有实验的先导内容，因此只有完成了组网实验的任务，后继协议类实验才能顺利进行。此外，每种网络环境下的实验，都基

于特定的网络操作系统,只有完成了相应网络操作系统的安装、配置实验,在这个网络环境下的其他实验才能顺利进行。因为继承性,实验最好循序渐进地开展。于是,把计算机网络实验按顺序分为网络工程布线实验、网络系统集成实验、网络服务器实验、网络协议实验和网络信息安全实验五部分。

（一）网络布线工程实验

从 TCP/IP 五层模型的角度来看,网络布线工程实验的内容不仅涉及物理层,还有一部分涉及了数据链路层。物理层主要负责透明的传输比特流,确定连接线缆的插头应该有多少根引脚以及各条引脚应该如何连接,涉及有关数据通道的重要概念和各种传递信息所利用的物理媒体,如双绞线、同轴电缆等。虽然物理媒体不属于物理层的范围,但它存在于物理层协议的下面,是物理层的基础。网络布线工程就是为现代建筑的系统集成提供了物理介质和基础设施,因此网络布线工程涉及的知识内容包括综合布线系统、网络数据传输介质、网络互联设备、网络综合布线系统的线槽规格和品种；网络工程布线技术、智能大厦、智能小区的建设；测试、网络综合布线规范标准；网络工程的验收和鉴定。

网络布线工程实验的目标要求通过对这部分实验内容的学习和实践,使学生能够进行方案设计,能够进行工程施工、测试、组织和验收,对计算机网络组网工程从整体上有一个较清晰的了解,为今后的学习和工作奠定坚实基础。但是在学习这部分之前,最好让学生对计算机网络原理和局域网组网的理论知识有一些了解,以便学生在学习这部分内容时能更快地理解。

当前,对于这部分实验的教学,一般采用单纯的理论讲授方式,实验部分也只选取了个别具有代表性的实验进行实训练习。例如,物理层下的传输媒体有双绞线、同轴电缆、光缆、无线信道等,但是开展实验时,只选取了"双绞线的制作和测试"作为代表。这样会造成学生对网络工程布线没有一个清晰地认识,对课程内容的理解不够深入,教学达不到预期效果。

本书把网络工程布线实验分成三个模块：

①认识实践模块,主要是带领学生认识综合布线的产品和工具,让学生对综合布线有初步的了解。

②基本技能训练模块,主要是让学生掌握综合布线的基础知识,提高学生的动手能力,加深对知识点的理解。如双绞线的制作、RJ-45 信息模块的压接等。

③工程项目实训模块,主要是进行一些实训实践,如综合布线工程方案设计实训、工程项目安装施工等,让学生从整体角度增加对网络布线工程的掌握程度。

网络布线工程实验的大部分内容需要在实际环境中开展才能更好地锻炼和提高学生的动手能力。这部分试验需要的环境和工具有多功能综合布线实训台、中心设备间通信链路装置、网络实训机架、光纤熔接机、光纤熔接工具箱、布线工程工具箱。

（二）网络系统集成实验

从 TCP/IP 五层模型的角度来看，网络系统集成实验的内容在数据链路层和网络层。数据链路层的任务是将源计算机网络层来的数据可靠的传输到相邻节点的目标计算机的网络层，涉及的内容有：如何将数据组合成数据块；如何控制帧在物理信道上的传输，包括如何处理传输差错，如何调节发送速率以使之与接收方相匹配；在两个网络实体之间提供数据链路通路的建立、维持和释放管理。所以，网络系统集成实验内容包括交换机的基本配置、VLAN 的划分和配置、STP 的配置和应用等。网络层的主要任务是在不可靠的物理线路上进行数据的可靠传递，内容涉及路径选择与中继、流量控制、网络连接建立与管理，所以网络系统集成实验内容包括路由器的基本配置、RIP 动态路由配置管理、OSPF 单区域和多区域路由的配置与管理、NAT 相关的配置和管理、帧中继、安全配置等。这部分实验是计算机网络课程的核心部分，除了让学生懂得网络的基本原理，还能较好地培养学生的网络设备操作能力和管理能力。

目前，普遍存在的问题是学生认为交换机和路由器的理论枯燥难懂，缺少兴趣，教师的教学方法也存在一些不当之处，在理论教学环节中，教师无法第一时间向学生演示相关设备的操作，教学效果不好。对于这部分内容，教师一般只讲授交换机和路由器的基本配置以及部分与交换机相关的 VLAN、STP，与路由器相关的 RIP、NAT 实验，这些实验比较简单，对于一些综合型的、设计型的实验开设较少。

学习这部分实验时，我们一般从网络的三层架构角度考虑。核心层最重要的无疑是核心交换机，它是整个网络的中枢，除了为网络提供强大的交换能力外，还应具备极高的可靠性。主干网络采用双星（或双树）结构是一个较好的选择。它不但解决了主干网络的单点失效问题，而且可以实现两台核心交换机的负载均衡。汇聚层交换机一般设置在分散的建筑里，以聚合建筑内的信息流量，并向上级联。在一个建筑里面，是否设计汇聚交换机，要视建筑内网络规模、信息量及流向而定。如果建筑内网络规模较大，流出的信息量较大，则应设置汇聚交换机；若建筑内网络规模虽然较大、但信息流只限于建筑内，流出的信息量较少，则可考虑不设置汇聚交换机，而以交换机堆叠方式代替，这样既解决了建筑内网络规模大、端口不足的问题，又可节省建设投资。教材中关于以太网的汇聚层，介绍的仍然是以十兆、百兆的原理在讲的组网知识，但在现实应用中的千兆的相关协议在教材中还很少见，因此在实验课程中应向学生普及这部分知识。汇聚层/接入层可采用 100BASE—T(X) 快速以太网，而目前规模较大的网络，则多用千兆以太网，传输介质建议采用光纤，在距离较近的场合，采用双绞线也是可以的。采用 10～100Mbit/s 自适应传输速率到桌面计算机。

网络系统集成实验需要使用到各种型号的传输介质、PC 机，二层交换机、三层交换机以及路由器等网络设备。

（三）网络服务器实验

服务器是网络环境下为客户提供某种服务的专用计算机，能为网络用户提供集中计算、信息发表及数据管理等服务。随着计算机网络广泛地应用于社会各个领域，很多单位院校都组建了自己的内部局域网，并与互联网相连，在获取外网资源的同时也为局域网中的用户提供网络服务。从 TCP/IP 五层模型的角度来看，网络服务器实验涉及的内容在应用层。

在当前的关于网络服务器的实验教学中，大部分实验都能顺利开展，学生可以在物理主机上搭建实验环境，也可以利用虚拟机软件进行实验。在教学中，教师要注意实验开设的先后顺序，应先学习 DNS 服务器实验，因为它是实现 WWW、FTP、DHCP 和邮件等服务的基础，也就是说，DNS 服务器实验是其他实验的前序实验。同时，教师在进行教学时，要多联系实际生活中的具体例子帮助学生更好地理解工作机制。

这部分实验的目标要求，通过网络服务器实验，使学生了解计算机网络共享的基本概念、基本原理，网络共享管理的各种服务器的配置和管理，能够熟练完成 Windows 操作系统下的 WWW、FTP、DNS、DHCP 和邮件服务器的配置以及网络中的 ACL 配置和管理等。

（四）网络协议实验

网络协议是计算机网络实现其功能的最基本机制，是各种硬件和软件必须遵循的共同守则，是融合于其他所有软件系统中的一套综合软件，因此可以说，协议在网络中无所不在，遍及 TCP/IP 五层模型的各个层次。协议规定了网络中的计算机与终端间传输数据的顺序、数据的格式及内容。网络协议主要由语义、语法和时序三个部分组成。普通用户不需要关心太多底层通信协议，只需要了解其通信原理即可。

在实际教学过程中，对于简单的网络协议实验而言，较少的网络设备就能够顺利的完成实验所要求的内容，例如，EIA/TIA RS-232 协议、地址解析协议 ARP、互联网协议 IP、互联网控制报文协议 ICMP、互联网组管理协议 IGMP、传输控制协议 TCP、用户数据报协议 UDP 等。然而对于复杂的网络协议实验，需要更多的网络硬件设备，因此很少开设，例如，网络控制协议簇 NCPs、链路访问过程平衡 LAPB 等。复杂网络协议由于运行状态机复杂，在网络协议实验设计时需要考虑的因素较多。

网络协议实验的教学目标要求，通过这部分实验改变以往学生只能通过教师单方面的授课形式去掌握计算机网络基础知识的教学方式，让学生可以看见网络在实际运行中传输的数据，可以编辑数据帧，了解网络协议的结构，使学生对抽象的计算机网络知识有了直观生动的认识和学习，发挥了学生动手参与的能力。

网络协议实验的环境需要使用到客户机、服务器、网线、网卡、路由器、交换机以及多种网络连接方式。为了让学生更加直观地看到每一层的协议，更好地理解抽象的协议知识，可以使用网络仿真器软件协助实验的开展。

（五）网络信息安全实验

网络信息安全是计算机网络课程知识系统的最后一部分，它主要是指网络系统的硬件、软件及其系统中的数据受到保护，不受偶然的或者恶意的原因而遭到破坏、更改、泄露，系统连续可靠正常地运行，网络服务不中断。这部分实验所涉及的内容遍及 TCP/IP 五层模型的各个层次。一个安全的网络通信必须考虑以下几方面的内容：实现与安全相关的信息转换的规则或算法，用于信息转换算法的密码信息，秘密信息的分发和共享，使用信息转换算法和秘密信息获取安全服务所需的协议。因此，这部分实验从以下几个方面进行梳理：社会工程学、密码学及应用、主机安全、网络攻击、病毒攻防、容灾备份、无线安全、生物特征。

在实际教学过程中，由于大多数学校实验经费有限，而信息安全实验中所需的硬件设备价格较为昂贵，使实验设备数量有限。同时，由于在上实验课时，学生是多人一组，分组实验，协作完成，这就导致组内每个学生不可能单独完整地进行实验操作，对所做的安全实验缺乏全方位的分析理解。另外，有些实验因为设备原因，无法在实验室内完成，这就造成学生只能在课堂上被动地接受理论知识，对有关知识点理解不够深刻。目前已开设的关于网络信息安全的实验内容有 ARP 地址欺骗、ICMP 重定向、TCP 与 UDP 端口扫描、路由欺骗、冲突与网络广播风暴和路由环与网络回路。

这部分实验的教学目标是通过实验，让学生了解网络安全的理论和知识，掌握网络安全管理的技能，能够为信息系统做基本安全防护和配置。通过教师的讲解、示范和学生的亲自动手实验，让学生全面了解信息系统的安全需求，并能把所学到的信息安全技术应用到信息系统中，以便达到活学活用的效果。

网络信息安全实验需要使用到客户机、服务器、网线、网卡、路由器、交换机以及多种网络连接方式，也可以联合多种仿真软件开展。

在高校学习期间，由于学生的计算机网络课程的课时有限，而且课时中有一半的时间安排的是理论课，那么剩下的安排给实验课的时间就更加有限，所以本节梳理的实验内容不可能全部在课堂上实现。结合终身教育理论，教会学生学会学习，即掌握学习方法，下面列出学生在校期间应该学会的基本技能和基本实验内容，其他的实验内容，学生可以在学习过的基本内容的基础上根据自己的兴趣进行课后的自我教育。

四、计算机网络课程实验教学过程的设计

网络实验的教学过程是指在实验过程中教师有目的、有计划地围绕学生的主体性、能动性和创新性来组织和引导学生主动进行认识活动，促进学生身心发展的特殊的认识过程。结合计算机网络课程实验的特点，把计算机网络课程实验教学活动分为以下几步：第一，创设问题情境；第二，分析实验任务，发现问题；第三，制订计划，设计方案；第四，完成实验，经验交流；第五，总结和评价。为了保证教学活动的有效进行，教师设计合理的教学事件，采用合适的教学模式，以下选取部分典型的实验案例，结合教学实际进行分析。

（一）创设问题情境

问题情境是指具有一定难度的，能被学生解决的，需要学生通过努力寻找解决的方

法和途径的学习情境。问题情境的创设是实验教学活动中很重要的一部分，对学生知识和技能的学习、情感的培养有非常重要的意义。所以，问题情境的设计一定要具有一定的难度，且难度控制在学生的最近发展区之内；问题情境中的目的是明确的、清晰地，尽量减少无关变量；教师尽量使用新奇的、与常规不同的、能引起学生兴趣的方式呈现问题。根据问题的呈现的方式，在计算机网络课程实验中，教师可以通过以下两种形式呈现问题。

①教师通过实验讲义的形式或口头表达的形式直接提出问题。这个问题最好与实际生活相联系，能够激发学生的兴趣和求知欲。

②教师只提供问题情境，学生通过问题情境的启发提出问题。教师可以使用任务驱动的方法，让学生在完成某项任务的过程中发现问题，从而找到解决问题的方法。教师还可以通过对实验环境的分析，启发学生去发现问题，或许可以根据不同实验的不同内容，选择合适的方式提出问题情境。

（二）分析实验任务，发现问题

教师给出任务后，让学生先进行充分的讨论，分析哪些知识是学过并已经会操作的，哪些知识是未学过需要掌握的。教师和学生一起对任务进行分析，把任务分解成多个可操作的具体的小任务。

（三）制订计划，设计方案

在这一环节中，教师为学生提供齐全的实验设备和明确的实验要求，让学生进行讨论、设计实验方案，在设计的过程中，教师以参与者的身份，参与学生的设计，并在关键条件之处给予提醒，不干涉学生的设计活动。这样可以激发学生的学习兴趣，培养他们的分析、解决问题能力和创新能力，但是学生的这些能力不是通过一个实验就能提高的，这就需要教师多给学生提供一些合适的实验设计机会。

（四）完成实验，经验交流

计算机网络课程实验大部分是验证性和设计性的，学生在完成实验任务后，对自己的试验过程和实验结果，可以和全班学生、教师进行讨论交流，学生之间进行互评，在这个过程中把自己成功的经验传播出去，对于别人的不足在今后的实验中尽量避免出现同样的问题，这也是对自我水平的提高，合作能力、表达能力和学习能力也达到一定程度的提高。

（五）总结和评价

在整个教学活动中，教师不可忽视适时地评价对学生学习的促进作用。对于学生的学习过程的评价，教师应该关注学生的学习方法以及对知识的运用，关注是否所有的学生都积极地投入完成实验的过程中去，关注学生的创新实践能力。教师的评价应该是客观的，是面对全体学生的，在了解全体学生的任务完成情况时，适时地给学生提供帮助。

五、计算机网络课程实验教学评价的设计

教学评价是教学设计的重要组成部分，作用于教学活动的各个阶段，对学生的学习过程和学习成果进行价值判断。在计算机网络课程实验教学活动中，主要采用这几种方式进行评价：教师评价、小组评价、自我评价。

（一）教师评价

教师评价是指教师对学生的课堂和课外的表现进行客观的综合评价，课堂的表现包括学生在实验课上的动手和讨论状态、笔记、对教师提出问题回答的准确程度等，课外的表现包括完成实验报告的情况、实验考试的成绩等。目前一般计算机网络实验课程的成绩由测验成绩和平时考勤＋实验报告成绩组成。这些都是由教师评价得出的，可见教师客观地评价对学生起着很大的指导作用，对于学生的不足和优点，教师应该适当给予提醒和表扬，这样有助于学生积极性和学习动力的提高。

（二）小组评价

小组评价是指学生以小组为单位，对小组成员在合作过程中的表现的相互评价，采用小组评价的目的就是让学习者学会合作、学会关心、学会以团队的力量去完成任务。这样的评价，有利于学习者认识到自己的不足和优势，对于学习者形成集体观念，培养团队合作意识，树立信心是十分有效的。

（三）自我评价

自我评价是指学习者对自己在学习过程中的思想、行为和态度的判断和评价，学生可以通过课后习题、在线测试对自己在某一段时间或某一章的学习给出一个客观的判断和评价。还可以通过学习计划的执行情况、实验内容的掌握程度、实验过程的熟练程度、实验过程中和师生的沟通交流能力和参加与网络相关的资格证书考试进行自我评价。

第七章　提高计算机网络教学效果的具体策略

第一节　增加教学的趣味性

一、"计算机网络"课程的趣味教学方法探讨

"计算机网络"课程属于计算机科学与技术大类本科生的专业必修课。随着计算机网络的普及，计算机网络技术已成为计算机专业大学生以及从事计算机研究和应用人员必须掌握的重要知识。

本课程讲述计算机网络的基本概念与理论、计算机网络的体系结构、各层网络协议、局域网、网络互联、TCP/IP 与 Internet 等，目的是使学生掌握计算机网络的基本工作原理，培养学生对计算机网络的分析、设计、组网与应用开发能力，并学会各种实用网络技术，为今后开展这方面的工作打下基础。由于该课程理论内容抽象，学生通常很难及时理解接受，导致教学效果普遍不佳。为了提高"计算机网络"大学课堂的教学效果和教学效率，保证教学质量，适应正在开展的大学教育教学体系改革，本书针对"计算机网络"课程介绍一种趣味教学方法，该方法把抽象理论内容类比为现实生活中常见的事物，让学生茅塞顿开，理解透彻，既方便教师教学，尤其是抽象内容的讲解，又有利于学生深入理解与学习，不仅知道怎么做，而且知道为什么这么做，增强了课堂教学效果。

（一）总体设计方案

首先，我们梳理"计算机网络"的前导课程，查看学习计算机网络前应该具备的知识。其次，罗列本课程的教学目标。最后，通过课程结构和教学内容找到与教学目标的对应关系。

在开始学习"计算机网络"课程之前，需要预先学习过若干专业基础课。前导课程包括："计算机组成及系统结构""微型计算机技术""程序设计和操作系统原理"，学生通过上述课程的学习，应掌握计算机系统的基本硬件（包括接口）和软件知识（包括设备驱动程序等），具备熟练的程序设计能力，了解操作系统中进程之间的通信机制，从而为"计算机网络"课程的学习奠定坚实的基础。

通过本课程的学习，要求学生实现两个教学目标。

①掌握计算机网络的基本概念和基础理论，具有一定的计算机网络组网能力，学会利用各种实用网络技术来解决复杂工程问题。

②理解计算机网络系统中的各种复杂因素和优化方法，为复杂工程问题设计结构简单和性能较优的解决方案。

本课程的知识内容主要根据计算机网络体系结构划分为五大部分，教学环节包含理论授课和上机实验两部分。课程结构分别是：物理层、数据链路层、网络层、传输层和应用层。

（二）类比教学法

针对"计算机网络"课程中若干重点知识难以讲解、学生难以理解的问题，我们介绍一种趣味教学方法，一则化难点为容易讲解与理解的内容，再则增加了趣味性，大大增强学生的学习兴趣，提高教学效果。

1. 体系结构

计算机网络体系结构是整个"计算机网络"课程的纲领与框架，充分理解和掌握体系结构的概念与原理是学好"计算机网络"课程的前提和基础。然而，计算机网络体系结构这一知识点很难清楚讲解并透彻理解，是学生学习本课程遇到的第一个拦路虎。

计算机网络体系结构是将网络通信的过程划分成相对独立且按照层次结构排列的各个步骤，目的是便于网络互联和通信过程的标准化。计算机网络体系结构为什么是分层模型？各个层次之间又是什么关系？这是教师难于理解的。为了让学生不仅知道怎样设计，而且知道为什么这样设计，我们可以循循善诱，采用类比的方法。计算机网络的实现是一个复杂的工程问题，为了解决好这个问题，我们需要把复杂问题分解为若干简单问题，然后逐个解决它们。若干个简单问题排列成层次结构，相互之间不是完全相互独立的，而是下层向上层提供服务。因此，我们可以将计算机网络体系结构类比成建房子用的设计图，设计图中下层向上层提供受力，上层基于下层的服务并实现自己的功能，支撑了整个房子的功能。

2. 数据包的封装

按照计算机网络体系结构的设计，数据包为什么在各个层次之间都要加装头部甚至尾部，对于学生来说，这个知识点往往也是难于理解的。针对这个问题，教学过程中采用的方法是用实际生活中的例子来类比，例如，把应用层报文的传输看成是一个包裹的运输问题，那么传输层就是要确保包裹能可靠地到达目的地，网络层就是包裹在不同转运点的转发，网络接口层就是把包裹封装在具体的运输工具中进行运输。这样用类比的方法贯穿于教学过程中，学生就能够形象地理解网络体系结构中的若干难点问题，同时也赋予趣味，学习起来生动有趣。

3. CSMA/CD

数据链路层的难点在于介质访问控制协议 CSMA/CD，学生要理解为什么在广播信道的数据链路层中要使用访问控制协议、有哪些控制方法、为什么 CSMA/CD 协议最有效。

我们可以把这个问题类比为师生共享教室这个空间。所有师生使用了教室这个共享信道来讲话，如果同时有多余两个人讲话，那么就会通信失败。因此，遵守教学纪律是正常教学活动的保障。共享广播信道的数据链路层也需要为多个站点设计一种纪律，这就是访问控制协议。CSMA/CD 允许大家有话就讲，但前提是无人讲话的时候，一旦冲突则立即停止，等待大家都沉默一段时间。在教学过程中通过这种类比的方法进行讲解，学生就能够豁然开朗，全方位地理解 CSMA/CD 的原理。

4. IP 编址与 NAT

网络层的难点有两个：

① IP 地址的编址方法，分类法、子网、超网和 CIDR 等，在教学过程中从不同角度来比较这些方法，分别列出它们的优点和适用范围。

② 路由选择方法，有路由信息协议（Routing Information Protocol，RIP）、开放式最短路径优先（Open Shortest Path First，OSPF）、边界网关（Border Gateway，BG）等，在教学过程中通过图例的方式来说明，抓住路由选择的本质三要素，即将何种路由信息何时发给谁，加深学生对路由选择算法的理解。IP 编址为什么要全网唯一？可以类比为现实生活中的快递邮寄包裹，只有地址唯一，才可以将包裹准确地邮寄到目的地。由于 IPv4 地址枯竭，启用了私有地址，但私有地址访问外网，需要网络地址转换网络地址转换（Network Address Translation，NAT），可以理解为现实生活中换马甲，只有换了马甲才能在外网自由穿行，睡衣是不被允许的。这样的类比学生很容易理解，而且从内心激发了学生的兴趣和进一步探索奥秘的动力。

5. 拥塞控制

运输层的难点是流量控制和拥塞控制的理解和掌握，它们的目的和方法是什么，两种控制的差别和联系是什么。在教学过程中首先从全局角度厘清这两种控制之间的本质差别，然后讨论它们各自采用的策略，最后说明两者之间存在一定的联系。拥塞控制可以类比生活中的堵车现象，当车辆多到超出城市道路的吞吐能力，就发生了堵车。堵车时，有现行、限牌和交警疏通管制等措施，拥塞控制也可以设计各种相应的抑制方法限制数据流入。

二、提高计算机网络技术课程教学的趣味性

（一）通过改变教学方式手段提高计算机网络技术的趣味性

计算机网络技术课程中涉及双绞线这一内容时，在传统教学时先让学生背诵双绞线的特点、双绞线的接线标准，这样做只会让学生今天记住了，或许过两天还能说出个一二来，可是过了一周后就抛诸脑后了。为了避免此类现象的发生，在讲这一内容的时候，我们通过改变教学方式手段，利用多媒体放映图片、视频及微课等，同时在本课内容后增加了实训课，提高学生的动手能力，通过动手实践，学生不仅认识了双绞线，而且掌握了双绞线的接线方式及制作，为以后的学习奠定了坚实基础，这样在学习过程中无形

加强了观察、操作中的趣味性，是学生产生兴趣的基础。正是这种兴趣，让学生在学习中保持比较长久的注意力，最终为以后顺利走上工作岗位打下坚实的基础。

（二）通过应用现代教学设施提高计算机网络技术的趣味性

随着计算机及其网络的日益普及，各种现代化教学技术已经走进了课堂，各类CAI软件和自制教学课件已成为计算机教师教学的得力工具。因此，有个好的教学软件及网络平台是运用这一现代教育技术的重要必备条件。利用学生爱玩手机游戏这一特点，我们通过学习制作了一个"一起作业"的网络平台，上课前把计算机网络技术的下一课内容先布置到网络平台上，学生在网上通过教师发布微课，PPT等进行预习，然后通过做练习检测预习效果并取得相应的奖励。比如，给学习过程中表现突出的学生一些奖励，如学豆之类；也可是精神方面的，如"学霸""土豪"等之类；也可是物质方面的，如集满多少颗学豆就可兑换相应奖品，让学生在学习过程中体验趣味性。在计算机网络技术这一学科的教学中采用现代的教育教学手段，多做一些课件及教学小软件，多做一些有益、有趣的教学小软件，让我们的学生在现代教学中有趣地学习计算机网络知识。

综上所述，通过改变教学方式手段、重新组合教材内容和应用现代教学设施提高计算机网络技术的趣味性，大大提升了学生的业务水平。这样对计算机应用技术专业学生的学习兴趣等方面都起到了很大的推进作用，正是这种推进作用让学生学有所长，学有所用，同时对教师的综合素质提出了更高要求，为计算机应用技术专业有一个美好的明天而努力。

第二节　激发学生创造性思维

对在计算机网络实验教学中开展学生创新能力培养进行探索和实践，提出围绕创新意识、创新思维和创新技能三步法进行创新能力培养的方案，在实验内容设计上采取分层次、多类型、综合化和一体化的设计方法，在实验教学方法上推行自主化和开放式教学，借助竞赛和创新实践基地，逐步加强创新能力的培养。

实验与实践教学在高校人才培养中起着举足轻重的作用，是培养学生动手实践能力和创新能力的重要环节。因此，在实验与实践教学中注重创新能力的培养至关重要，特别是对于计算机这种实践性很强的学科来说，探索面向创新能力培养的实验教学尤为重要。

一、面向创新能力培养的教学思维

创新能力是个体运用一切已知信息，包括已有的知识和经验等，产生某种独特、新颖、有社会或个人价值的产品的能力，它包括创新意识、创新思维和创新技能3个部分。因此，在培养学生的创新能力时，要从培养学生的创新意识、创新思维和创新技能3个方面着手开展。

在计算机网络实验教学中，着重从实验内容的设计安排和实验教学方法两个方面进行改革，试图通过激发学生的创新意识，锻炼学生的创新思维，加强学生的创新技能，从而达到培养学生的创新能力的目标。

在实验内容的设计上，除了实验内容本身要紧抓基础、突出前沿，在拔高的同时不失深厚的基础功底，在深入的同时不缺广泛而前沿的先进技术，更重要的是实验内容的设计和安排，通过设计多层次的实验内容、多个实验类型、多种实验方法来逐步培养学生的创新意识、创新思维和创新技能，通过设计开放、自主的实验项目重点加强学生创新思维和创新技能的训练。

在实验教学方法上，围绕创新意识、创新思维和创新技能3个培养目标，构建了阶梯式的教学方法，即通过自主和开放式地选择完成实验课程所设计的实验内容，培养基本的创新意识、创新思维和创新技能；通过创新实践项目加强创新思维和创新技能的培养；通过竞赛提升创新技能。

二、面向创新能力培养的实验内容设计

实验内容的设计和安排对于学生创新能力的培养非常关键：一方面，实验内容要与理论课程内容紧密结合，通过实验和实践加深对计算机网络基本理论知识的掌握和理解，创新是对已有知识的发展，只有对基本的网络原理和技术有深入的理解，才能提出创新的想法；另一方面，实验内容要新颖，通过不断引入网络新技术和前沿知识，激发学生的学习兴趣和探索精神，进而培养学生的创新意识、创新思维和创新技能。

除了实验内容本身外，内容的设计更为重要，在面向创新能力培养的实验内容设计中，采用了以下设计方法。

（一）实验内容层次化

实验划分为基础层次实验和提高层次实验。在基础层次实验中，实验内容涵盖了物理层、数据链路层、网络层、传输层和应用层等各层的知识，设计了包括网线的制作、组网、网络配置、网络原理验证、路由协议和网络应用协议的分析、组网设计与综合配置等实验项目，旨在帮助学生巩固理论知识，培养学生动手实践和综合应用所学知识解决实际问题的能力和素养。在提高层次实验中，设计了协议实现、原理改进、应用创新等具有不同难度的实验，引入了 PPPoE、IPv6、AdHoc、无线网络技术、可靠传输技术、网络安全及网络测试等计算机网络领域中的新技术、新协议和新的科技创新成果。

通过为学生提供更多网络技术相关知识的学习和实践，拓宽学生的知识面，通过将专业实践与科学研究相结合，发掘学生的探索精神和科研素养，激发学生的创新思维，通过独立自主地完成提高层次实验，最终培养学生的创新能力。

（二）实验类型多样化

实验包括分析验证型、综合设计型、研究探索型和自主创新型实验4个实验类型。分析验证型实验是最基本的实验环节，侧重于对 IP、ICMP、RIP、SNMP 等网络协议、

网络原理、数据报文结构等进行分析验证，通过实验加深对理论知识的理解，掌握实现思路和方法，培养学生分析问题的能力；综合设计型实验中，教师提出最终的要求，学生利用所提供的设备和环境，综合运用所学知识分析或者设计完成实验，培养学生的知识构建能力和综合运用所学知识解决实际问题的能力；研究探索型实验要求学生深入研究一些新理论、新协议、新技术和新方法，进行分析比较，试图发现不足并进行改进，撰写研究报告，或者参与到实际的研究项目中，培养学生探索精神和创新思维；自主创新型实验是由学生自主发现问题、自主设计方案、自主实现和自主设计实验验证，包括采用创新的思想和方法设计实现协议、算法等，培养学生独立思考的能力和创新能力。

（三）实验方法综合化

在实验设计中融合了多种实验方法，将网络配置与网络编程相结合，将仿真实验与实际网络设备进行实验相结合。通过在真实的网络设备上进行组网配置，培养学生的工程实践能力，增强对网络的感官认识和理解；通过网络编程实现，深入理解网络的通信原理和协议工作原理，激发学生的变相思维能力，有助于培养学生的创新思维；对无线网络技术、软件路由器等的仿真实验，能够支持实际环境所不能达到的实验效果，有助于学生进行研究探索型实验和自主创新型实验。

（四）课内外实验一体化

提供真实网络实验环境和软件实验平台的软硬件相结合的实验环境，大部分实验内容既可在课内完成，也可在课外完成，一般情况下，对于依赖网络设备较强的网络实验建议在课内完成，而对于编程实现、综合设计型、研究探索型和自主创新型的实验环节建议在课外完成，目的是给学生提供开放和自主的学习环境。

三、面向创新能力培养的实验教学方法

（一）打破传统统一要求的教学模式，推行自主化和开放式教学

一直以来，实验教学受实验室管理要求以及实验设备有限和固定的限制，学生基本都在统一要求和教师主导的情况下完成实验，使自主选择和个性化培养不足，这严重制约了学生创新能力的培养。在面向创新能力培养的实验教学中，打破严格的统一要求，制定普适的统一基本要求，实行多样化的实验内容、实验过程和实验考核管理要求。

在实验内容上，实行分层次教学和自主化选择学习，实验内容分为基础层次实验和提高层次实验，对于基础层次实验，学生完成统一要求的实验环节之外可以根据兴趣自主选择额外的实验项目，可以不局限于课程要求，采用多样化的方法实现，从而培养学生的创新思维和创新能力；对于提高层次实验，以"教师引导，学生主导"的方式进行，教师给出建议的多个实验项目方向和要求，学生自主选择方向、自主提出问题、自主设计方案、自主完成实现，在开放和自主的环境中，养成自主构建知识、发展能力的习惯。

在实验过程上，对于基础层次实验，给学生提供每次4小时在实验室集中进行实验，同时提供可课外自主进行实验的软件实验平台，便于学生在开放的实验平台上自主安排

时间进行实验；对于提高层次实验，学生是在更加开放和自主的环境中自主进行实验，他们的实验环境和设备可以根据需求自主选择，并不局限于课程提供的实验环境和设备。

在实验考核管理上，采取开放式的考核办法，对于选择基础层次实验的学生，通过课堂动手实验、教师提问、实验报告和期末考试等综合评定；对于选择提高层次实验的学生，以项目管理的方式进行管理和考核，他们需要进行开题申请、中期检查和结题答辩3个环节，而且需要教师对整个实验过程进行跟踪和指导，最后对整个实验过程及最终实验成果和撰写的实验报告进行考核评定。

（二）以竞赛为载体培养学生的创新能力

"全国大学生数学建模竞赛章程"中明确指出竞赛的目的是激励学生学习数学的积极性，提高学生建立数学模型和运用计算机技术解决实际问题的综合能力，鼓励学生踊跃参加课外科技活动，开拓知识面，培养创造精神。竞赛对于计算机网络实验教学中学生创新能力的培养也具有同等重要的作用。竞赛既要求学生深入系统地理解计算机网络相关知识和原理，熟练掌握网络工程技能，更要求学生具有很强的探索精神和创新精神，能够探索新的知识和新的方法，创造出与众不同的优秀成果。竞赛一方面激发学生对计算机网络技术的兴趣和潜能，另一方面锻炼和培养学生的创新能力和实践能力。

（三）借助创新实践基地培养学生的创新能力

开展创新实践基地建设对于促进高校教育教学改革、激发大学生的创新热情和潜能、推进研究型大学建设具有十分重要的意义。

先进计算机网络技术创新实践基地是根据学校和学院的"强化基础、突出实践、重在素质、面向创新"的培养方针而建设的，面向本科生、硕士生和博士生开放，借助创新实践基地这一平台开展了"博士牵头、硕士主力、本科参与"的"跟进式"教与学的教学模式。博士生往往知识面宽广、工程实践经验多、创新知识能力强，研究工作深入学科或领域前沿，他们是学校学生创新的主力军，而且他们通常具有一定的团队协调管理能力，能够带领学生进行科学研究；硕士生正是不断扩大知识面和加深专业领域学习、全面进入实践和研究的阶段，而且普遍具有很强的探索和实践能力，具有一定的科学研究和创新能力，他们可以成为一个团队的主力，带动整体科研和实践工作的进展；本科生处于不断获取专业知识和掌握专业技能的阶段，同时需要激发他们的创新思维，培养他们的实践能力和创新能力。

利用创新实践基地这一平台：一方面以创新实践基金项目的形式鼓励博士生负责，与硕士生和本科生一起组成团队申请，进行学术研究和创新实践，从而达到博士生带领和指导硕士生和本科生进行创新实践的目标；另一方面将创新实践基金项目中的优秀成果转化为实验项目，辅助实验教学。

实践教学是研究型大学创新人才培养的重要途径，探索和研究面向创新能力培养的实践与实验教学也是高校教师的重要工作。本书探讨了在计算机网络实验教学中培养学生创新能力的思路和方法，重点从实验内容设计和实验教学方法两个角度来探讨学生创新能力的培养，通过采用层次化的实验内容设计、多样化的实验类型设计、综合化的实验方法设计和一体化的课内外实验设计，逐步培养学生的创新意识、创新思维和创新技能，进而达到培养创新能力的目标；通过采用自主化和开放式的教学方法和借助竞赛和创新实践基地，进一步加强和提升学生的创新能力。

第三节　优化教学方法

一、网络时代教学方法创新的方向

基于网络时代对教学方法创新的基础与前提以及对教学方法现状的分析，为教学方法的创新提供明确的方向指导。

（一）更新教育观念，树立创新思维

教学观念对教学方法的选择和运用具有导向作用，不同教学中采用的教学方法都在自觉或不自觉的渗透着一定的教学观念，教学方法的创新需要以教学观念的创新为指导。在不同的教学观念指导下，教学方法所发挥的功能和效率不同，产生的教学效果也不同。在传统教学观念中，教师在受传道受业解惑观念的支配下，采用的教学方法往往是以教为主，忽视了学生的学。虽然现今，很少有人从表面上坚持这种思维，但它已经成为一种历史形式，其内在的逻辑形式出现在人们的脑海中。而当今处于现代化的网络时代，科技的发展，促使社会生产方式发生变革，也促成教育领域思维的革新，生产方式的变革决定社会对人才需求的变化，决定了教育应该培养什么人，怎样培养。高校必须意识到社会所需的是培养高素质的专业人才和一流的创新人才，所以教师必须及时更新传统教育观念，与时俱进，树立教学方法要随着时代和技术的发展随之创新创造现代化的教学方法的观念，学生必须积极主动地构建知识，全身心地投入学习和主动学习中，而不是只单向接受教师知识的传授。因此，要突破传统教学观念的阻碍，树立创新观念是目前高校教学方法创新的关键突破口。教师应突破传统观念，树立培养符合时代需求，既具备知识又具备能力的综合发展的人的观念，注入时代的灵感和技术，为教学方法注入新的活力，采用启发式、发现式、自主探究式、合作式的教学方法进行教学，从而进行教学方法的创新。

（二）利用前沿的技术，汇聚创新要素

教学方法的与时俱进离不开现代化技术的支持，随着网络时代，互联网的普及、科技的迅猛发展，不仅为人们的生活带来了诸多便利，同时也为教学方法的创新带来新的突破，过去"一块黑板、一支粉笔"的教学时代已离我们远去。重视现代科学技术在高校教学中的强大作用，以及利用现代化教学技术促进教学方法的创新，也是各高校教学方法的改革与创新趋势之一。技术的更新换代，多媒体技术、信息技术的发展，为教学方法的创新提供了新的契机，而各高校普遍运用的传统多媒体设施日渐落后与之形成反差，已经不足以满足网络时代教学方法的使用。高校目前的硬件设施如常见的就是计算机、多媒体以及型号落后的实验仪器已不具备网络时代下为满足学生个性化学习需求和新型教学方式所需要的条件。高校教学方法的创新，教师需要引进前沿的技术，将支持教学方法创新的要素与传统教学方法融合，进而实现优势互补，为高校教学方法的创新提供保障。如为支持自主探究、合作学习等教学方法，充分利用以网络为依托的如、人工智能技术、移动智能终端技术、学习分析技术、自适应技术等创新教学方法。

（三）运用先进的教学手段，整合创新资源

教学手段的创新是教学方法创新的动力之一。远程学习和多媒体教学等现代教学方法和手段使教学更加生动直观，高校教师也应善于运用现代有效的教学方法，创造性地运用先进的教学手段，达到教学目的。传统高校教学手段主要使用粉笔、黑板、教材和一些简单的视觉教具，虽然既简单易用又经济实用，具有传授教学信息的能力，但是在网络技术高速发达的新时代，高校为了自身的发展需要与时代的步伐相适应，学生要为适应新时代社会而提高自身的能力等，这种单纯传递教学信息的功能所采用的教学方法也相对简单、机械，导致教学效果差，无法提高学生能力。如果充分利用先进的教学手段，整合创新资源，为实现教学方法的创新提供支持。如利用计算机和网络提供的教学环境、自适应学习系统、演示环境、辅助学习研究工具等手段表达教学内容，在一定程度上弥补传统教学方法的不足。因此，高校教学方法的创新，需要先进的教学手段整合与之相适应的教学资源，建设以网络为基础的网络教室的建设、WiFi 全部覆盖教学区域以及智能分析系统、VR 虚拟现实技术教学设备、电子白板、多媒体一体机、录播系统等创新性资源，确保教育设备和资源分配的先进性以保证教师以传统教学手段为基础融入现代化教学手段，共同实现优质资源的互补，共同推进教学方法的创新利用创新性资源，进行符合时代的教学方法。

（四）提升教师的信息素养，具备创新素质

随着互联网时代的快速发展，无处不在的网络渗透到当今社会，出现知识和信息的爆炸式增长，学习型社会的到来，高校学生就业的不确定性等一系列问题充斥在教育领域。高校作为知识和人才的生产者、批发者和零售商，作为新思想的倡导者和推动者，有必要培养社会人才为高科技社会服务。高校教学不能用知识传授的数量来衡量，它不仅教会学生学会知识，更要教会学生如何运用网络和先进技术学习增加信息素养以适应时代和社会发展的需要。在网络时代，知识更新速度加快，信息技术快速发展。获取各种知识仅取决于拥有计算机设备，能够操作计算机和大学生的人。高校教师作为教育的第一线，思想、专业素养以及教学和研究活动的表现和价值直接关系到教学效果。如果不学习如何使用这些先进设备提高技能，教师和学生的构成变化和主观意识的觉醒将面临被淘汰的命运。目前，由于教育观念受到发达资本主义思想的影响，教学内容受到利益多元化的影响，教学方法已被网络技术解构，导致教师形象不全，教学缺乏足够的说服力。处于信息瞬息变幻的网络时代，教师只有树立网络化教学意识，积极利用丰富的教学资源进行教学改革，提升信息素养，才能适应社会的变化，才能以一个教育者的姿态来引导和帮助学生如何学习、如何适应社会。

二、网络时代高校教学方法创新的策略

在探寻网络时代高校教学方法创新的理论基础与前提上，先要厘清高校教学方法的现状，在此基础上挖掘高校教学方法创新的策略。以应对网络时代的环境变化，避免教学方法在外力的作用下被动改变，想要抓住网络时代的发展机遇，不仅要从战略角度促进网络时代产生的教学方法的创新，而且要以积极开放的态度，融合互联网和技术、思维等方面创新教学方法。

（一）创建基于微课的混合式教学

在网络时代，随着无线网络、视频压缩和传输技术的发展以及移动终端的日益普及，时间呈现碎片化，传统课堂的教学模式已经难以契合新时代背景下学生的学习需求，"微课"一词应运而生。微课作为微时代的教学产物，是多媒体家族的新成员，主要是指教师围绕知识点和难点进行讲解的具备声、色、茂并重形象生动而录制的简、精、短的授课视频，时常大约5～15分钟。微课的设计、开发与应用，对移动学习时代的学校教育具有极其重要的价值。

身处于快节奏的网络时代，时间碎片化，信息传播进入微时代。在当今的大学校园中，我们经常会听到学生"忙""没时间"等逃避学习的借口，课堂上普遍存在低头族、逃课族。高校教师应采用何种教学方法可以利用分散、碎片化的时间以及玩手机的习惯来引导学生通过互联网学习呢？将微课引入课堂不失为一个好的办法，但如果仅仅将微课直接用于课堂教学，单一短小视频无法满足师生间的互动，同时课堂时间难以协调分配。因此，"微课"只能是课堂教学的补充，教师恰当引入微课作为课后辅导，而不是主流，形成一种线上＋线下混合式教学的模式，即将微课与传统课堂有机地整合在一起，发挥更大的作用，以取得更好的教学效果，即创设基于微课的混合式教学模式。

课前，教师可以根据教学目标将教学内容录制成微视频，视频内容适当配备精心设计的讨论、查询或研究的主题，图像生动、界面友好、制作精美、讲解清晰，在视频中间于恰当的时间设置小问题，以便学生自测学习效果，通过网络平台发送给学生，供学生课前通过智能终端或手机等移动平台随时观看学习，将知识的传授碎片化成若干个知识点，使学生独立完成新知识的复习。在课堂上，教师不必再做知识点的导入和预习，可以直接讲授教学内容，并且课上可以有充足的时间与学生互动交流，不需要为完成教学任务、教学内容而进行满堂灌输，也可以适当倾听学生的看法与学生进行轻松的讨论，"寓学于乐"的教学理念也将展现出来。

基于微课的混合式教学模式其创新之处在于：其一，契合学生个性化的学习需求。微课短小易懂，很适合现代大学生关注力时间短的特点，更有助于引导学生的自主学习。微课是符合高校学生在课前自主学习的理想在线学习材料，也是大学课堂教学的最佳应

用方式。由于其短、精的微视频更适合作为当前学生互联网移动环境中个性化学习的知识载体,所以它很容易通过网络平台发布,也容易契合新时代下学生的学习习惯和需求,无论是识别知识习惯和认知策略特别接近互联网时代大学生的心理。其二,弥补传统课堂的诸多不足。由于微课不是常规课堂的再现,有着时间精短、生动形象等特点,可将传统课堂中干扰学生注意力的因素排除掉,有助于巩固学过的知识,也有助于预习新知识。使学生感到厌倦之前已经完成了对知识点的解释。传统课堂中教科书、粉笔的教学内容转化为生动形象的视频,更有利于吸引学生的注意力。

(二)搭建基于智慧课堂的自主探究式教学

所谓智慧课堂是依据知识建构理论,基于动态学习、数据分析和云加端等应用技术,构建以"交互、融合、共享"为特征的网络化、信息化、智能化的课堂教学模式。将智能终端、智能录播、大数据分析等技术与教学有机融合,其实现基于网络环境的集智能集控管理、数字化交互教学等诸多功能于一体。创建基于智慧课堂的自主探究式教学模式,首先在理念上,以知识建构理论为指导,依据知识建构螺旋上升的特点,围绕课前、课中、课后的教学循环模式,实现包括协作、场景、沟通和意义建构在内的理想学习环境,达到智慧课堂的目标。其次在技术上,依托大数据挖掘技术和学习分析技术实时分析反馈结果,并有针对性的采取策略。最后在途径上,采取全动态分析和智能推送,通过课前全动态深入分析学生的认知情况和掌握知识的水平,使教师更加有针对性地设计教学策略和过程。课堂上可以随时进行测试,对测试所得到的学生数据进行分析,及时了解学生掌握教学内容的情况,从而进行方法调整。根据学生课后作业的数据分析进行资源推荐,实施有针对性的咨询,并支持个性化学习。在应用程序中,实现 cloud+end 的教学应用。采用云端服务模式,通过课堂中各种终端设备的无缝连接和智能化应用,部署智能教室信息技术平台,打破平台和时空观念。具有动态学习数据采集功能,实时分析功能实现了教与学之间的三维沟通,从而打破传统课堂结构模式。

课前,首先,学生情况分析环节。教师通过智慧教学平台解析学生的作业,精确的掌握学生学习情况,根据学生的学习情况确定教学进度和教学目标。其次,教师发布学习内容环节。教师依据学生的学习情况与教学目标向学生发送教学内容如课件、微课等视频,学生预习教师发布的内容并找出自主学习过程中遇到的疑问。再次,课前讨论环节。学生可以针对自己预习过程中遇到的疑问在智慧平台与同学或老师进行交流、讨论。最后,教师教学设计环节。教师根据学情分析结果、教学任务、教学内容、学生预习检测系统等设计教学方案。课中,首先,教师组织引导环节。教师通过学生课前预习反馈情况解答学生预习中存在的问题并带入新的学习内容,课堂结束前发布新任务,并通过智能设备发布任务进行课堂测评。其次,合作探究环节。学生以合作学习进行小组讨论,教师组织学生最后将讨论结果展示与大家分享。再次,预测反馈环节。智慧课堂可以实时跟踪学生的学习情况并进行预测,课上完成课程导入新任务后,对学生进行预测服务,将完成随堂测验练习并及时提交,得到实时反馈。最后,分析点评环节。教师带领学生基于数据进行分析与点评，并根据测评反馈结果对模糊的概念和疑问进行补充讲解，帮助学生解决遇到的问题。课后，首先，个性化辅导环节。教师根据学生课堂学习的情况利用智慧化的教学平台针对每位学生发布个性化的课后作业并推送学习资源，学生完成个性化的作业后及时交给老师得到即时反馈，根据学生作业中一些疑难问题以及主要内容录制微课，推送给学生。其次，课后讨论环节。学生通过带着疑问观看教师录制的微课，总结学习内容，通过智能平台发布感想与老师、同学在线讨论、交流。

基于智慧课堂的自主探究教学模式较之于传统课堂的创新之处在于以下几点。其一，教学科学化。传统课堂主要依靠教师的个人经验来判断和制定学生的学习行为，而智能课堂则根据大数据挖掘和分析学生的学习行为，了解学生掌握知识的程度，及时调整教学策略。其二，学生的中心地位得以实现。通过课堂测评情况分析，教师可以准确掌握学生的学习状况，单独评估每个学生，制订教学计划和咨询策略，推动个性化学习材料，实现以学生为中心，一对一的教学和学习。其三，关注学生能力培养。在智慧课堂的教学过程中，学生大多时间是通过自主的学习方式进行学习，它改变了传统课堂传授知识的方式，学生能力的培养贯穿整个教学活动过程。智能课堂智慧课堂打破了以往课堂的封闭传递和接受知识，而是以交互、融合、共享为特征的智能化教学环境，为发展学生智慧提供条件。

（三）构建基于翻转课堂的协同合作式教学

在网络时代背景下，各种技术应用于教育领域，作为教学活动"第一现场"的传统课堂面临着严峻考验，迫切需要革新以迎接挑战。"翻转课堂"起源于美国也称"颠倒课堂"，是基于现代信息技术基础上，以互联网为依托营造信息化环境，颠倒传统课堂知识的传递和内化的一种教学模式，是颠倒传统教学中知识传授通过教师在课上以讲授法的方式传递给学生，知识的内化通过学生完成课后作业来巩固的模式，调整为知识的传授通过课下学生自主学习获得，被称为影响课堂教学的重大技术变革，近年来被教育界推向热潮。构建基于翻转课堂的合作式教学模式，探索一种与多种因素相契合的教学模式。此种教学模式下，知识传授在课后借助于网络来完成，知识的内化在课上合作讨论来完成，因此学习过程中的各个步骤也将发生变化等。它在网络以及技术手段的帮助下，重新规划教学程序，调整课堂内外时间，是一种先学后教的模式，自主、交互、合作为一体的混合式教学模式。

课上，知识内化的过程。根据教学内容和课前预习情况，师生共同讨论和交流提出一些问题，并以小组的形式进行讨论，最后教师总结结果并进行分析，整个过程是在交互的模式下解决学生课下学习中所遇到的疑问完成知识的内化。整个过程中不仅是教学的时空改变，而且师生角色变化是以学生为主体地位，教师则发挥教学组织者的作用，从而真正实现对传统课堂教学模式革新的教学方法，是契合网络时代背景以互联网为依托，以计算信息技术为平台的变革传统课堂的重要途径。课中，课堂讨论阶段锻炼了学生表达和团结合作能力。学生成为教学活动的中心，教师不再单纯地进行传授知识教学，而是组织学生进行合作交流学习，教师主要发挥组织、指导、帮助等作用。教师点评和分析结果，此阶段是整个教学过程的综合总结阶段，此过程中教师要根据学生对课程内容完成的讨论结果进行总结和点评，以便学生更好地消化知识和教学内容。课后，知识的自主获取过程。教师根据学生已有的学习基础状况和教学内容，通过移动网络教学平台发送文本，使学生可以通过移动平台随时观看学习，完成教师的练习或作业，学生根据教学任务预先研究和收集材料，如果学生遇到疑问或困惑，可以通过移动社交媒体与教师或同学交谈。

基于翻转课堂的协同合作教学模式，相较于传统课堂的创新之处在于以下几点：其一，师生互动强。学校、教室成为学生和教师之间互动的场所，教师不再进行传统意义上的教学，而是在学生自学的基础上开设教学活动，促进师生间互动、学生间交流，答疑解惑，成为学生的帮助者和辅导者，课下学生积极自主查找资源进行学习，主动探索和理解知识，提高了参与度，是知识的主动建构者。其二，协同合作式学习方法有利于培养学生的合作能力和探究能力。在翻转课堂教学过程中，小组讨论环节以及师生、学生间的讨论和交流环节，凸显了合作能力和探究能力。其三，为学生创造了个性化的学习环境。学生可以自由安排自己的学习进度，如果观看视频过程中遇到不明白的问题可以随时快进或后退，也可随时循环和回放，或者暂停做笔记。其四，有利于教学活动中实现师生的平等对话。通过在线及时诊断，教师及时提供帮助，巩固学生的知识基础，有效地促进了师生之间的良性互动。

第四节 丰富教学内容

一、网络课程中教学内容的设计

随着信息时代的到来，计算机技术以及网络通信技术飞速发展，网络课程的学习正在不断地渗透到社会的各个领域。如何使网络课程在较短的时间内达到较高的学习效果，教学内容的设计占了很重要的角色。基于对网络课程及网络课程教学内容特点的阐述，分析了网络课程教学内容的设计策略、设计原则及注意事项。

（一）网络课程的概念和特点

1. 网络课程的概念

网络课程是通过网络表现的某门学科的教学内容及实施的教学活动的总和，包括两个组成部分：按一定的教学目标、教学策略组织起来的教学内容和网络教学支撑环境。这个概念体现了网络课程是基于网络传递教学信息并开展教学活动的，并充分利用了网络优势，来获得最优化的教学效果。

2. 网络课程的特点

网络课程是基于网络运行的课程，不同于我们传统应用的文字教材，它可以随时随地展开学习，而不受时间和空间的限制。网络课程的内容表现形式具有多样性，可以是文字、图片、音频、视频、动画等多种媒体的组合。网络课程强调发挥教师的主导性和学生学习的主体性。网络课程可以提供丰富的教学资源，除了学习内容还提供一些跟课程内容相关的材料或者超链接，帮助学生学习。网络课程增强了学习的交互性，学生可以就疑难问题随时随地进行讨论，同时教师也会给予及时反馈。可以说，网络课程是集教育性、多样性、艺术性、技术性于一体的课程。

（二）网络课程教学内容的特点

网络课程的教学内容是基于网络平台来呈现的，它要根据网络环境的需要和网络课程的目标来设计，使其更适合网络教学的形式表达。教学内容不再是传统的直线式组织教科书，而是以非线性超媒体、流媒体等形式组织教学内容。教学内容的呈现在一定程度上受到时间的限制，内容呈现时间过长或者过短都会影响学习者的学习效果。

（三）网络课程教学内容的设计

网络课程教学内容的设计是网络课程设计的重要组成部分，设计的好与坏直接影响到网络课程学习的整体效果。网络课程学习内容不仅要给学习者提供系统的学习内容，还要给学习者提供发散思维的学习资源。在对教学内容进行设计时不仅要考虑学习者的特征，还要考虑选择什么样的内容来呈现；内容要以怎样的方式呈现；应该应用哪些媒体来呈现；应该应用什么学习软件来制作等，以达到更好地学习效果。基于此网络课程教学内容的设计应包含以下几个方面。

1. 教学内容的选择

网络教学内容的选择不仅要根据学科本身的特点，还要根据学习对象的特点、兴趣等。在选择时，要尽量选取适合计算机网络表现的信息内容。

2. 教学内容的组织与呈现

在设计呈现教学内容时，首先要对教学内容进行组织，把选定的教学内容进一步细分，即考虑哪些部分应该归为一个知识点；在组织好教学内容后，就要考虑教学内容要用什么样的方式来呈现，可选择文字、图形、图表等方式呈现；在呈现时，要考虑到课程界面内容的摆放位置及可能出现的动画效果，以达到更有效的学习效果。

3. 呈现教学内容的媒体选择

呈现教学内容的媒体有很多，比如，文字、图片、声音、动画、音频、视频等，但是并不是说我们在呈现内容时使用的媒体越多越好，而是要根据内容的需要来选择相应的媒体。比如，在呈现一篇散文时，用文字加上几张和内容相关的图片，会比用一段相关的动画来表现其散文内容好得多。

在使用同一种媒体呈现时，要注意前后的一致性。比如图片的使用，如果使用卡通人物，那么前后最好都使用卡通人物，以便更好地呈现教学内容。

4. 教学内容风格的选择

①教学内容的风格要根据学习者对象来设计。

②所选择的教学风格能较好的突出主题，使学习者能够在较短的时间内过目不忘、回味无穷。

③设计出来的教学内容风格一定要简洁明了，即用最高效率的方式将学习者想要学习的东西呈现出来，并且尽量去掉冗余的东西。

（四）网络课程教学内容设计应当遵守的原则

1. 准确性原则

不管是在选择教学内容还是在呈现教学内容时，一定要注意教学内容的准确性表达，同时我们在选择图片、音频、动画、视频等来表达相应的教学内容时，也要注意它们所表达出来的意思是学生能够理解的，是能够准确表达教学内容的。

2. 交互性原则

网络教学是一种高度的互动教学活动，其良好的交互性，能及时对学习者的学习活动做出相应反馈，有利于激励他们更主动、积极地开展学习活动。因此，网络课程教学内容的设计要充分体现交互性原则。在设计教学内容互动时，可以采用多种互动方式。比如，我们可以设置一个讨论区，让学习者针对自己学到的问题进行讨论，我们也可以在学习中间加入测试环节，让学习者对自己的学习情况有一个及时反馈。通过人机互动以及师生或学生间的多向互动，更有利于提高学习的趣味性和效果。

3. 开放性原则

教学内容可及时更新，在学习者使用和反馈中不断修正错误和不合理之处；对同一知识点或同一问题提供不同角度的解释和描述，让他们在不同观点中进行思考，从而提高分析、解决问题的能力；同步或异步学习及在线作业、讨论、答疑和测试等。只要有浏览器就可以完成以上的学习环节，并且不受时间和空间的限制。

4. 统一性原则

教学内容的设计不管是从字体、颜色、图片、音频、视频的选择，还是内容呈现方式的选择，前后都要保持统一，这样不仅可以给学习者在视觉上提供一个舒适的界面，而且可以提高学习者的学习效率。

5. 简单性原则

网络课程的学习与传统课程的学习相比较，其主要差别在于学习者要借用计算机，所以在设计网络课程的教学内容时，界面的设计和内容导航结构的设计要简单，这样可以使学习者很轻松的找到自己的学习内容，提高学习效率。此外，教学内容的整体风格应简单、大方，这样可以给学习者提供良好的学习氛围。

（五）网络课程教学内容设计应当注意的问题

网络课程虽然具有很多优点，但是也存在一些不足。比如，学生的计算机素养参差不齐，让他们自主地完成学习任务比较困难；网络课程主要是通过人机交流，学生面对的是没有情感的计算机，教师的言传身教、人格魅力被削弱了；安全问题也是网络课程中常碰到的，病毒和黑客的攻击常常导致文件破坏或丢失、系统崩溃等。另外，网络上各类聊天工具、电脑游戏、电子小说、网络图片等非学习内容对学生的诱惑，会转移学生的学习注意力。因此在设计网络课程的教学内容时，要避免枯燥乏味，要以生动的教学内容吸引学生的注意力。

二、"计算机网络技术"课程教学内容项目化研究

教育以培养专业知识扎实、实践技能过硬的应用型人才为主要任务，学生不仅要掌握理论知识，而且要具备实践操作技能。由于计算机网络技术课程覆盖范围广、知识量大，依靠单纯的课堂教学无法实现学生能力的发展，因此加强对计算机网络技术课程教学内容的项目化研究十分必要。

传统教学普遍存在重理论轻实践的现象，加强对计算机网络技术课程教学内容项目化的研究，不仅是项目教学理论与教育理论的发展、融合，而且是对于传统教学理论和方法的丰富及深化。

（一）计算机网络技术应用项目化教学的必要性

就目前教育现状来看，各高校所使用的教材是非专业人士编辑的，直接对本科课本进行删减或改动，这样方便投入使用。在教学内容上以计算机网络技术课程的基础知识、网络体系结构、网络操作系统应用、网络互联设备、网络安全等为主在教学内容的安排上延续了传统教学模式，把一些实践性的知识当作理论知识讲解，造成理论教学与实践教学严重脱节；或是过分强调理论教学忽视了实践教学的重要性，严重影响了计算机网络课程的教学质量。

（二）计算机网络技术课程实施项目化教学的可行性

项目化教学属于行动导向学习范畴，操作具有很强的实践性，与真实任务较接近，在此过程中学生从自己的实际情况出发，确定目标、制订计划、实施计划、总结评价。项目化教学是以教学任务和目标为依据，组织教学内容，并按一定方式完成教学任务和目标的教学方式。在计算机网络技术课程教学中，使用项目化教学可以加强教学内容与实际工作的联系，对教学内容进行综合整理，使教学过程满足学生的全面发展，专业知识和技能不断提升，满足岗位需求高等教育是以培养高技能、高素质的应用型人才为培养目标的，学校要加强顶岗实习的开展，保证学生在毕业前与岗位有近距离的接触，使其在毕业后可以迅速适应工作岗位。项目化教学是师生共同完成的教学活动，既发挥了教师的引导作用，又尊重了学生的主体地位，学生知识学习和技能训练两不误，有利于培养学生的自主学习能力，提高了教学内容的实际利用价值。

（三）计算机网络技术课程项目化教学实施流程

计算机网络技术课程项目化教学以网络工程的实际应用为目的，以培养学生对网络软、硬件的具体操作为教学主线，实现教、学、做的有机融合。在教学中摒弃陈旧的教学理念和方法，添加实用性更强知识内容，保证教材内容与计算机网络技术的发展在同一平面上，考虑社会需求和学生发展需要，制订高效可行的教学计划。

以"项目网络基础知识"为例，阐述项目化教学的实施过程：

①提出项目。项目教学以网络基础知识为教学内容，这对项目报告的开展有一定的难度。因此，要做出适当的调整，以"从市场了解网络及对网络的理解"为教学内容，展开项目教学。

②分析项目。由于部分网络基础知识比较抽象、单纯的理论教学会使学生理解不透，借助相关项目的提出，增加学生学习兴趣和课堂参与度，学生积极参与市场，了解网络产品，网络知识的学习帮助明确搜寻目标，提高项目完成速度和质量。

③理论与实践结合。在"从市场了解网络及对网络的理解"项目教学中，包括理论学习、实验教学、技能实训、市场调研等多个部分，延长实践教学时间，在实践中学习、在学习中实践，把理论知识教学与市场需求紧密结合在一起，让学生学有所成、学以致用。

④完成项目。这个项目既可独立完成，也可小组合作。借助网络资源，查询项目开展有关资讯，并对收集到的资源进行分类整合，通过查阅熟悉网络产品及品牌，对生产厂家信息及报价都要有所了解。

⑤总结评价。在项目报告完成后，及时对调查结果进行评价，对于调查中出现的问题和不足，学生要总结经验。教师采取激励机制，评奖评优，鼓励学生在今后的项目教学中再接再厉。

（四）计算机网络课程内容项目化教学中需要注意的问题

1. 提高教师的知识素养和专业技能

计算机网络课程项目化教学的顺利开展得益于教师丰富的知识和高超的技能。一名优秀的教师不仅需要拥有先进的教学理念，还需要对很多事也有其独特见解。在项目设计过程中，教师会把更专业的知识和技能融入其中，充分考虑社会和学生需求，使项目的可行性和实用性更高，进一步确保项目的顺利实施。

2. 发挥教师的指导作用和学生的主体地位

任何教学过程都是教师教、学生学的双向活动，在传统教学中，教师是灌输式的教学，学生是被动地接受知识，对知识不能够灵活运用，缺乏自主学习和动手操作能力。在项目化教学中，充分发挥教师的指导作用和学生主体地位，把学生作为课堂的主人，教师积极解答学生疑惑，注重培养学生的自主学习和逻辑思维能力。

3. 提高项目针对性和实用性

在计算机网络技术中运用项目化教学，是为了提高学生对工作岗位的适应能力。因此，教师在设计教学项目时要与岗位需求紧密结合，对教材内容进行整合，明确教学重点，强化项目实训和实践环节，增强学生动手实践能力，增加学生就业机会和选择权利。

近年来，项目化教学在"计算机网络技术"课程教学中成绩颇著。项目化教学是为学生提供完整的项目教学活动，实现理论知识与实践教学的有机结合，不仅有利于发展学生的创新思维，对学生分析问题、解决问题的能力也有所提升。但在项目化教学的实施中要注意几个问题，提高教师的知识素养和专业技能，发挥教师的指导作用和学生的主体地位，提高项目针对性和实用性，从而实现项目化教学的价值。

三、网络教学平台课程教学内容及教学效果优化

网络教学平台已是多数高校开展信息化课堂的主要载体，然而其利用率偏低，平台资源多停留在使用数字化媒介、重复传统课程内容和简单拓展网络教学资源上，无法有效吸引学生利用信息技术手段，提高学习的自主性、独立性。

在运用网络教学平台开展网络课堂教学时，网络教学平台作为一种信息技术手段而非教学方法，教师可有效利用这一信息技术手段，有效改变以教师为中心的传统课堂教学模式，引导学生提高自我学习能力，培养信息素养，深化职业技能，发展创新能力，以此重塑学习过程，从而实现信息技术与课堂教学的深度融合。

其网络课堂教学并不是单一地进行网络教学，而应当以"交互"为主，让学生主动进行自主探究和协作学习，积极参与网络课程。

学生在网络课堂的课前学习阶段，其学习路径如下：进入网络教学平台相应的"网络课堂"→点击"专题学习"（将专业培养方案中的核心技能进行分解成各个专题，学生可点击进入喜爱专题进行学习）→选择相应专题后，进入"网络学习资源库"了解更多相关内容，进行文献查询→当对该专题有一定研究后，进入"网络自主课堂"，根据自主课堂涉及的专题学习问题进行独立思考→进入"网络虚拟实训室"，针对专题要求掌握的专业技能进行模拟实操，利用实训室进行事件操作→前往"答疑讨论"区进行提问、与平台其他同学及教师就相关问题进行交流互动→在此所有环节中，均可利用手机进入特色银杏微课堂，获取该专题及课程的最新资讯。完成课前学习后，学生将自己独立思考与学习的成果带入课堂，教师采用翻转课堂教学模式，以任务驱动为模式，开展相应的专题拓展活动，教师从旁协助、引导。课后，以多元评价方式进一步帮助学生巩固学习效果。

在这一学习过程中，学生将最大限度地利用网络教学平台，如果不能有效进入网络平台进行课前学习，学生将无法参与课堂讨论，也无法获得"电子档案""在线测试"的成绩，从而在一定程度上倒逼学生认真进行课前网络学习。同时，学生学习的每一个步骤，都涉及生生交流、师生交流，获得交互式学习体验。另外，学生能根据自身差异，选择不同难度的专题进行学习，充分实现个性化、差异化教学。

在网络课堂教学设计中，为加强"交互式"学习体验，根据学生喜爱使用移动终端的特点，利用微信平台设计开发"特色微课堂"，与网络平台互相支撑，互为补充，加强学生自主学习的交互性与有效性。

基于网络教学平台的网络课堂，能丰富网络教学资源，形成网络学习资源库；构建专题学习项目，帮助学生进行自主学习，实现网络自主课堂；利用网络虚拟实训室和微课堂帮助学生实现在线学习；通过答疑讨论实现学生多向互动；通过有效利用信息化教学环境，实现翻转课堂，提供全方位的交互形式；形成多元化评价与考核机制，对学生

学习成果进行多元评价。同时，其实施的差异化教学、翻转课堂教学方式能在一定程度上解决传统大班教学的弊端，能充分利用信息技术给师生提供更多教与学的自由以及为学生提供在线学习体验和显现新兴技术应用于教与学的示范效应，并提升网络时代教师的教学能力和学生的学习能力。

基于网络教学平台的网络课堂应注意改善平台利用率低、学生参与度低的局面，充分发挥"翻转课堂"的重要作用，并利用信息化教学的特点，如资源丰富、内容更新快、交流渠道多样化、学习方式自主化等优势，帮助学生开展课程自主学习和协作学习中，使课堂教学与在线学习无缝对接，弥补传统课程教学模式课时不足、学习方式和评价方式单一、个性化学习欠佳、师生课上课下交流不充分等问题，促进学生各层面的学习和体验，实现学生的技术沉浸，打造个性化、多元化的学习路径，提供服务型经济的知识技能，充分发挥网络课堂教学的"体验式""交互性""自主学习"等特点，促进学生职业素养的全面提高，实现信息技术与职业教育的深度融合。

第五节　实施分级教学

一、计算机网络课程分级教学简析

（一）对所有专业都应注重网络课程基础知识的讲授

Internet 中蕴藏着巨大的信息资源，掌握了 Internet 的使用，也就掌握了现代化的通信手段，可以自如地在信息海洋中获得有益的信息。因此，这门课程必须学习的基础知识有以下几个方面。

Internet 的通信协议网络中的工作十分复杂，交互的双方传递信息时必须遵从一定的法则，只有遵从这一法则的用户才可上网，这些法则的集合即为协议。TCP 是 Internet 的重要协议集合，里面含有很多协议，这些协议构成了网络的各种应用，例如，SMTP 简单邮件传输协议、电子邮件的基本协议、HTTP（超文本传输协议，构成 www 服务的基本协议）等。

Internet 基本的信息服务信息服务是 Internet 的主要目的。针对应用的不同有许许多多的服务方式，较常用的有 Telnet（远程登录）、E-mail（电子邮件）、BBS（电子布告栏）、FTP（文件传输）。掌握了这些工具，可迅速在 Internet 上实现信息的交换。

网络信息检索 Internet 是一个几乎覆盖全球的信息网，它现有的规模大得令人瞠目结舌。处于 Internet 中的每一台计算机都是一个信息源。信息检索是 Internet 中备受欢迎的功能。要求掌握的信息检索工具有 Gopher.www.WA1S 等。

用于信息发布的 HTML 语言 www 是重要的 Internet 浏览与检索工具，由于它先进的超媒体及信息发布能力而越来越受到重视。现在一般的企事业单位都可以拥有一台自己的 Web 服务器，发布自己的主页，宣传自己。其中，描述主页的语言就是 HTML。这是一种简单易学又实用的语言，可以用于编写信息在互联网上发布。

（二）计算机专业的网络教学应深入

计算机专业学生在掌握 Internet 应用的一般知识后，还要进一步学习网络知识，拓宽知识面。这时的学习可分以下两个阶段进行。

网络的规划和设计这一阶段包括以下内容：

①网络的拓扑结构和协议。拓扑结构是构成一个网络的基础设计要求，是网络设计的第一步。选择通信协议，了解各种协议的适用范围及相互关系也很重要。

②电缆、工作站和服务器。网络的硬件是网络工程建设的基础，需要对各种网络设备有一个清晰的概念和认识，必要时会自己动手安装。

③网络操作系统及客户软件。软件是一个系统的核心，这是网络应用的重要组成部分。目前流行的网络软件较多，要根据实验室的设备情况选择几种合适的系统软件。

④数据备份、安全和打印管理。网络的管理是评价一个网络系统管理人员水平的重要尺度，应该学会处理网络中可能会发生的各种情况。这一阶段学习的内容不宜太深，主要是保证学生有充分的时间动手实践，通过实践加深概念的理解。

网络编程和系统开发这一阶段包括如下内容：

①以 ISIRM 为参考标准讲述各层协议的原理及算法。国际标准化组织提出的开放系统互联参考模型 ISIRM 普遍受到网络界的关注，其体系结构非常合理、概念清晰，是学习网络的理想模型。

②针对应用网络环境的不同进行一些小型网络系统软件的开发。虽然先进的网络软件已经很多，但现实中可能需要自己开发出一个小巧灵活的网络系统。教学中可讲解 DOS 环境下的 RS-232 的串行通信以及 NETBIOS 或者 Novell Netw are 环境下 IP 和 SP 协议的网络编程。

③FOXBASE 应用软件网络环境的编程。由于 FOXBA SE 数据库短小实用，受到普遍欢迎。但目前数据库的教学内容大多属单用户的编程，很少涉及网络环境中的编程，这正是网络课程中应当补充的。数据库内部数据的完整和统一是网络环境编程的要点，如何保证数据的安全存取也是这部分的主要内容。这一阶段的教学对象主要是计算机专业的高年级学生，教学目的是使学生掌握更深刻的技术理论知识和实践技能，为社会输送高级的专业人才。

二、计算机文化基础课程网络化分级教学

现代社会中计算机的应用涉及各个领域，计算机技术直接影响社会经济的发展。作为计算机教学的基础性课程，计算机文化基础课程的教学直接影响学生学习的效率。

随着计算机技术和网络技术的快速发展，其逐渐成为社会经济建设的基础性技术支撑。为了满足现代社会对计算机技术人才的需求，就必须要加强计算机的教学，为社会培养足够多的计算机专业人才。但根据计算机文化基础课程的教学现状，其中还存在很

多问题，导致学生对计算机基础文化知识的掌握不够全面，影响其计算机的深入学习。而通过对网络化分级教学的应用，能够有效地提升计算机文化基础课程教学质量。因此，加强对计算机文化基础课程网络化教学的研究则显得尤为重要。

（一）网络化分级教学的具体实施

1. 科学合理地完成学生的分级

计算机文化基础课程的网络化分级教学，就是让教师在开展教学活动的时候先将学生划分为不同的等级，其中主要是以学生的计算机基础知识掌握程度及计算机技能的熟练程度，结合学生对计算机学习的兴趣，将学生划分为多个不同的层级。这就需要教师根据对学生的观察，结合学生的考试成绩不同，将学生划分为三个不同的级别，即基础较差的学生、成绩中等的学生、成绩优异的学生。教师在划分层级的时候，要尽量保证各个层级人数的均衡性，并客观完成对学生能力的评价，保证层级划分得科学合理。

2. 分级教学方法

根据教育部对信息技术课程的相关规定，教师在对学生进行层级划分的时候，要根据学生的实际能力将其划分为基础层次、应用层次和提高层次。然后根据各个层次学生能力的不同，制订相应的教学计划和教学目标。其中基础层次的学生计算机能力相对薄弱，所以教师在开展教学的时候要以计算机基础知识为主，尽量让学生对计算机基础有足够的了解，并且适当为其讲解一些深层次的知识；对于应用层次的教学，教师要以计算机技术应用为主开展教学活动，并在学生拥有足够的应用能力后培养其创新能力；对于提高层次的教学，教师要根据学生的实际情况，为其讲解一些计算机在各个行业中深入应用的知识，让学生能够熟练运用计算机中的各种技术含量较高的软件和硬件，从而为其今后的发展奠定良好的基础。例如，音乐舞蹈和美术等艺术类专业的计算机文化基础课程教学，就可以添加一些视频音频处理软件的学习或是添加一些图形图像处理软件和动画制作软件等的学习。

3. 充分利用网络完成教学活动

在开展分级教学的过程中，教师必须根据各个层级学生的实际情况制订不同的教学计划，并且要开展不同知识的教学活动，以及课后的辅导。这样就会让计算机文化基础课程教师在教学活动中的工作量明显增加，教师很可能会因为工作量的增加而无法顾及各个层级教学质量，导致教学的整体质量受到严重影响。所以，在开展分级教学过程中，要对网络技术进行充分利用，通过网络完成日常教学和学生辅导，从而减少教师的工作量，并且能够更方便地完成对学生的综合管理，对提升教学质量有很大帮助。如教师可以在日常教学中可以开展网上辅导、网上考试和网上联系等，这样不仅能让学生的学习变得更加灵活，而且能让学生的学习兴趣得到有效激发。

（二）网络化分级教学的注意事项

1. 充分考虑学生之间的差异性

学生之间的差异不仅体现在其计算机能力上，还体现在其对计算机知识的兴趣上。

教师在开展分级教学的时候要充分考虑学生之间的差异性，不仅要根据学生能力的不同制订相应的教学计划，而且要根据学生对计算机学习的兴趣对教学计划进行调整。在适当的时候，要对学生的层级划分做出调整，因为一些对计算机技术兴趣浓厚，但基础相对较差的学生能够在短时间内快速掌握计算机知识，所以，教师不能让其长时间处于低层级，这样对其正常发展有很大影响。

2. 引导学生正确认识分层教学

对于学生而言，其在被划分到低层级的时候，很可能会现心理落差，这样不但会对其学习造成严重影响，还会对其正常成长造成严重影响。所以，教师在完成对学生的分级过后，要对学生的心理状态进行深入了解，掌握其对分级的态度，并根据实际情况对学生进行必要的引导，避免其因为分级而出现负面情绪。其中，教师要让学生充分了解分级的依据和目的，并且要让学生明白分级教学能更好地帮助其高效完成计算机知识的学习，对其能力提升有很大好处，从而保证其积极配合教师开展分级教学活动。

3. 根据不同专业制定不同教学方案

各个专业的学生在学习计算机文化基础课程的时候会存在一定的差异，这种差异主要是由其专业课程的不同而导致。所以，在开展计算机文化基础课程教学的时候，教师还要根据学生专业的不同，尽量将同一专业的学生划分到一起。这样既能保证不同专业之间学生的能力差异，还能让教师更加方便地开展教学活动，对教学质量的提升有很大帮助。

（三）网络化分级教学在计算机文化基础课程中的积极意义

1. 有利于计算机文化基础课程教学质量的提升

通过网络化分级教学在计算机文化基础课程中的应用，能够让基础不同的学生掌握其能力范围内的知识点，从而为计算机技术的深入学习奠定良好的基础。而通过网络化的教学，能够让教师在教学活动中的工作量明显减少，并且让学生能够有更多时间用于自主学习。而教师在工作量减少的情况下，可以有更多时间用于对学生的指导，从而提升教学质量。

2. 能够有效激发学生的学习兴趣

通过网络化分级教学，还能有效地激发学生的学习兴趣。这主要是因为现代社会中的学生对网络的兴趣较浓，所以通过网络化教学能够让学生对计算机学习的兴趣不断提升，并且教师开展分级教学的时候，学生接触到的知识一般在其能够理解的范围之内，学生在开展学习的时候就不会有太大压力，这样就能让学生逐渐对计算机文化基础课程产生浓厚的兴趣。

计算机技术在现代社会中的应用涉及人们生活的各个方面，学生随时都能接触到与计算机文化基础课程相关的知识，这样就为学生在计算机专业的发展提供了良好环境。而通过对学生的分级，能够让对计算机有强烈兴趣的学生逐渐深入学习计算机知识。并且能够让学生在教师的引导下完成更多专业深层次知识点的理解，从而让学生能够在计算机专业取得较大的成就。所以，在计算机文化基础课程教学中，网络化分级教学的应用则显得尤为重要。

第六节　搭建网络教学平台

一、计算机网络课程中构建开放式网络教学平台

计算机网络的快速推广和积极运用，促进了社会对信息网络技术的高度关注，以至于对专业人才的需求呈现急速增长态势。所谓计算机网络专业课程，就是涵盖计算机网络、网络布局、网站建设、防火墙配置、网络规划、网络管理以及网络运营等理论和技术于一体的综合课程设置，不仅知识面广泛，而且专业性理论与系统性实践的结合也十分紧凑，是实用性很强的计算机网络技术专业课程。学生们通过系统全面的课程学习，不仅可以较快地了解和掌握计算机网络、信息通信、构建并管理局域网和广域网、网站的建设与系统维护等基本理论、专业知识和应用方法，而且可以更多地掌握计算机网络的应用、发展趋势和方向，为今后真正从事计算机网络相关的技术工作打下坚实的理论与技术基础。

但是，从近年来计算机网络专业课程的教学看出，虽然在具体教学过程中，我们对教材的选择严格把关，积极努力做到内容上力求新颖，在实际的课堂教学中实现理论与实际相结合，在教学方法上充分运用多媒体课件演示与模拟环境操作相融合，然而理论教学与实践脱节的现实矛盾在计算机网络系列专业课程中仍然非常突出，即便是教员将网络设备的连接及配置方法在课堂上以多媒体课件进行直观演示，学生在实验操作课程中能够按照要求高质量地完成操作也是少之又少，并且大多数的同学都无法顺利地完成课程实验任务。通过实地观察和测试，我们得出，由于学生在实际的生活中很少触及类似路由器、二层 VLAN 交换机甚至是三层 VLAN 交换机等计算机网络设备，当然更无从谈起如何进行设备的连接、输入设备的配置命令以及主网与子网的划分等对于学生来说完全是一个全新的专业性技术领域。虽然我们的教师在课堂上对于配置命令的功能和如何配置参数已经进行全面系统的阐述和演示，但是由于缺乏实在具体的网络环境来进行同步操作，学生们仍然对这一知识的掌握缺乏直观感性的认识和体会，正是因为对教师在课堂上的多媒体演示课件并不能较好地吸收和消化，再加上课下缺乏具体的操作环境进行实践，所以就造成在实验课时很多同学都没有办法来高质量地完成课程任务。当然即便是教师重新进行课程的再讲解，由于缺乏相应的同步操作，所达到的效果仅仅是好于第一次教学。

相对独立的多媒体教室，由于没有充分利用计算机网络资源，其实际的教学效果仍然无法摆脱以教师讲课为主的低层次教育学习模式。21 世纪是信息时代，为全面适应时代和社会对于高素质创造型计算机网络技术人才的高度需求，就必须积极地改革现有的

教学方法，乃至教学模式，立足营造一个在教师引导下的学生自主式的学习与实践环境。并且随着计算机网络技术的快速发展，其必将与多媒体信息技术、Web 网页集成技术和分布式对象技术以及数据库互连集群技术结合，构建一个真正的交互开放式网络教学平台，成为信息时代计算机教学模式的创新发展趋势，而这一趋势也真正符合计算机网络专业课程教学的当下所需。

（一）开放式计算机网络课程教学模式的具体要求

数字化学习平台的实现，来源于以多媒体和网络通信技术为代表的信息技术相互融合，这一融合的实现势必造成传统教学模式的改变。全面系统地优化整合计算机网络系列专业课程，不仅可以使构建开放式网络教学平台这一理想的教学环境成为可能，而且这种平台的开放性、交互性、共享性、丰富性、实时性以及信息全面性等特点，可以更加有效地支持真实的环境创造和构建，是一种真正意义上的不受时空、资源和多方面条件限制的完全共享。正是由于计算机网络的完全开放性促使学生们可以更加简捷、高效、快速地实现与网络教学平台互联互通，教师与学生之间可以进行独立的、实时的和全方位的交流、讨论和共同研究，这种由学员自由自主地掌握学习进程的教学模式，必将有利于提高教学活动质量和效果。同时，开放式网络教学平台也使得教学计划、教学内容和教学材料等更趋于灵活，学生的学习和实践操作环境也更加直观、生动和形象，这一切都必将成为支撑新型的教学模式，使之成为学生自主式学习方式的最为有力平台和工具。

随着计算机网络和信息技术的飞速发展，所有计算机网络课程之间也将突破传统意义上的相对独立的体系和关系，它们会彼此渗透、积极配合、相辅相成。这一过程的实现，无疑会将现代的教育理念、教学计划、教学设计、教学手段和学习方式积极地融会贯通为一体，推动未来教育发展向着技术融合体系趋势前行，从而也对这种新形势下的计算机网络教学平台提出新考验、新要求。

1.具备计算机网络课程基础知识的全面最新内容

教师必须全面更新电子教案、多媒体课件、实验模型以及相关的技术等教学资源和资料。在具体的教学课件制作过程中应高度关注以学生自主学习这个关键的核心，因为只有选题前沿、内容新颖、性能优越、形式丰富的多媒体演示课件，才能更加科学合理地展现学科知识的整体结构，从而快速引导学生积极、主动、便捷、精确地吸收和消化。在实际教学内容组织上，可以实行全方位的交叉，既可以遵循一般的逻辑顺序，将每一章节进行统一编排，也可围绕学科知识单元为核心进行全面系统的排列。据此，学生不仅可以便捷地打开相应的目录查看各个章节，而且可以直接选择相关知识点进行系统了解。这种科学合理的编排既有利于一般初学者按照各章各节的顺序一步一步进行深入学习，又可以在整个复习过程中随心所欲地查看不同的章节，温故而知新。

2.拥有计算机网络实验的环境模拟和信息集成功能

随着计算机网速的全面提升和网络带宽的拓展，网络实验课程的发展趋势必将成为基于丰富的教学辅助材料、实时构建的教学场景等于一体的流媒体技术，其与虚拟真实教学环境相融合，并将实现更加人性化的教育学习环境。真正意义上的虚拟实验环境，应当具备虚拟软件友好的人机界面和强大的交互融合功能，集成了视、听、触等功能，不仅在形象上直观清晰，而且在图文并茂上力求丰富多彩，信息采集量宽泛，即便是没有实验设备也能按照操作者的实际需求进行运转，从而更加有效地激发学生们对于计算机网络实验的浓厚兴趣和高度热情，充分调动学生们自主动手参与的积极性和创造性，真正展现学生们的全方位认知主体作用和自主实验过程中的主体地位。例如，在计算机网络规范和网络构建的学习过程中，学生们可以通过自主操纵 VMware 虚拟机，以及直接控制 VMware 不同型号的路由器和不同等级的交换机等网络设备，来更加直观地了解每一条机器指令的执行所产生的直接效果。

3. 科学合理地论证学生对于学科学习的现实需求

在课程讲解、专业习题、期末考试等功能上都应实现在线自助式功能，通过类似 BBS 论坛、博客等形式的交流，为教师和学生提供相互学习、借鉴和交流的开放式、互补式、共研式网络信息平台。通过教师和学生的彼此互动，不仅使教师及时掌握学生学习进度，适时调整教学内容，而且会使学生更加方便地了解最新、最前沿的信息技术，并进行实践式的操作使用，拓宽思维，开放眼界，提升驾驭技能。这种可以更加便捷灵活地获取信息资源，实现真正意义上的教学互动，不仅突破了地域和时间限制，使协作交流成为一种可能，而且更加有利于培养学生的勤于思考和勇于动手能力，而这正是个性化学习和研究性学习充分发挥学习主体作用的一种现实表现。

（二）如何实现开放式计算机网络教学平台架构

计算机网络教学平台的架构离不开 Internet 环境，其现实的实用价值、高效便捷的操作和交互性教学模式的实现，都促成了其成为越来越重要的计算机网络教学和辅导的重要手段，而其最终也必将成为网络环境下最有力的学习实践工具。但是，要真正实现网络教学全面有效地开展，架构一个运行稳定的网络教学平台就成为一个关键性因素，同时也是一个决定性因素。据此，计算机网络教学资源的合理架构和科学管理是非常关键和重要的，并且，随着需求和发展的不断深入，网络教学资源的建设目标也将更加趋于成熟，因此这是一个动态的、可持续的发展过程。在实际的计算机网络教学平台的架构中，我们应重点做好以下几个方面。

1. 学科教学的内容要更加明确

当前，对信息资源的建设追求大而全是多数计算机网络教学平台通病，为实现这一目的构建的学习资源系统，提供了数量庞大的教学内容和资料，诸如，多媒体课件库、综合答疑库、科目试题库等，由于缺乏针对学生实际进行定制的教学内容，因而造成学生在查找所需学习资料上耗费大量时间和精力，无法实现真正意义上的短、平、快。同时，由于学生对学习内容本身并不完全了解，因此也就无法在浩大的资料库中获取完全适合其所需的学习资料，造成资源的严重过剩和浪费，这就是困扰多数院校的"信息过饱和"

问题。

2. 学科教学的个性化发展趋势

基于计算机网络教育技术支撑的学习实践过程较之传统概念上的学习方法有其最为本质的变化，它不仅表现为在实际教学过程中突破了时间和空间的限制，而且学员从简单、枯燥和被动式的学习过程中解放出来，学习更加趋于自觉和主动。院校是教学平台构建的关键，其最终的构建活动必将对教学效果产生非常现实的决定性作用，势必影响教学整体质量。由于学员是整个教学过程的主体和对象，因此，院校在计算机网络平台教学资源的架构过程中，需要综合考虑多方面因素，应以学员的个性化、自主化和创新性为主，积极主动地引导学员找出原因和问题，踊跃思考，培养学员自主发现问题和善于自己解决问题的能力。院校在构建网上教学平台时，应积极引入导学目录，这样既方便学员针对目录制订自己的学习计划和方向，也有利于引导学员科学合理地界定学习的重点和难点，以便后期小结中进行一个自我评级，从而定性定量地掌握学习的质量和效果。

3. 学科教学的互动式环境营造

在整个教学过程中，互动式环境营造是解决学员学习中发现问题的一种较好方法，也是教员科学合理的安排教学课程进度和内容的关键。计算机网络教育平台不仅可以提供教员与学员之间方便快捷的沟通，而且可以实现一对一和一对多的交互功能。学员通过与教员、同学之间的沟通交流和研究讨论，不仅可以培养独立自主解决问题的实践能力，而且可以锻炼团队协作的整体协调配合精神，极大地调动学员参与学习的积极性和创造性，同时这种教学互动是跨越时间、空间和人员限制的，可以采用论坛、微博、群、E-mail等多种方式进行沟通和交流。

全方位的调用现代信息技术和海量资源优势，科学合理的编排学科施教方案、内容、方法和实验，积极关注学员的参与性、创造性、开拓性和自主性是开放式网络教学平台的显著优势，也是学员最终实现高水平信息素养、创新精神和勇于克服难题的关键。这种教学模式不仅最大限度地整合课堂教学与网络化教学，而且必将使院校教学迈上一个新的更高的台阶。

二、计算机网络教学平台设计与实现

基于计算机网络教学平台展开教育教学活动，改变了传统教学单一化的模式，有效地提升了教学效率，为学生营造了良好的学习环境和提供丰富的学习资源，由此大受学生和教师群体的欢迎。但是，当前我国的计算机网络教学平台仍处于初步发展的阶段，教学平台尚存在较多不足，急需做好平台优化升级。因此本书基于当下教育领域对计算机网络教学平台的新需求，分析计算机网络教学平台的功能模块设计与实现的路径，旨在更好地满足现代教育需求。

信息化教学模式已经在整个教育系统中普及应用，在带动传统教学模式发生转型变革的同时，现有的信息化教学模式仍旧存在僵化不足。例如，传统网络教学模式还是以课堂教学为中心，教师为主导，仅仅是借助网络教学技术来传授各种知识，学生的主动性、个性化都未得到凸显和发展。而事实上，网络教育平台是一种资源整合下的新型教学模式，其不仅仅具有传统课堂教学的优势，同样拥有各种新型的技术手段，能够支持学生更快速、更方便的获取知识和资源。因此未来的计算机网络教学平台要能够更好地发挥这些优势作用，为教育活动提供充实的教育服务。

（一）计算机网络教学平台的设计需求

计算机网络教学平台的设计与实现的根本目的就是使学生能够随时随地学习，能够在网络教学平台上满足个性化的学习需求，展开互动交流。因此，计算机网络教学平台就要能实现对各种教学资源的整合应用，将不同教师的隐性知识转换为显性知识体系。对此一个完整的计算机网络教学平台需要满足以下的基本功能需求和非功能需求。

1. 计算机网络教学平台的功能需求

由于计算机网络教学平台是传统教学模式的辅助系统，因此参照传统的教学模式。计算机网络教学平台需要拥有以下功能。

（1）网络教学功能

辅助传统课堂教学活动，展开在线教育，让更多教育资源得到整合应用。

（2）学生学习功能

计算机网络教学平台需要满足学生的个性化学习的需求，因此平台上需要拥有可视化的学生学习界面，能根据不同学生的不同需求开展学习课程的设计。

（3）资源管理功能

在多元的信息时代下，计算机网络上拥有各种各样的信息资讯，计算机网络教学平台要能有效甄别各种信息资源，对信息资源展开高效管理，满足学生的教学资源需求的同时避免各种不良信息对一些学生群体的影响。

（4）课程管理功能

处于素质教育背景下要求学生能够实现全面发展，课程资源也要求能够"水涨船高"地展开更新换代。对此教师队伍必须发挥主导作用，进入计算机网络教学平台的课程管理功能模块中，对课程资源进行管理。如更新课件内容、导入新的课后作业等。

2. 计算机网络教学平台的非功能需求

计算机网络教学平台的非功能性需求主要是指该系统的所有功能模块发挥功效的时候所拥有的一些性能特点。

（1）易用性特点

所有的功能模块的操作界面都要求是清晰容易操作的。例如，在登录界面上，不能设置复杂的功能界面，导致学生或是教师无法登录系统。

（2）安全性特点

安全性是计算机网络教学平台应用的根本要求。只有安全的操作系统才能够保证整个系统运行的稳定性，避免学生数据被篡改，课程资源被篡改，确保学生在计算机网络教学平台上的一切学习活动都能有效地开展。

（3）扩展性特点

计算机网络教学平台并不是一成不变的，随着教育内容的变化，网络平台服务内容的不断发展，整个系统平台业务的扩展成为必然。因此，要求计算机网络教学平台具有扩展性功能特点，满足管理、业务等扩展需求。

（二）计算机网络教学平台的整体设计与实现

1. 系统功能模块设计

按照上述计算机网络教学平台的功能性需求和非功能性需求可知，网络教学平台系统按照系统的功能需求分析，可以将计算机网络教学平台系统的功能模块划分为前台学习子系统、后台资源管理子系统以及后台网络课程管理子系统。

（1）前台学习子系统

该系统是面对学生的功能模块，要求满足学生的在线学习和考试需求，因此主要分为在线学习、题库考试、资源管理、学习小组和个人中心五大模块。本书以在线学习模块设计为例，展开详细分析。在线学习模块需要学生通过账号登录进入系统的主页面，然后根据相关信息推荐选择某一类课程，点击课程中的"去学习"的按钮，进入该课程的学习界面中，完成系统内该课程的所有学习资料。在线学习模块上还有笔记按钮，问题按钮，可以满足学生在自主学习过程中所出现的疑问以及所产生的重点。

（2）后台资源管理子系统

后台资源管理子系统包括基础设置、资源管理、共享资源管理、课程组装和查询统计五大模块。以基础设置功能模块的设计为例，其主要是展开对计算机网络教学平台的资源库、资源类型、专业授权以及资源库授权四个部分的基本设置，确保所提供的各种资源是符合进入该系统学生的学习需求的。当学习者进入计算机网络教学系统的后台资源管理子系统之后，可以在导航栏进行资源库的选择。例如，选择高中课程资源或者是初中课程资源。进入所选定的资源库之后，学习者可以直接查看资源。例如，展开对高中数学模块的学习，通过模块查询的方式进行该教学资源的添加和学习。当学完该模块之后也可以进入后台资源管理子系统进行该记录的删除。

（3）后台网络课程管理子系统

该系统包括基础设置，网络课程和查询统计三大模块。基础设置主要是满足对整个计算机网络教学平台中的各种信息资源的添加、删除和修改管理。例如，在基础设置中的用户管理中，以管理员的权限进入到系统中，注册用户管理，系统可以显示前台所注册的所有用户信息以及该用户账号下的信息资源，点击用户账号上方的添加、删除、修改等按钮可完成对用户的功能管理。

2. 系统数据库设计

在计算机网络教学平台中，数据库发挥着重要的后盾作用，其能够满足对各种教学资源的存储和管理应用。因此，展开一个性能安全稳定的数据库设计至关重要。数据库在设计中主要分为用户管理、课程管理和资源管理三大模块。不同数据库模块中的设计方式是不同的。例如，课程管理数据库中包含着课程表，当学习者选课之后还要求根据学习者的课程关系表、考务分配表等展开基本的逻辑操作，确保学习者的所有操作都能得到落实。

（三）计算机网络教学平台的测试分析

计算机网络教学平台的实现需要对所设计的软件需求展开分析，发现可能存在的缺陷问题，从而促进网络教学平台的上线实现。在现阶段设计一个测试方案需要基于一定的测试原则、测试方法和测试工具所展开。

1. 测试原则

测试原则需要如下：需要追溯原始的需求，确保设计出来的计算机网络教学平台的功能模块是满足用户的真实需求的。需要满足 pareto 原则，即测试中有 80% 的缺陷以及风险需要按照风险危害性从高到低一一测试，级别较低的可以不测试。

2. 测试方法

当前可以采用的测试方法主要有功能测试、集成测试和性能测试。不同的测试方式也有自身对应的测试技术。如集成测试主要是应用在模块间的接口测试，验证系统是否呈现出正确的数据传递，确保系统登录、人员信息的相匹配。

3. 测试工具

基于现有的信息技术手段，计算机网络教学平台系统的测试工具主要有性能测试工具 loadrunner 和缺陷管理工具 bugfree 两种。前者主要是对计算机网络教学平台的行为和性能进行负载测试。例如，模拟数量众多的用户登入系统从而监测计算机网络教学平台系统，以此确认和查找问题。

综上所述，在系统研发设计和实现实践探索中，主要是通过对学校网络教学的实际需求入手，对新设计开发的计算机网络教学平台提出新的功能要求，进而基于现有的系统开发技术下提出网络教学平台的技术方案和总体设计框架，展开对系统平台的各个模块功能的设计。最终在测试验证后，正式推出计算机网络教学平台。该平台的设计和实现可以初步满足现阶段的教学需求。但是随着信息技术的发展、教育活动的进步，网络教学平台系统还需要不断创新优化，只有这样才能够保证计算机网络教学平台能够为教育活动带来更多高质量的教育服务支持。

参考文献

[1] 李志鹏，苏鹏，王玮.计算机网络实践教程[M].长春：吉林出版集团股份有限公司，2022.

[2] 冀松.计算机网络实验教程[M].北京：中国铁道出版社，2022.

[3] 龚星宇.计算机网络技术及应用[M].西安：西安电子科学技术大学出版社，2022.

[4] 赵伯鑫，李雪梅，王红艳.计算机网络基础与安全技术研究[M].长春：吉林大学出版社有限责任公司，2022.

[5] 李磊，陈静，李向丽.计算机网络[M].北京：清华大学出版社，2022.

[6] 何文斌，黄进勇，陈祥.计算机网络[M].武汉：华中科技大学出版社，2022.

[7] 王丽娜，边胜琴.计算机网络[M].北京：电子工业出版社，2022.

[8] 刘阳，王蒙蒙.计算机网络[M].北京：北京理工大学出版社，2022.

[9] 江楠.计算机网络与信息安全[M].天津：天津科学技术出版社，2021.

[10] 万亚平.计算机网络基础[M].长春：吉林出版集团股份有限公司，2021.

[11] 穆德恒.计算机网络基础[M].北京：北京理工大学出版社有限责任公司，2021.

[12] 邓世昆.计算机网络工程[M].北京：北京理工大学出版社有限责任公司，2021.

[13] 王崇刚，王道乾，杨斌.计算机网络技术基础实训[M].北京：航空工业出版社，2021.

[14] 薛光辉，鲍海燕，张虹.计算机网络技术与安全研究[M].吉林科学技术出版社有限责任公司，2021.

[15] 李建辉，武俊丽.计算机网络控制技术研究[M].长春：吉林出版集团股份有限公司，2021.

[16] 贺鹏.计算机网络时间同步原理与应用[M].武汉：华中科学技术大学出版社，2021.

[17] 王崇刚，王道乾，李黔.计算机网络技术基础双色版[M].北京：航空工业出版社，2021.

[18] 陈静君，曾扬朗.计算机网络应用一体化课程教学指导手册[M].成都：西南交通大学出版社，2021.

[19] 常雪琴，黄磊，圣光磊.大学计算机基础基于计算思维[M].北京：中国铁道出版社，2021.

[20] 余萍.互联网+时代计算机应用技术与信息化创新研究[M].天津：天津科学技术出版社，2021.

[21] 潘力.计算机教学与网络安全研究[M].天津：天津科学技术出版社，2020.

[22] 潘有顺.计算机原理和网络教学[M].沈阳：辽海出版社，2020.

[23] 尹友明.技工院校一体化课程教学改革计算机网络应用专业教材计算机网络综合布线实施[M].北京：中国劳动社会保障出版社，2020.

[24] 孙锋申，丁元刚，曾际.人工智能与计算机教学研究[M].长春：吉林人民出版社，2020.

[25] 马志强.计算机网络技术与应用[M].长春：吉林出版集团股份有限公司，2020.

[26] 刘红英，马占彪，胡燕.计算机教学中学生创新能力的培养[M].长春：吉林人民出版社，2020.

[27] 李英.计算机教学与网络安全管理研究[M].北京：北京工业大学出版社，2019.

[28] 许爽，晁妍，刘霞.计算机安全与网络教学[M].北京：中国纺织出版社有限公司，2019.

[29] 赵永梅，张红梅.计算机网络实践教学[M].北京：原子能出版社，2019.

[30] 李英.计算机教学与网络安全管理[M].长春：吉林科学技术出版社，2018.

[31] 邝辉平，陈佳莹，林磊.IUV-计算机网络基础与应用（教学指导）[M].北京：人民邮电出版社，2018.

[32] 周艳丽.基于网络环境下的计算机教学研究[M].郑州：黄河水利出版社，2018.

[33] 杨海艳，王月梅，杜珺.高职高专计算机教学改革新体系规划教材计算机网络基础与网络工程实践[M].北京：清华大学出版社，2018.

[34] 杨正，张鹏.计算机及网络教学探索[M].成都：电子科技大学出版社，2018.

[35] 张敏，张鑫，闫林.数据挖掘的计算机网络教学[M].延吉：延边大学出版社，2018.